Friederike Weltzien

Warum musstest du sterben, Fidaa?

Gottes Dienst und Ehrenmord –
Ein Bericht aus Beirut

HERDER

FREIBURG · BASEL · WIEN

Die Orts- und Personennamen
wurden zum Schutz der Betroffenen geändert.

© Verlag Herder GmbH, Freiburg im Breisgau 2008
Alle Rechte vorbehalten
www.herder.de

Idee und Realisation: Ariadne-Buch, Christine Proske, München
Redaktion: Cornelia Rüping

Satz: Dtp-Satzservice Peter Huber, Freiburg
Herstellung: fgb · freiburger graphische betriebe
www.fgb.de

Gedruckt auf umweltfreundlichem, chlorfrei gebleichtem Papier
Printed in Germany

ISBN 978-3-451-29598-0

„Erinnerungen sind Staub vom Spiegel der Erfahrung."

RUMI

Für Uwe
In Erinnerung an unsere gemeinsame Arbeit in Beirut

Inhalt

Vorwort

Ganz hoch oben, unterhalb eines der höchsten Gipfel des Libanongebirges, steht unser Ferienhäuschen. Mitten in den grauen, zerklüfteten Felsen wie ein grauer Turm, verkleidet mit Platten vom gleichen Stein. Kein anderes Haus weit und breit, kein Baum, kein Busch, nur wilder Fels. Über eine Schotterstraße erreicht man das Haus, im Winter gelangt man nur zu Fuß dorthin. Hier wollen wir das Jahr 2006 verabschieden und mit Freunden zusammen Silvester feiern. Es liegt jeden Winter Schnee hier oben, manchmal bis zu drei Metern. Das Leben wird auf einmal sehr einfach: kein Fernsehen, kein Radio, nur Ruhe, Landschaft, Wind und Wetter, Wolken und Nebel, ein überwältigender Sternenhimmel. Sonnenaufgang und Sonnenuntergang, Mondsichel oder Vollmond, das sind die großen Ereignisse.

Genau das brauchen wir, um uns zu erholen. Aufreibende Zeiten liegen hinter uns. Seit 1999 arbeiten wir, mein Mann und ich, als Pfarrer der evangelischen deutschsprachigen Gemeinde zu Beirut. Nach neun Jahren geht unsere Zeit hier zu Ende. Ich möchte Rückschau halten. Hier oben auf dem Berg, bei klarer frischer Luft, weit weg von all den politischen Diskussionen und Demonstrationen, weit weg von der ständigen Bedrohung.

Ich will nachdenken über mich und mein Leben in diesem Land, zu dem ich mich so zugehörig fühle. In dem ich wesentliche Jahre meiner Kindheit verbrachte. Diese Beziehung habe ich einmal als meine unglückliche Liebe beschrieben, von der ich mich nicht mehr lösen kann. Ich verdanke dem Libanon so viel … Aber ich habe auch viel Schmerz und Enttäuschung hier erlebt, Unverständnis und Zurückweisung. Entsetzen verspürt über die Grausamkeit und die Rücksichtslosigkeit von Stammesgesetzen und familiären Traditionen. Ich habe hier Krieg erlebt, schon zum zweiten Mal …

Mühsam übe ich mich darin, mit dieser Realität, die von Gewalt und Bedrohung geprägt ist, leben zu lernen. Es ist schwer, immer wieder von vorne anzufangen mit Hoffen und Bangen. Manchmal fühle ich mich sehr müde, manchmal verzweifelt, manchmal werde ich wütend, doch am Ende rapple ich mich meistens wieder auf, um weiterzumachen. Die Gewalt scheint übermächtig zu sein, in Sekundenschnelle ist alles zerstört, was mühsam aufgebaut wurde. Ich will nicht nachgeben, wenn schon meine Lebensräume und -orte jederzeit zerstört werden können. Ich will mich gegen die Zerstörung meiner Hoffnung wappnen. Immer tiefer grabe ich nach der Wurzelkraft der Religion, immer mehr fühle ich mich gehalten und beschenkt. Sonst könnte ich wohl nicht weiterarbeiten, nicht länger hier leben.

Nun sitzen wir hier also in unserem Turm wie im Traum. Beirut liegt unter uns, ganz weit entfernt und doch so klar, dass man meint, einzelne Häuser unterscheiden zu können. Sogar die Schiffe, die auf der Reede vor dem Hafen liegen, sind deutlich zu erkennen. Der große Sonnenzauber begleitet uns jeden Tag. Schon wenn die Sonne sich morgens hinter den Bergen hervorarbeitet, färbt sie die Schneekuppen rosa und orange und beleuchtet alles, was sich an Wolken noch am Himmel befindet, mit ihrer gesamten Farbpalette. Die Untergänge sind dramatisch. Der Himmel über dem Meer verfärbt sich leuchtend rot. Wie Feuer, heute war es wie Feuer: „Als ob Beirut in Flammen stünde", schoss es mir durch den Kopf. Mich schaudert es allein bei dem Gedanken daran. Das alte Jahr, das sich schon bald verabschiedet, hat so viel Zerstörung über diese Stadt und über das ganze Land gebracht. Wenn ich eine Bitte äußern dürfte, eine ganz große, dringende Bitte, dann die, dass sich das alles nicht wiederholt! Ich schaue auf die flammende Kulisse, meine Sorge um die Zukunft dieses Landes und die Menschen darin, die mir so sehr ans Herz gewachsen sind, überkommt mich mit großer Macht. „Schütze Beirut, wer auch immer, schütze dieses Land! Schütze Beirut!", stammle ich.

... auf einmal war Krieg

Die Erinnerungen an die schrecklichen Bombardements im Sommer 2006 holen mich ein.

Damals bin ich geflohen. Eine Stunde hatte ich Zeit gehabt, bevor der erste Konvoi an der Schweizer Botschaft abfuhr. Eine Stunde, um mich zu entscheiden, meine Sachen und die von unserem vierjährigen Sohn Simeon zu packen und so viele Menschen wie möglich zu informieren, dass es diesen Bus gab, der uns zur Grenze bringen würde. Eine Stunde, um mich zu verabschieden und aus meiner Lebenswelt herauszulösen, in der ich mich in den vorangegangenen sieben Jahren verwurzelt hatte. Eine Stunde, in der alle Verzweiflung zusammenkam über das Schicksal dieses gebeutelten Landes, in der ich intensiv spürte, wie sehr ich in seine Tragik verwoben war.

Die Fahrt hinaus, es war am Freitag, den 14. Juli 2006, in einem Bus voller Frauen und Kinder, Menschen mit deutschen Pässen, verschiedenster Herkunft. Wir fuhren durch Ashrafieh, Jounieh, Byblos, die große Straße Richtung Norden gen Tripoli. Es war die einzige Strecke, die noch nicht zerbombt war. Für diesen Tag waren Angriffe auf Tripoli und auf eben diese Straße angekündigt gewesen. Unser Bus war nicht als Teil eines Konvois erkennbar, es gab keine Fahne auf dem Dach oder irgendein anderes Erkennungszeichen, die Türen klapperten, sie ließen sich nicht mehr schließen. Sobald der Bus etwas schneller fuhr, drückte der Fahrtwind sie auf.

„Kinder, bleibt auf euren Plätzen sitzen." Wie oft sollte ich das noch sagen? Sie waren so aufgeregt. „Es hat gedonnert, aber es kam kein Regen", hatte Simeon seinem Opa am Telefon erzählt. In der zweiten Bombennacht war er nach jeder Detonation aufgewacht und hatte sich erbrechen müssen. Da hatte ich den Entschluss gefasst: Ich musste hier weg, das durfte ich meinem Kind nicht zumuten. Es war meine Verantwortung, ihn hier rauszubringen!

Die Windschutzscheibe unseres Busses sah aus wie ein Spinnennetz, das Glas war zersplittert. Wir fuhren durch diese vertrauten Orte. Würde ich wiederkommen, was würde sein, wie würde ich zurückkommen, was würde ich dann vorfinden? Ich vermochte kaum aus dem Fenster zu schauen. War das mein Abschied?

Das Gesicht meines Mannes, als der Bus abfuhr, seine blauen Augen, die nicht zulassen wollten, dass ich verzweifelte. Ich ließ ihn zurück. Bei diesem Gedanken ergriff mich Angst, ich wollte ihn nicht zurücklassen. „Wir können jetzt die Gemeinde nicht im Stich lassen!", hatte er gesagt. Ja, ich verstand ihn, all die vielen Menschen, die von uns abhingen, die uns brauchten, zu dem Zeitpunkt mehr denn je.

„Wo ist mein Papa?", fragte mich Simeon. Aber die meisten anderen Kinder hatten ihren Papa auch nicht dabei auf dieser merkwürdigen Reise. Und dann hielten wir auf einmal hinter einer riesigen Autoschlange. Das wäre hier das Ende des Staus, sagte der Busfahrer, wir bräuchten nur vorlaufen, dann wären wir schon an der libanesischen Grenze. Wir verstanden ihn erst nicht richtig, aber er meinte tatsächlich, wir sollten aussteigen und zu Fuß vorlaufen, denn er könne mit seinem Bus nicht über die Grenze fahren. Er hätte nicht die richtigen Papiere, und außerdem würde es dunkel. Und er wolle noch zurück; es sei ja schließlich Krieg, da wäre man besser nicht in der Dunkelheit auf der Straße, die in der Nacht bombardiert werden sollte.

So stiegen wir aus, um uns herum schoben sich Pkws, Busse und Laster zusammen mit Fußgängern auf einer sehr schmalen und zerlöcherten Straße mühsam vorwärts. Wir standen im Staub am Straßenrand mit Koffern, Kindern, Taschen und Tüten – und jetzt? Wir versuchten es, liefen los. Manche Gepäckstücke hatten Rollen, mein Koffer kippte dauernd um. Simeon zog seine Schultasche hinter sich her, seine Batman-Tasche. Er trug sein rotes Rucksäckchen und hatte seine Libanonmütze auf dem Kopf. „Mama, das schaffen wir schon!", sagte er mutig, sein Gesicht mir zugewandt. Er wollte die Angst vertreiben aus dem Gesicht seiner Mutter, da gehörte sie nicht hin. „Wir schaffen das schon!"

Die Menschen wuchsen zusammen, obwohl sie sich im Bus noch nicht mal gekannt hatten, jetzt kam's drauf an. Wer Kraft hatte, trug einen schweren Koffer, ein Baby oder ein paar Taschen mit Trinkwasser und Keksen. Die Kinder liefen, schwere Laster rollten vorbei, die riesigen Reifen, sah der Fahrer das Kind? Panik brach aus, hinter uns hörte man die Detonationen. Die Menschen strömten vorwärts, drängten und drängelten. Es gab keine Rücksicht mehr, die meisten trugen schwere Packen auf ihren Schultern und schlugen sie den neben ihnen Gehenden an die Köpfe. Sie sahen keine Kinder, sie wollten nur vorwärts, rüber über die Grenze.

Nach etwa drei Kilometern erreichten wir die libanesische Grenzkontrolle. Grenzer standen da mit Wasserflaschen, um den Menschen beizustehen. Einer aus unserer Gruppe sammelte unsere Pässe ein und kämpfte sich zur Passkontrolle durch, wo alle in ein großes Buch eingetragen wurden – seit neuestem auch zusätzlich in den Computer. Für Leute, die die lateinische Schrift nur schwer entziffern können, ist dies eine langwierige Aufgabe, und unsere Pässe waren bei Weitem nicht die einzigen. Wir standen draußen im Menschenknäuel und warteten. Der kleine Tarek musste mal, seine Mutter hielt ihm die leere Wasserflasche hin, die anderen stärkten sich mit Keksen und Chips.

Stolz kam unser Abgesandter mit allen Pässen zurück, wir können weiter wandern durch das Niemandsland. Hier war der Stau zurückgedrängt, beinahe vergnügt rollerten unsere Koffer über den Asphalt. Wir kamen gut vorwärts, aber das nackte Gelände nahm kein Ende. Wie viele Kilometer waren das wohl? Drei oder sechs? Wir wussten es nicht. Die müden Kinder kämpften tapfer, die Babys schrien.

„Das ist Flucht", schoss es mir durch den Kopf, alle Geschichten fielen mir ein: die Fluchten meiner Großmutter und meiner Mutter, meiner Großtante mit ihren Kindern, den Tod meiner Urgroßmutter im Schnee, all die vielen Geschichten, die mir die Menschen während meiner Zeit als Krankenhausseelsorgerin in Stuttgart erzählt hatten, Flucht und immer wieder Flucht.

Schließlich erreichten wir die syrische Grenzstation. Zuerst wollte ich aufatmen, aber hier war das Gedränge noch dichter, völlig undurchdringlich erschienen die Menschenmassen. Noch nie hatte ich so viele Kleinkinder und Babys auf so engem Raum beieinander gesehen. Auf den Bordsteinen saßen die Frauen dicht gedrängt, um ihre Säuglinge zu stillen. Es gab keinen Stuhl, keine Bank, keine Hocker, der Boden war übersät mit Abfällen, man wusste nicht, wohin man treten konnte. Auch hier bekamen wir einen Stempel in den Pass.

Jeder Pass musste von Hand in ein einziges Buch eingetragen werden. Der arme Beamte versuchte so lange wie möglich, den Stapel deutscher Pässe zu übersehen, wohl wissend, dass ihm damit eine schwierige Aufgabe bevorstand. Doch nachts um 3:00 Uhr hatten wir es schließlich geschafft, wir saßen wieder in einem Bus, die Mitarbeiter der deutschen Botschaft in Syrien hatten uns gefunden und fuhren uns zu einem Hotel. Die Kinder waren eingeschlafen. Wir hatten ihnen aus unseren Koffern und Rucksäcken Betten gebaut. Welch eine Erleichterung, als wir die letzte Grenzschranke hinter uns hatten.

Endlich lagen wir in unseren schönen frischen Betten in einem Hotel in den syrischen Bergen nahe des Krak des Chevaliers, einer riesigen Kreuzritterburg. Gerade als ich erschöpft in die Kissen sank, hörte ich wieder das entfernte Donnergrollen. Reine Einbildung, Zeichen meiner Übermüdung, dachte ich.

Aber am nächsten Morgen erfuhren wir vom Hotelpersonal, dass man von hier aus die Detonationen sehr gut hören konnte … Israelische Flugzeuge hatten in der Nacht noch einmal die Straße nach Tripoli bombardiert.

Im September 2006, nach Einhaltung des Waffenstillstands, konnten wir wieder in den Libanon zurückkehren, acht Wochen nach unserer Flucht.

Jetzt sitze ich in unserem Turm an meinem kleinen Schreibtisch, genau dem richtigen Ort, um Abstand zu gewinnen. Ich schaue aus dem Fenster und sehe die Wolken heraufziehen, von unten, vom Meer her. Sie wehen durch die Täler die Bergwände hinauf und verwandeln die Landschaft. Langsam verschwinden die Felsen. Wird es noch mehr schneien? Der Ölofen bullert leise, wohlige Wärme umgibt mich hier im Haus. Ich erlaube mir, in meine Vergangenheit zurückzuwandern.

Teil 1

Im Land der Zedern

1961, als ich vier Jahre alt war, kam ich zum ersten Mal nach Beirut. Damals waren wir vier Geschwister, später dann waren wir zu sechst. Ich bin die Zweitälteste. Unser Vater war schon vor uns dorthin gereist, er hatte einen Ruf an die Amerikanische Universität in Beirut bekommen. Wir warteten mit unserer Mutter im Schwarzwald auf das Signal, dass wir nachkommen konnten. Zu meinem vierten Geburtstag hatte mein Vater beim Konditor im Ort ein großes Schiff aus Biskuitteig mit weißen Zuckergusssegeln und Schokoladenbullaugen bestellt. Zu der Zeit blühten die Kirschbäume – meine Mutter hatte einen großen Strauß mit Blütenzweigen aufgestellt und bunte Satinschleifen hineingebunden, die im Frühlingswind wehten. Und ich bekam eine wunderschöne Puppe in einer Tragetasche, die ich seitdem immer mit mir herumtrug. Das ist eines meiner Abschiedsbilder von Deutschland: blühende Obstbäume – Frühling.

Eine andere Erinnerung ist der Blick über das Renchtal vom Moosgenstein aus, auf den meine Mutter immer wieder mit uns kletterte. Dort machte sie uns auf das dunkle Grün der Schwarzwaldtannen und die saftigen Wiesen an der Rench aufmerksam. Wir drei großen Schwestern trugen alle die gleichen rosa Röckchen und saßen auf dem noch warmen, grauen Felsblock in der Abendsonne. „Ade du mein lieb' Heimatland, lieb' Heimatland ade … jetzt steh ich hier zum letzten Mal und schaue übers schöne Tal, lieb' Heimatland ade."

Zum ersten Mal im Libanon

Dann auf einmal waren wir auf dem großen italienischen Dampfer, der „Ausonia", die von Genua nach Beirut fuhr. Meine Mutter hatte sich große Sorgen wegen dieser Reise mit vier Kleinkindern gemacht. Zum Glück war Guni dabei, eine junge Frau, die nach ihrem Abitur ein Jahr mit unserer Familie im Libanon verbringen wollte. Ich hatte mir vorgenommen, mich nur in der Mitte des Schiffs aufzuhalten, damit ich ja nicht ins Wasser rutschen konnte, denn das war meine größte Angst. Aber dann lockten mich die Spiele der anderen Kinder an, und bald rannten wir kreuz und quer und hoch und runter durch das ganze Schiff. Ich erinnere mich daran, wie wir überall freundlich begrüßt wurden. Wir durften in den Maschinenraum schauen, in der Küche den Nachtisch probieren, der Kapitän ließ uns die Instrumente bestaunen und der Steuermann das große Lenkrad. Meine Mutter hat immer wieder von dieser Entdeckung der Kinderfreundlichkeit erzählt. Die italienische Besatzung und besonders die libanesischen Mitreisenden hatten so ausgiebig mit uns Kindern gespielt, dass sie Muße hatte, im Liegestuhl zu liegen und in das weite Blau des Mittelmeers zu schauen.

Als die „Ausonia" auf Beirut zufuhr – ich erinnere mich, wie die Halbinsel, auf der die Stadt liegt, aus dem Dunst auftauchte und langsam immer näher rückte –, standen wir alle ganz vorne an der Reling, wieder mit unseren rosafarbenen Röckchen. Wir hielten Ausschau nach unserem Vater, der da irgendwo in der Menschenmenge am Hafen sein musste. Händler und Gaukler, sogar ein Zauberer, der mit einem kehligen „Gulle, Gulle" kleine Küken aus seinem Mund hervorzauberte, umringten das Schiff. Auf einfachen Holzkarren wurde Saft aus Apfelsinen gepresst. Es war sehr heiß, und fremde Gerüche umschwirrten uns – Knoblauch, Schweiß, Meerwasser, Müll und irgendwelche süßen Düfte von Jasminblüten, Gardenien oder Orangenblüten. Unser Vater holte uns mit seinem VW-Bus ab und brachte uns in unsere Wohnung im vierten Stock eines alten Hauses in Ain Mreisseh mit Blick aufs Meer. Wir konnten über die ganze Bucht hinweg auf die Libanonberge sehen, die bis zu 3.000 Meter hinter Beirut aufragen. Der Sannin, der höchste Berg in dieser Kette, unter dessen Gipfel ich jetzt gerade sitze, ist vielleicht schon damals mein Freund geworden. Wie ein alter Vertrauter ist er heute, der mich seit langem kennt, dem ich meine Geschichten erzählt habe, und von dem ich immer annehme, dass er mich ansieht.

Als wir längst erwachsen waren, erzählte mir mein Vater, dass er sich auf eine der Bänke an der Corniche, der Uferpromenade, hatte setzen müssen, als er den Sannin das erste Mal hinter der Bucht von Beirut gesehen hatte. Er sagte, ihm wären die Tränen gekommen, weil dieser Blick so unglaublich schön gewesen war. Die Berge waren noch schneebedeckt gewesen, die Sonne hatte gestrahlt, Blau in Blau, Himmel und Meer, weiße Schaumkronen hatten auf dem Wasser gespielt, und die glitzernde Schneewelt hatte kleine, weiße Wölkchen in die Luft geschickt.

Wir waren begeistert von unserem neuen Zuhause: die Balkons, auf denen man die ganze Wohnung von außen umrunden konnte; die glatten Fliesenfußböden, die sich fantastisch zum Rollern und Rollschuhfahren eigneten, die Küche mit dem großen Steinbecken zum Abwaschen und das Brot, das aussah wie Pfannekuchen. Aber heiß war es – wie in einem überdimensionalen Backofen, aus dem es kein Entrinnen gab. Allen Menschen liefen Schweißperlen übers Kinn, interessante Bahnen zogen sich über die Gesichter. Die Hemden der Männer waren nass, große, runde Flecken zeichneten sich auf Rücken und Bauch ab. Saß man auf einem Plastikstuhl, dann klebte man fest.

Umso erstaunter waren wir, als meine kleine Schwester anfing, vor Kälte zu schlottern und zu zittern. Bald stellte sich heraus, dass sie hohes Fieber hatte, und so lernten wir Doktor Yussuf kennen, mit seinem sympathischen Gesicht, immer ein bisschen verschmitzt, einer interessanten Hakennase und den freundlichsten Händen, die ich je bei einem Arzt erlebt habe. Doktor Yussuf, der uns seitdem in allen Lebenslagen begleitet hat, diagnostizierte die Masern. So hat es angefangen in Beirut im Jahr 1961. Erstmal haben wir alle die Masern bekommen – und lernten, dass man frieren kann in dieser Hitze.

Die Wohnung am Meer

Wir wohnten am Meer, jeden Tag, von morgens bis abends, schauten wir hinaus ins Blau. Wir sahen die Schiffe ein und aus- laufen. Frachter aus der ganzen Welt kamen in unseren Hafen. Am schönsten waren die Melonensegler aus Ägypten mit ihren roten Segeln. Die Schiffe lagen tief im Wasser, wenn sie an- kamen, und hüpften über die Wellen, wenn sie zurückfuhren. Bergeweise Wassermelonen brachten sie mit.

Wir lebten aber nicht nur am Meer, wir lebten beinahe im Meer. Meine Mutter ging jeden Tag mit uns zum Schwimmen. Auf die Uferfelsen war ein wenig Beton verteilt worden, über zwei Leitern konnten wir leicht ins Wasser gelangen. Es gab einen gewachsenen Pool zwischen den Felsen, in dem wir Kin- der planschten. Bald schwammen wir wie die Enten unserer Mutter hinterher – hinaus ins große, weite Meer. Im Rücken die Häuserkulisse der großen Stadt, die weite Bucht zur Rechten, die Berge im Hintergrund und unter uns nur Tiefe, Blau- und Grüntöne in allen Schattierungen. Später schwammen wir mit Taucherbrillen und konnten so die bunten Fische bewundern, die zwischen den Felsen umherschwammen. Wir lernten Seeigel zu ernten und nach Muscheln zu tauchen.

Die Fischer, die dort ihre Reusen auslegten oder ihre Netze einholten, wurden unsere engen Vertrauten. Sie öffneten die See- igel für uns und fütterten uns mit dem orangefarbenen Fleisch. Gruselig war es, wenn sie die Tintenfische auf die Felsen schlugen, es dauerte lange, bis die endlich tot waren. Bald hatten wir die gleiche Hautfarbe wie die Fischer, bronzefarben. Am Nachmittag teilten wir unsere Wassermelone mit ihnen. Dann saßen wir da, die Füße im Wasser, und spuckten die Kerne um die Wette ins Meer. Manchmal, wenn wir Glück hatten, sahen wir Delphine im Wasser spielen.

Faszinierend waren die Stürme, das wilde, aufgewühlte Meer. Es konnte passieren, dass die Gischt bis an unsere Fenster im vierten Stock heraufspritzte. Die Uferstraße wurde regelmäßig überschwemmt, Autos konnten nicht mehr fahren. Jedes Frühjahr mussten einige der schweren Steinbänke erneuert werden, weil das Meer sie weggeschwemmt hatte. In einer der stürmischen Nächte war ein Frachtschiff auf einen Felsen vor der Beiruter Küste aufgelaufen. Im Sturm zerbrach es in drei Teile, ein Teil nach dem anderen versank im Meer. Die Mannschaft war mit Hubschraubern gerettet worden. Am Ufer versammelten sich Menschenmassen, und trotz der hohen Wellen stürzten sich Einzelne ins Meer, um angeschwemmte Waren aus dem Wasser zu holen: Teppiche, Säcke mit Mehl und Zucker und große Mengen Paraffin. Wir nahmen auch zwei große Stücke Paraffin mit nach Hause und gossen daraus unsere Weihnachtskerzen.

In diesem Moment höre ich wieder das Dröhnen der israelischen Aufklärungsflugzeuge, sie ziehen ihre Kreise direkt über unserem Berghaus. Solange die Hisbollah nicht entwaffnet ist, werden Aufklärungsflüge über dem libanesischen Gebiet stattfinden. Wohin soll das führen? Unwillkürlich ducke ich mich an meinem Schreibtisch. Ich bin allein, die anderen erledigen die Silvestereinkäufe. Bevor sie zurückkommen, habe ich noch ein wenig Zeit. Ich will noch mehr von früher erzählen.

Auf den Straßen von Beirut

Vor unserem Haus auf der Uferstraße bettelte beinahe täglich ein kleiner Junge, der keine Beine mehr hatte. Er saß auf einem kleinen Brett mit vier Rollen darunter und musste sich mit den Händen am Boden vorwärtsschieben. Ich sah ihn immer allein. „Warum hilft ihm denn niemand?" Meine Mutter sah mich hilflos an. Bettelnde Frauen mit Babys im Arm kamen in Schwärmen in die Stadt, sie erinnerten mich an Krähen mit ihren langen, schwarzen Gewändern und den dunklen Kopftüchern. Sobald sie uns kommen sahen, war ihr Jammergesang zu hören: „Sieh mich an, ich bin hungrig, mein Kind ist hungrig. Gott wird euch segnen, er wird euch eure Kinder gesund erhalten, wenn ihr uns nur ein bisschen Geld gebt." Für uns war es schwer, damit umzugehen. Wir reagierten abwehrend, staksten steif an diesen Frauen vorbei. Auch heute fällt mir das nicht leicht, doch inzwischen habe ich mir bei den Libanesen abgeguckt, sie freundlich anzureden. Die Floskel „Gott wird sich euer erbarmen" genügt – in meinen Ohren eine Gotteslästerung, aber damit endet die Jammerei.

Die Uferstraße war schon damals ein beliebter Picknickplatz. Die Leute kamen mit Matten oder kleinen Klappstühlchen, sie rauchten ihre Wasserpfeifen, brachten Radios mit, tanzten Debke, einen libanesischer Volkstanz, und knackten Kürbiskerne. Stundenlang hielten sie sich dort auf. Und wenn Gebetszeit war, rollten sie ihre Gebetsmatten aus oder legten einfach ein Stück Pappe auf den Asphalt und versanken im Gebet, alle ausgerichtet nach Osten, gen Mekka.

Es gab immer ein Hallo, wenn wir alle zusammen an den Menschen dort vorbeiliefen: Wer seid ihr? Woher kommt ihr? Jeder versuchte uns blonden Kindern wenigstens einmal über den Kopf zu streicheln und meistens auch noch aufmunternd in die Wangen zu kneifen, was wir besonders hassten. In der Pubertät wurde es für mich zur Qual, allein auf die Straße zu gehen. Außerhalb des Hauses musste ich immer in Begleitung meiner Schwestern oder Freundinnen sein, um nicht betatscht zu werden. Im Gedränge und Gewühl spürte ich oft eine Hand an meiner Brust und nicht selten auch unter meinem Rock. Mein Zutrauen zu den Menschen verwandelte sich in Ekel – die Blicke, die Lüsternheit in den Augen, das ewige Geflüster im Ohr. War es das Meer, die Sonne, die Wärme? Die Atmosphäre war aufgeheizt von Erotik.

Trauer um Shahidi

Zu dieser Zeit lernte ich Shahidi kennen, die als Hausangestellte zu uns kam und weder schreiben noch lesen konnte, aber gut Englisch sprach. Sie stammte aus einem Bergdorf, das weit über Tripoli in der Nähe des ältesten ehrwürdigen Zedernhains lag. Ich trauere mit Shahidis Familie um diese lebenslustige und lebenstüchtige Frau. Sie war es, die mich in die Lebenswelt der libanesischen Frauen und Mädchen eingeführt hat. In diese Gemeinschaft der Frauen, die fest zusammenhält. Getrennt von der Männerwelt meistern die Frauen ihren eigenen Alltag. Über die Männer wird viel gelacht, und ab und zu verzweifelt geweint. Shahidi hat mir ihre Heimat nahe gebracht. Die uralte Ordnung, die das Bergleben bestimmte, war in ihr lebendig.

Nachdem wir im Sommer 1974 nach Deutschland zurückgekehrt waren, habe ich immer versucht, den Kontakt zu halten. Montaha, Shahidis Schwester, arbeitete damals in einer Schule. Sie half bei den ganz Kleinen: Schuhe an- und ausziehen, mit auf die Toilette gehen, Essen verteilen und für die Lehrer Kaffee kochen. Auch sie hatte nie schreiben und lesen gelernt. Aber sie fand an der Schule einen Pfarrer, dem sie ihre Briefe an uns diktieren konnte. Und er las ihr unsere Briefe vor. So haben wir erfahren, was mit Shahidi passiert ist.

1979 waren Angehörige der syrischen Armee über die Berge

gekommen und hatten das Dorf besetzt, in dem die Schwestern mit ihrer alten Mutter gelebt hatten. Shahidi, ihre Schwestern und die alte Mutter waren nach Beirut geflüchtet, wo sie noch ein Zimmer in einem wackeligen alten Haus im Armenviertel Bourj Hammoud hatten mieten können. Mit ihrem Abzug hatten die Syrer verwüstete und ausgeplünderte Häuser hinterlassen. Als Shahidi, Montaha und Adibi, die jüngste der drei Schwestern, zurückkehren konnten, war ihr Haus völlig leer. Sogar die Türen und Fensterrahmen, die Wasserhähne und Leitungen, die Kacheln in der Küche und die Platten auf dem Fußboden fehlten. Nur der rohe Beton war übrig. Als ich das las, konnte ich mir ihren Kummer vorstellen. Alles, was in dem kleinen Häuschen gewesen war, hatten die Frauen mühsam zusammengetragen. Geld für die Einrichtung hatte es nicht gegeben. Und nun mussten sie wieder von vorne anfangen. Der libanesische Staat versprach Hilfe. Alle, deren Häuser von den Syrern zerstört worden waren, sollten sich beim Bürgermeisteramt der Stadt Tripoli melden und dort Geld für Reparaturen bekommen.

So machte sich Shahidi eines Morgens auf den Weg, zusammen mit einem jungen Mann aus dem Dorf, dessen Haus auch zerstört worden war. Er hatte das gleiche Ziel. Seit diesem Morgen sind die beiden jungen Leute spurlos verschwunden. Sie wurden nie wieder gesehen, es gab keine Nachricht von ihnen, kein Lebenszeichen, keinen Hinweis, wo sie geblieben sind. Man muss davon ausgehen, dass sie entführt worden sind. Sicher ist nicht einmal, von wem. Aber es wird vermutet, dass Syrer sie mitgenommen und als billige Arbeitskräfte auf den Baumwollfeldern oder woanders eingesetzt haben. Adibi hat noch immer die Hoffnung, dass ihre Schwester eines Tage vor der Tür stehen wird, zurückgekehrt aus einem der berüchtigten syrischen Gefängnisse. Da niemand weiß, ob Shahidi gestorben ist, könnte es ja sein, dass sie noch lebt. Aber so wie ich Shahidi kennengelernt habe, hätte sie, wenn sie noch am Leben wäre, irgendeinen

Weg gefunden, um ihrer Familie ein Lebenszeichen zukommen zu lassen.

Das ist kein Einzelschicksal, Tausende von Libanesen sind betroffen. Die meisten wurden nach Syrien entführt, noch immer sitzen viele von ihnen in syrischen Gefängnissen. Angehörige haben nach dem Abzug der syrischen Armee aus dem Libanon im Frühjahr 2004 an jedem Wochenende in der Stadtmitte vor dem Gebäude der Wirtschafts- und Sozialkommission für Westasien der Vereinten Nationen (ESCWA) demonstriert und dabei die Fotos der Vermissten gezeigt. Seitdem die Hisbollah im November 2006 ein Zeltlager in der Stadtmitte von Beirut aufgebaut hat, sind die Bilder der Entführten in der Öffentlichkeit nicht mehr zu sehen.

Ein Sommer in den Bergen

Mit Shahidi haben wir als Kinder etwas ganz Besonderes erlebt: Im Jahr 1971 hatte sie meine Eltern überredet, dass wir während des Sommers mit ihr in die Berge fahren durften. Eigentlich wünschen sich alle Libanesen, dass sie die heißen Sommermonate in den Bergen verbringen können. Aber meine Eltern mussten in Beirut bleiben, in der Stadt, die sich im Sommer in eine Waschküche verwandelt.

Und so fuhren wir los. Im Dorf angekommen hielt unser Servicetaxi unter einer großen, uralten Steineiche vor einer kleinen maronitischen Kirche. Direkt am Kirchplatz stand Shahidis kleines Häuschen, das später ausgeplündert werden sollte. Aber noch schien die Welt in Ordnung zu sein. Ihre Mutter kam zur Tür heraus: Sie war noch kleiner als Shahidi, ganz in Schwarz gekleidet. Sie umarmte und küsste uns alle, als ob wir ihre Enkelkinder wären. Zur Begrüßung mussten wir ein großes Glas Maulbeersirup trinken, den sie selber gekocht hatte. Der Geschmack war uns fremd, aber die Farbe gefiel mir.

Im Haus gab es eine winzig kleine Küche, ein Wohnzimmer und ein Schlafzimmer mit zwei Betten, in denen wir schlafen sollten. Alle unsere Koffer und Taschen stellten wir in diesen Raum. Auf dem Dach über uns standen ein großer Topf mit Aprikosenmarmelade, die von der Sonne weitergekocht wurde, und ein anderer Topf mit Tomatenmark, das man immer wieder umrühren musste. Feigen lagen auf großen Basttabletts, damit die Sonne sie trocknete. Der große Steinmörser, mit dem das Hackfleisch fürs Kibbe, ein im Ofen gegartes Fleischgericht, sehr fein gestampft wird, stand auch dort oben in einer Ecke.

Wir Kinder, wir waren inzwischen sechs Geschwister, schliefen zusammen in dem Zimmer mit den zwei Betten. Die drei Schwestern und ihre Mutter breiteten ihre Matratzen auf dem Dach aus und schliefen unter freiem Himmel. Am Morgen rollten sie schnell alles wieder zusammen, und so hatten wir Sitzkissen für das Wohnzimmer.

Ich weiß noch, dass ich am ersten Morgen ganz früh aufwachte. Ich hörte schon jemanden in der Küche rumoren. Es war Shahidi, die gerade einen großen Korb vom Schrank heruntergeholt hatte. Sie wollte Trauben pflücken gehen. „Willst du mitkommen?", fragte sie mich. Ich zog mir schnell meine Schuhe an, und dann ging es los. Wir mussten ein ganzes Stück aus dem Dorf hinauslaufen, bis wir einen terrassierten Hang erreichten. „Das ist unser Grundstück", sagte Shahidi stolz. Wir kletterten über die kleinen Steinmauern und suchten nach reifen Trauben. Die Traubenstöcke krochen über den Boden und verbargen die Früchte unter ihren Blättern, so trockneten sie nicht aus in der Sonne. Wo die Trauben der Sonne ausgesetzt waren, waren sie schon zu Rosinen geworden. Wir füllten den Korb mit den honiggelben Früchten, sie lagen kühl in der Hand, Nachtkühle im Mund, süßer Saft überall.

Später kletterte ich auf die Feigenbäume. Shahidi zeigte mir, wie ich die reifen Früchte erkennen konnte, die heller und größer waren als die anderen und deren Schale oft schon ein bisschen aufgeplatzt war. Gerade als ich wieder vom Baum herunterkommen wollte, sah ich, wie sich unten auf einer Terrasse etwas bewegte. „Das sind Füchse", sagte Shahidi. Es war eine Mutter mit ihren drei Jungen, die in den ersten Sonnenstrahlen tobten.

Das Leben damals war schwierig für die drei Schwestern und die Mutter, weil es keinen Mann mehr im Haus gab. Der Vater war ein paar Jahre zuvor gestorben, und einen Bruder gab es nicht. Shahidi, die älteste der drei Schwestern, sagte immer zu uns: „I am strong like man!" Und dann zeigte sie uns stolz ihre Muskeln am Oberarm. Sie musste alle Formalitäten erledigen, für die sonst ein Mann gebraucht wurde. Aber das größte Problem war, dass sie und ihre Schwestern nicht heiraten konnten, denn Eheverhandlungen hätte ein Bruder oder der Vater führen müssen. Shahidi hat es dennoch geschafft, ihre jüngste Schwester zu verheiraten. Für Adibi wurde ein Mann im Nachbardorf gefunden, und die männlichen Anverwandten regelten alles Notwendige.

Damals, bei unserem Aufenthalt in den Bergen bei Shahidi und ihrer Familie, war Heiraten ein ständiges Thema, sogar wir wurden verkuppelt. Immer wieder wurde uns ein neuer, netter Cousin vorgestellt. Ernüchternd aber war der Brotbacktag, an dem alle Frauen des Dorfes mit ihren Teigschüsseln bei Shahidis Mutter zusammengekommen waren. Der Ofen war draußen vor dem Haus angeheizt worden. Wir saßen auf Steinen drum herum und wollten den Frauen helfen. Shahidi erklärte uns in vollem Ernst, ein Mädchen könne erst heiraten, wenn es fähig war, das Bergbrot perfekt zu backen.

Dazu muss aus einem kleinen Hefeteigballen ein hauchdünnes Teigtuch hergestellt werden, das dann auf ein großes rundes Baumwollkissen geworfen wird. Darauf wird der Teig dann noch mal glattgezogen und anschließend auf das nach oben gewölbte Backblech gelegt. Das Backblech kann man sich vorstellen wie eine große umgedrehte Teigschüssel, unter der das Feuerchen brennt. In Sekundenschnelle ist das Brot gebacken. Dann wird es vorsichtig vom Backblech abgelöst, sodass es nicht zerreißt. Nachdem es ein wenig abgekühlt ist, kann man es entweder gleich knuspern oder legt es auf den Stapel fertiger Brote. „Das Brot muss so dünn sein, dass man die Zeitung durch es hindurch lesen kann", sagte Shahidi. Wir versuchten unser Glück. Erst einmal zogen wir den Teigklumpen, bis ein Fladen daraus geworden war. Dann mussten wir den Teig zwischen den Händen schwingen lassen, wodurch er sich in alle Richtungen gleichzeitig vergrößerte. Um diesen Schwung zu lernen, muss man bestimmt jahrelang üben. Wir haben es jedenfalls nicht geschafft, der Teig flog uns um die Ohren und klebte im Gesicht und in den Haaren – ein hauchdünnes Brot wurde auf jeden Fall nicht daraus. Shahidi blieb dabei, dass wir noch viel üben müssten, da wir sonst niemals heiraten könnten.

Einmal am Tag gingen wir mit Shahidi zum Brunnen, um Wasser zu holen. Weil wir so viele waren und so viel Wasser brauchten, durften wir den Esel vom Nachbarn mitnehmen, der trug unsere schweren Wasserkanister. Es war ein ziemlich langer Weg, einmal durch das ganze Dorf und auf der anderen Seite ein Stück hinaus. Am Brunnen gab es eine Pumpe, mit der wir das Wasser aus einer natürlichen Zisterne unter einer großen Felsplatte hochpumpen mussten. Wir füllten alle Kanister, beluden den Esel damit und machten uns auf den Rückweg. Unterwegs trafen wir den Hirten des Dorfs. Shahidi erklärte uns, dass das Dorf eine Gemeinschaftsherde hielt, alle legten das Geld für die Tiere zusammen und bezahlten den Hirten gemeinsam. Am nächsten Tag wolle er eine Ziege schlachten, sagte er zu Shahidi und forderte sie auf, früh zu ihm zu kommen, damit sie ein gutes Stück davon abbekäme. Shahidi zeigte uns die Haken im Baum, an denen das Fleisch hängen würde.

Heimat?

Adibis Aufgabe war es, Sata und Sufia zu sammeln. Dabei wollten wir sie begleiten. Wir standen sehr früh auf, um nicht zu sehr in die Mittagshitze zu geraten. Mit Körben und Tüten ausgerüstet, gingen wir hinaus auf die verlassenen Terrassen, wo wir Sata fanden. Sata ist so etwas wie wilder Thymian, mit einem ganz eigenen Geschmack. Er wird getrocknet, zerrieben und mit Olivenöl vermischt auf den Brotteig aufgestrichen und gebacken. Heraus kommt Minousche, das Lieblingsessen aller Kinder. Wir gingen also los und ernteten Satapflanzen ab. Dabei streiften wir die Blüten, Knospen und Fruchtstände mit den Fingern ab und ließen sie direkt in unsere Tüten hineinfallen. Dort auf den Terrassen, zwischen Disteln und Sata, fanden wir auch die Stängel des Sufia, einer wunderbaren Teepflanze.

Langsam wurde es heiß, die rote Erde erwärmte sich, und die Gerüche vieler würziger Pflanzen umgaben uns. Wenn ich heute im Sommer durch die Berge streife, wieder eintauche in das Licht und die Farben der Bergwelt, die Pflanzen um mich herum sehe und rieche, dann kommen die Erinnerungen zurück. Vielleicht habe ich dort so etwas wie Heimat gefunden, in diesem einmaligen Geruch, dem Licht der Morgensonne, dem Leuchten der Gräser und Disteln. Diese Eindrücke aus der Vergangenheit gehören zum Wohlgefühl meines Lebens.

Nicht weit von Shahidis Dorf entfernt wuchsen vereinzelt Zedern. Alleine durften wir nie dorthin spazieren, denn das Kadichatal fällt an dieser Stelle ganz steil ab. Unten sieht man Wasserfälle und den Wasserlauf des kleinen Flusses im heiligen Tal. Oberhalb der Quelle dieses Flusses, der in einer Höhle entspringt, beginnt der Zedernwald, der „Heilige Hain", der seit Menschengedenken unter göttlichem Schutz steht. Sophia, die Göttin der Weisheit, wurde hier verehrt, und bis heute würde ich sagen, wenn es einen Ort auf Erden gibt, um diese Göttin zu verehren, dann müsste es dieser Wald sein. Baumriesen, vielfach verzweigt, aus dem eigenen Stamm immer wieder nachgewachsen, blicken auf Jahrhunderte, sogar zum Teil Jahrtausende zurück. Da stehen sie, weit oben über allem Menschengewirr, dem Himmel sehr nahe, weit ausgebreitet sind ihre mütterlich bergenden Äste, unter denen die Sämlinge sich sammeln und aufwachsen. Zartes Waldgras bedeckt den Boden, durchsetzt von den kleinen, blasslila Blüten der Geraniumpflanze, einzelne Sonnenstrahlen setzen Lichtflecken hinein. Es tut gut, sich an einen dieser Baumriesen im Garten der Göttin Sophia anzulehnen.

Mit unseren Eltern sind wir viel gewandert im Libanon. Mein Vater beriet die Bauern und meine Mutter suchte Pflanzen, da sie an einem Pflanzenbestimmungsbuch für die Flora des Libanon arbeitete. In jeder freien Minute fuhr sie hinaus in die Natur, und immer wieder wurde sie fündig, immer neue Pflanzen brachte sie mit nach Hause. So oft ich konnte, begleitete ich sie auf ihren Entdeckungstouren.

So lernten wir, dieses Land zu lieben, seine Gerüche, seine Farben, seine Menschen, seine Früchte, seine Landschaften. Die Großzügigkeit und Herzlichkeit, die Freundlichkeit und Hilfsbereitschaft der Menschen haben uns auf all unseren Touren durch das Land begleitet.

Noch ganz in diese Erinnerungen versunken schaue ich von meinem Schreibtisch auf, mein Blick wandert nach draußen. Der Himmel hat sich ein wenig aufgehellt, und ich sehe sie alle wiederkommen, in ihren dicken Schneejacken, Mützen und Handschuhen. Julie, meine Schwester, mit Emily ihrer achtjährigen Tochter. Unser Sohn Simeon scheint müde zu sein, es sieht so aus, als wolle er seinen Vater überreden, ihn zu tragen. Unsere großen Kinder konnten nicht kommen, die Lage im Libanon erschien uns zu gefährlich. Wie gerne hätte ich sie alle zu Weihnachten hier gehabt, Nadja, Jakob und Jan.

Im Hausflur setzt ein großes Gejammer ein, die Hände und Füße sind kalt geworden. „Wir werden Bratäpfel machen", verspreche ich den Kindern, „und dann die große Neujahrsbrezel aus Hefeteig backen." Aber vorher möchte ich noch von meinen Erlebnissen mit Mona erzählen.

Zwischen den Welten: meine Freundin Mona

Beirut ragt auf einer Halbinsel ins Mittelmeer hinein. Und vorn an der Spitze dieser Halbinsel stand ich jeden Morgen ganz früh und wartete. Zwischen mir und dem Meer lag nur noch die Uferstraße, auf der der Schulbus gefahren kam, um uns abzuholen. Es war zur Zeit der Kämpfe zwischen den bewaffneten Palästinensern, die sich in ihren Flüchtlingslagern verschanzt hatten, und der libanesischen Armee im Jahr 1974. So fing der Bürgerkrieg an, der sich dann im folgenden Jahr auf alle Bevölkerungsgruppen ausweitete. Wir konnten nicht mehr sicher sein, ob uns der Schulbus wirklich erreichen würde. Wenn irgendwo in der Stadt gekämpft wurde, gab es manchmal kein Durchkommen. Es kam auch vor, dass beschlossen wurde, die Schule für einen Tag zu schließen, weil nicht absehbar war, wie die Situation sich entwickeln würde.

So stand ich morgens oft lange am Meer und wartete. Ein leichter Dunst lag über dem Wasser. Das Morgenlicht verlieh der Welt einen ganz eigenen Schimmer. Ich nannte ihn den Muschelschimmer. An jedem Tag sahen die Farben ein wenig anders aus, das Gekräusel der Wellen war stärker oder schwächer, die Berge klar zu erkennen oder im Dunst verschwommen. Der Anblick war oft so schön, dass ich meinte, mit dieser Landschaft zu verschmelzen. Die uralten Worte aus dem „Vaterunser" stiegen in mir auf – „Dein ist das Reich und die Kraft und die Herrlichkeit in Ewigkeit" – und ich fühlte mich geborgen, bei allem, was an diesem Tag auf mich zukommen mochte.

Tat das gut, wenn unser alter, wackeliger Bus dann doch noch auftauchte. Dunkelblau gestrichen, mit silbernen Schriftzügen auf Deutsch und Arabisch „Deutsche Schule Beirut". Munir, der Busfahrer, strahlte übers ganze Gesicht, wenn er bei uns hielt. Wir hielten uns an die arabische Begrüßungszeremonie, es ging heiter hin und her. In dieser Zeit wuchsen wir zusammen. Wir wussten, dass wir ihm vertrauen konnten, und er spürte, dass uns das klar war. So zuckelten wir durch die Stadt, um die anderen Kinder abzuholen, und dann ging's auf der Uferstraße hinaus aus der Stadt der Schule entgegen. Neben mir saß Mona, meine Freundin. Sie hielt ihre Bücher an ihren Leib gepresst, in ihrem meist angespannten Gesicht zeigte sich Unruhe.

Was mag es für sie bedeutet haben, dass jeden Morgen der Schulbus kam, um sie abzuholen? Für ihre Mutter wäre es undenkbar gewesen, in einen Bus zu steigen, in dem Männer und Frauen sitzen, und in eine Schule zu gehen, in der Mädchen und Jungen gemeinsam lernen. Mona hatte dafür die Erlaubnis bekommen. Und obwohl ihre Familie streng moslemisch war, ging sie ohne Kopftuch zur Schule und versuchte, sich dem westlichen Stil anzupassen. Tag für Tag hörte sie die anderen Mädchen von dem sprechen, was für sie unmöglich war: abends ausgehen, ins Kino gehen, eingeladen werden, Partys feiern, Freundinnen besuchen, einkaufen gehen, Kleider anprobieren, Badeanzüge kaufen, die neuesten Bikinis tragen, am Strand liegen, braun werden, im Wasser herumtoben.

Mona aber saß zu Hause, sie hatte ja viel zu lernen, all die deutschen Fächer in deutscher Sprache und die arabischen Fächer für das libanesische Baccalaureate. Als Libanesin musste sie zwei Schulabschlüsse gleichzeitig schaffen. Sie mag eine Weile da gesessen haben, um mit den anderen Frauen in der Familie zu schwatzen. Es wird auch etwas zum Lachen gegeben haben. Ich kannte ihr Lachen, es hörte sich an, als ob sie selbst dabei nicht mitlachen könnte.

Ich habe sie oft zu Hause besucht. Zu mir durfte sie nie kommen, also ging ich zu ihr. Ich mochte sie gern, ihr Gesicht war so schön. Zart in seiner Blässe, und doch hatte es starke, ausdrucksvolle Linien. Besonders ihre großen Augen fielen auf. Manchmal stellte ich mir vor, wie sie ausgesehen hätte, wenn sie verschleiert gewesen wäre. Wenn ich allein ihre Augen hätte sehen können. Als ich Monas Zimmer betrat, habe ich etwas erlebt, das mir heute wie ein Schlüssel vorkommt für das Chaos im Libanon.

Ich habe die Leere erlebt.

Ihr Zimmer war einfach leer. Es war ein Bett darin, ein Tisch und ein Stuhl. Über dem Tisch hing mit einer Stecknadel befestigt das Bild eines Popstars, klein und schief. Grünlich gelb die Tapeten. In Monas Zimmer sah ich, was sie verloren hatte. Ihre Werte, die Werte ihrer Kultur, sie lebte nicht mehr darin. Nicht, dass sie es sich nicht hätte leisten können, ihr Zimmer auszustaffieren. Sie lebte in einer wohlhabenden Familie. Aber sie lehnte die eigenen Traditionen ab. Mit ihrem Zimmer setzte sie ein Zeichen: Ich lehne ab, was ihr mir überliefert, das ist nicht mein wirkliches Zuhause. Aber wo war sie dann zu Hause? Unsere Wohnung war voll von arabischen Decken, Teppichen und Kissen, Kupfergefäßen und Basttellern, Schmuck und Bildern. In ihrem Zimmer war nichts. Es war nicht mehr das ihre. Und das Neue, das Andere, das Westliche – dort war sie noch nicht angekommen, das war auch noch nicht ihrs.

Und so lebte sie in der Leere. Ich schaute auf Mona, die jeden Tag neben mir saß, aber sie war nicht die Einzige. Der Bus war voller junger Menschen, wie vielen mag es genauso gegangen sein? Vielleicht auch mir selbst: Führte ich ein Leben zwischen den Kulturen, zwischen den Traditionen und Werten? Was ist wirklich mein Eigen? Ich spürte Angst: Woran würden wir uns halten können? An den Blick hinaus auf die Berge und das Meer, der leichte Dunst, in dem Himmel und Meer ineinander verschwimmen?

Ich erinnere mich noch an mein Stoßgebet an jenem Morgen im Schulbus: „Komm Du mir entgegen, Gott, verlier dich nicht in der Weite der Unendlichkeit. Sonst zerreißen uns die Kräfte zwischen den Welten." Mona, meine Freundin … Im Bürgerkrieg ging sie fort aus dem Libanon, ich habe sie nie wiedergesehen.

Mühsam löse ich mich aus meiner Erinnerung und bemerke, wie still es im Haus geworden ist. Die Bratäpfel sind schon lange gegessen, jetzt duftet die Neujahrsbrezel aus dem Backofen. Die Anderen sind alle schon eingeschlafen. Ich bin noch gar nicht müde. Unter mir sehe ich die Lichter auf den Hügelketten leuchten. Manche Gegenden sind ganz schwarz, da ist wohl gerade Stromausfall.

Ich wundere mich darüber, dass wir gestern auch noch da unten mitten im Lichtermeer der Stadt waren. Wir konnten uns nur schwer aus unserem Pfarrhausalltag lösen. Immer wieder kam etwas dazwischen, zuletzt noch eine Beerdigung. Dann der Verkehr, es war, als ob die Stadt uns nicht loslassen wollte. Von einem Stau zum nächsten kämpften wir uns langsam weiter. Dieses Mal, im Jahr 2006, waren die Tage nach Weihnachten gleichzeitig die Tage vor dem größten moslemischen Fest „Eid al Adha". Daher strömten viele Menschen auch direkt nach Weihnachten in die Kaufhäuser, um alles Nötige für die Feierlichkeiten zu besorgen.

Dabei ist die Innenstadt noch fest in der Hand der Belagerer, sie nennen sich „Die Oppositionsbewegung". Ihre Zelte sind auf allen freien Plätzen rund um das Regierungsgebäude, dem Serail, und weit darüber hinaus im ganzen Innenstadtbereich verteilt. Sie fordern den Rücktritt der Regierung, sie fordern die Macht. „Wir sind das Volk", behaupten sie von sich, die Anhänger der schiitischen Hisbollah-Partei und die Gefolgsleute des christlichen Generals Aoun, der zur maronitischen Bevölkerungsgruppe gehört. Sie sind vielleicht ein Teil des Volkes, aber ob sie wohl die Hälfte ausmachen? Niemand wagt es zu sagen. Glaubwürdiger wäre es, wenn es hieße: „Wir sind die soziale Unterschicht." Also Menschen, für die die Regierung nie viel getan hat. Menschen, die vielleicht gar nicht wissen, welche Werte die Regierung so verzweifelt verteidigt? Werte wie Demokratie, Menschenrechte und Pressefreiheit.

Doch im Hintergrund geht es eigentlich um die große Frage, welcher Lebensstil sich im Libanon durchsetzen wird. Die Offenheit gegenüber anderen Kulturen und dem westlichen Lebensstil, religiöse Toleranz, das Recht auf Individualität? Diese ganz eigene Mischung aus orientalischer und westlicher Kultur, die es in dieser Form vielleicht nur an diesem geographischen Ort Libanon geben kann? Oder das Streben nach einheitlichen Lebensformen, die klare Abgrenzung zum Westen hin? Der Stolz auf die moslemische, arabische Kultur, wenn es um Architektur, Kleidung, Kunst, Sitten und Gebräuche geht? Eine abgegrenzte Identität, die wenig Raum fürs Anderssein lässt?

Die Zeltbewohner sind Fremdkörper in dieser schicken, gänzlich renovierten Innenstadt. Nach dem Bürgerkrieg ist ein Stadtzentrum aufgebaut worden, das mit dem Mittelpunkt der alten und ursprünglich orientalischen Stadt Beirut nichts mehr gemein hat. Hier waren früher die Souks, die Märkte, die Straßen waren überdacht. Hier wurde gehandelt und gefeilscht, man ging dort hin, um möglichst billig große Mengen einzukaufen. Meine Mutter besuchte mindestens einmal in der Woche den Markt und brachte bergeweise Obst und Gemüse nach Hause. Ich sehe sie noch vor mir, die Aprikosen, Trauben, Äpfel, Tomaten und Gurken, die wir zu Hause mit Kernseife waschen mussten. Das war meine Aufgabe in unserer Familie, jede einzelne Traube habe ich gründlich gereinigt. Schließlich war unser Vater Fachmann, was die Spritzmittel anging, und er wusste, wie unverantwortlich damit im Libanon umgegangen wurde.

Während des Bürgerkriegs 1975 bis 1992 war die ganze Innenstadt in Schutt und Asche gelegt worden, sie war zur Greenline geworden. Grün überwucherte Ruinen standen dort, in denen sich nur noch Scharfschützen und Flüchtlinge aufhielten. Der Wiederaufbau der Innenstadt war das Großprojekt des ehemaligen Ministerpräsidenten Rafik el Hariri. Er ließ in Feinarbeit die alten Häuser herrichten oder nachbauen und die Innenstadt zu einer Einkaufsmeile im westlich mediterranen Stil umgestalten. Wer in dieser Gegend eine Tasse Kaffee trinken wollte, musste dafür den halben Tagesverdienst eines Tagelöhners ausgeben. Zehn Dollar verdiente ein solcher Arbeiter am Tag.

Und jetzt sitzen sie genau dort, die ehemaligen Tagelöhner, während die schicken Cafés und Boutiquen Geschäftseinbußen beklagen. Zu verlieren haben diese Menschen eigentlich nichts, man munkelt, sie werden dafür sogar bezahlt, dass sie ihre Tage und Wochen dort verbringen. Wie sollte das auch sonst gehen? Sie sitzen vor ihren Zelten, ziehen an Wasserpfeifen und trinken Tee. Immer wieder bilden Männer Kreise, um Debke zu tanzen, irgendjemand schlägt schon die Trommel.

Während der Feiertage, so hatten die Führer der Partei Gottes „Hisbollah" es angekündigt, sollte es keine Unruhen und keine Demonstrationen geben. Merkwürdigerweise haben sich alle daran gehalten, auf einmal kam es nicht mal mehr zu Schlägereien. Wir konnten unbehelligt überall hin fahren, um unsere Weihnachtseinkäufe zu erledigen. Ich war so dankbar für diese kurzzeitige Entspannung. Das große Wenn und Aber machte tatsächlich Pause. Für einen Moment war sie wie weggeblasen, die ständige Frage im Hinterkopf, was heute oder morgen wohl passiert. Wir planen das große Weihnachtsfest, aber was wird sein, wenn wir gar nicht Weihnachten feiern können? Wenn kein Mensch zu den Gottesdiensten kommen kann? Wenn die Leute, die sich zum Weihnachtsessen angemeldet haben, es gar nicht zur Gemeinde schaffen? Dann sitzen wir auf vier Truthähnen und zehn Kilo gekochten Kartoffeln. Doch das Versprechen, Ruhe zu halten, galt. So konnte ich es mir erlauben, kurzfristig mit ganzer Energie das Weihnachtsfest vorzubereiten. Ja, auch das Adha-Fest soll noch friedlich begangen werden können, aber danach? Was wird dann geschehen?

Die Zeit in Deutschland

Im Sommer 1974 lief der Vertrag meines Vaters aus, und wir zogen zurück nach Deutschland. Diesmal fuhren wir auf einem türkischen Schiff zurück bis nach Marseille und wurden dort von einem Freund mit einem VW-Bus erwartet. Er brachte uns zurück nach Bonn, wo ich direkt in die Abiturklasse einstieg. Begeistert war ich von meiner ganz ungewohnten Bewegungsfreiheit. Endlich konnte ich mich alleine in der Stadt bewegen, nachts ausgehen, Musik, Theater und Tanzworkshops mitmachen.

Aber eine Wehmut blieb. Sehnsucht wurde meine ständige Begleiterin, die Sehnsucht nach der menschlichen Wärme, der wunderbaren Natur, meinen Freunden und Freundinnen, und dazu gesellte sich bald eine tiefe Trauer über den Bürgerkrieg, der 1975 begann und wie ein Lauffeuer durch das Land zog und alles zerstörte. Eine Trauer, die mich seitdem eigentlich nicht mehr wirklich verlassen hat. Ich umgab mich während meines Studiums mit libanesischen und syrischen Freunden. Und so oft die Situation es zuließ, fuhr ich wieder in den Libanon. Schon wenn ich aus dem Flugzeug stieg, und mir die feuchtwarme Luft mit ihrer eigenartigen Geruchsmischung entgegenschlug, erwachte das alte Glücksgefühl in mir: „Ich bin wieder da!"

Doch war mein Vertrauen in die Menschen hier, das sich in meiner Zeit als Kind und Jugendliche im Libanon entwickelt hatte, gründlich erschüttert. Zu viel Schreckliches hatte sich ereignet. Bis heute habe ich nicht verstanden, ob die Extreme zusammengehören? Liegen Freundlichkeit und Herzlichkeit sowie kaltblütige oder eher heißblütige Grausamkeit so nah beieinander?

Traurige Gesichter, schwermütige Gesichter, tief enttäuschte Gesichter sah ich, als ich meine Freunde wiedertraf. Das freundliche Wiedersehenslächeln unseres alten Arztes Doktor Yussuf konnte nur schwer den Kummer überdecken, der ihn wie einen Schleier zu umgeben schien.

Gestern Abend hat mich dann doch die Müdigkeit übermannt, irgendwann bin ich in tiefen Schlaf gefallen, meine Erinnerungen habe ich mitgenommen. Als ich heute Morgen erwachte, war es auf einmal kalt geworden im Haus. Unser Berghäuschen ist über Nacht ausgekühlt, die Heizung ist ausgefallen. Wir halten uns an unseren heißen Kaffeetassen fest, auf dem kleinen Ölofen im Wohnzimmer summt der Teekessel. Da sitzen wir am Frühstückstisch mit Wollmützen und Schals und unseren Skijacken. Wenn Uwe die Heizung nicht wieder hinkriegt, fällt unsere Silvesterfeier ins Wasser, und unser Urlaub hier oben ist schneller beendet als gedacht. Dennoch lockt es mich zurück an den Schreibtisch, ich werde auch mit klammen Fingern weiterschreiben.

Rückkehr in den Libanon

Im Herbst 1998 fanden wir die Ausschreibung der Pfarrstelle der evangelischen deutschsprachigen Gemeinde in Beirut in einer kirchlichen Zeitung. Wir hatten erst vor kurzem ein hübsches, kleines Häuschen in Stuttgart gekauft und mit großem Einsatz selber renoviert. Uwe arbeitete als Religionslehrer an einer Berufsschule in Stuttgart und ich hatte eine halbe Stelle als Krankenhausseelsorgerin. Nebenher hatte ich mir eine Praxis als Tanztherapeutin eingerichtet, die Ausbildung dazu hatte ich erst vor kurzem abgeschlossen. Ich lernte damals für die Prüfung zum „kleinen Heilpraktiker", damit ich auch offiziell in Deutschland Tanztherapie praktizieren durfte. Zudem war ich Mitglied in einer Tanztheatergruppe, gerade hatten wir eine Aufführung zur Gestalt der Maria Magdalena erarbeitet und eine ganze Reihe von Aufführungsterminen vereinbart.

So war die Situation, als wir, mein Mann Uwe und die drei Kinder Nadja, Jakob und Jan, die damals 14, zwölf und elf Jahre alt waren, eines Abends am Abendbrottisch saßen. Damals gab es von Simeon noch keine Spur, er hat uns erst im Libanon im Jahr 2001 mit seiner Ankunft überrascht. Nadja war vom Reiten zurück, Jakob hatte den Nachmittag bei seinem Freund verbracht, Jan war mit dem Skateboard unterwegs gewesen. Uwe und ich hatten immer mal wieder mit dem Gedanken gespielt, einmal zusammen im Libanon zu leben. Aber eigentlich hatten wir dieses Vorhaben aufgegeben, seitdem wir uns das Haus gekauft hatten. Wir waren uns auch einig gewesen, dass wir den Kindern keinen solchen Umbruch zumuten wollten. Sie aus ihrem Leben herauszureißen, widerstrebte uns.

So erzählte ich wie nebenbei, was ich gelesen hatte. Die Kinder waren sofort wie elektrisiert. Meine vielen Gute-Nacht-Geschichten aus dem Libanon hatten offensichtlich gewirkt. Sie fanden die Vorstellung toll, dorthin zu ziehen. Auf meine Einwände hin entgegnete unsere große Tochter mit belehrendem Unterton: „Man lebt nur einmal, Mama!" Also los, wir bewarben uns auf die Stelle und nach spannungsreichem Hin und Her erfuhren wir im März, dass wir von der Gemeindeversammlung in Beirut gewählt worden waren. Im August 1999 sollten wir mit der Arbeit beginnen. Wir wären gerne mit dem Schiff angereist, aber es gibt keine Passagierschiffsreisen mehr nach Beirut. Also flogen wir mit Sack und Pack in die Augusthitze hinein.

Unser Silvesterabend 2006

Während ich an unseren Neuanfang zurückdenke, merke ich, dass meine Finger nicht mehr ganz so kalt sind. Uwe hat es geschafft, die Heizung brummt wieder eifrig, wir können doch noch hier oben Silvester feiern! Unsere Freunde Tanja und Saadeh mit ihren drei Kindern sind auch schon im Anmarsch, ich sehe ihr Auto vorne auf der Straße stehen. Sobald es dunkel ist, zünden wir ein großes Silvesterfeuer an, draußen im Schnee, und lassen die Funken fliegen. Die Kinder malen mit glühenden

Zweigen Zeichen in die Nacht. Faszinierende Glut, wir alle wärmen uns daran. Wir sind ein eher müdes Grüppchen. Um 21:00 Uhr schon lassen wir unsere Raketen zischen. Sie steigen hoch in die schwarze Nacht, Goldregen mit roten und grünen Tropfen, die Kinder jubeln. Wir Erwachsene liegen uns in den Armen und wünschen uns ein frohes neues Jahr. Wenn unsere Wünsche doch nur etwas mit der Realität zu tun hätten. Ich würde tausende Raketen in die Luft jagen, wenn uns das Mut machen würde, wenn es die Stimmung herumreißen könnte, denn eigentlich sollten wir jetzt mit all unserer Energie in das neue Jahr hineinfeiern.

Die Kinder gehen zufrieden ins Bett, und wir setzen uns gemütlich um den Bullerofen ins Wohnzimmer. Ich spüre meinen Mann neben mir, seine knochige, hagere Gestalt. Noch ist er nicht zur Ruhe gekommen, seine Unruhe pulsiert, als müsste er jeden Moment wieder aufspringen und eine ganz dringende Aufgabe erledigen. Wir alle suchen in Gedanken nach dem schönsten Ereignis des letzten Jahres. Dazu muss man den Sommer überspringen und ins Frühjahr zurückgehen, das wie in einem anderen Zeitalter zu liegen scheint. Das war die Zeit vor dem Krieg.

So sitzen wir da an Silvester, eigentlich wollten wir feiern. Aber es ist ein Abend, an dem wir realisieren, wie groß der Bruch ist, der auch unsere persönlichen Lebenspläne betrifft. Tanja und Saadeh versuchen, außerhalb des Libanon eine Arbeit zu finden. Das Leben hier ist zu unsicher geworden, die Verantwortung ist groß, wenn man drei kleine Kinder hat. „Was ist, wenn wir morgen wieder hier weg müssen? Die Arbeit hier nicht weitergeht? Wenn wir plötzlich keinen Verdienst mehr haben? Das kann man eigentlich nicht riskieren!" Wer es irgendwie bewerkstelligen kann, wird dieses Land verlassen. Und zu Tausenden und zu Millionen haben die Menschen dies schon getan.

Uwe ist noch bei den schönsten Momenten, endlich ist ihm etwas eingefallen: „Unser Tanz damals im Mai, weißt du noch?"

So unbeschwert haben wir lange vorher und nachher nicht getanzt. Unsere Freunde teilen mit uns noch mal das Erlebnis der Geburt ihres dritten Kindes im vergangenen Jahr. Aber dann sind schon die anderen Geschichten da, Geschichten vom Sommer dieses Jahres.

Ich muss noch einmal davon erzählen, wie Simeon und ich von Damaskus über Wien schließlich nach Deutschland kamen. Auch Saadeh berichtet von seiner Flucht mit dem Minibus über Feldwege bis zur syrischen Grenze, immer in Angst vor den Angriffen der israelischen Flugzeuge. Tanja sagt, dass sie drei Tage lang keinen Kontakt zu Saadeh gehabt hat, bis er sie schließlich von Amman aus anrufen konnte.

Wir sind davongekommen. Dankbar, dass wir unversehrt geblieben sind. Aber es war so, als ob ein Teil von uns damals mitten im Krieg geblieben war, unsere Zugehörigkeit zum Libanon ist mit jedem Kilometer Entfernung gewachsen, darin sind wir uns einig. Uwe spricht selten über seine Erlebnisse im Sommerkrieg, doch nun erzählt auch er.

Es tut gut, Freunde zu haben, an diesem Silvesterabend 2006.

Das Leben mit der Stromknappheit

Den Neujahrstag haben wir noch alle zusammen verbracht, dann sind unsere Freunde wieder abgefahren. Ich sitze hier oben im Berghäuschen an meinem Schreibtisch. Immer wieder fällt der Strom aus, alle zwei, drei, vier Stunden wird er abgeschaltet und niemand weiß, wann und in welchem Rhythmus er wieder da sein wird. In den Ferien kann man sich danach richten, da geht man zu der Zeit spazieren. Eigentlich wird das ganze Leben um den vorhandenen oder nicht vorhandenen Strom herum ausgerichtet. Habe ich gerade begonnen zu schreiben, muss ich eventuell nach einer halben Stunde wieder aufhören. Will ich morgens schnell duschen, fällt genau in dem Moment der Strom aus, sodass die Pumpe kein Wasser hochpumpen kann. Der Abwasch steht und wartet. Zum Glück können wir mit Gas kochen und unseren Bullerofen anheizen, denn die Zentralheizung fällt natürlich auch aus. Abends sitzt man bei Kerzenlicht. Was sich romantisch anhören mag, ist irgendwann nur noch ärgerlich. Als wir in den Libanon zurückkehrten, fiel es uns sehr schwer, uns an das Leben mit dieser Stromknappheit zu gewöhnen.

Wir kamen 1999 nach Beirut, damals war die Stromversorgung katastrophal. Wir kannten uns überhaupt nicht damit aus. Wir wussten nicht, dass wir ein Gerät mit der Bezeichnung UPS brauchten, das den Strom zum Beispiel für den Computer noch ein paar Minuten aufrecht erhält, damit man ihn wenigstens in Ruhe ausschalten kann und das Dokument, an dem man gerade arbeitet, nicht verlorengeht. Wie oft ist uns der Computer so abgestürzt! Dann blieb nichts anderes übrig, als zu warten, bis wieder Strom floss. Und wenn man zu einer bestimmten Zeit mit einem Text fertig werden musste? Auch dann konnte man nichts machen, nur warten.

Der Ruf „Strom ist da!" ließ die ganze Familie sofort in hektische Aktivität verfallen. Ich setzte eilig die Waschmaschine in Gang, ein anderer machte sich an den Abwasch, der Computer wurde angeworfen, der CD-Spieler setzte unverhofft seine Musik fort, und wer duschen wollte, konnte es endlich tun.

Es dauerte ein halbes Jahr, bis wir erkannten, dass man im Libanon seinen Strom auch direkt einkaufen kann. Unser Supermarkt an der Ecke, „Smith", wo es unterschiedlichste Waren aus aller Welt gab – manchmal allerdings zu horrenden Preisen –, verkaufte uns schließlich auch Strom. Wir zahlten dem Inhaber 50 Dollar im Monat, und dafür legte er ein Kabel von seinem Generator hinüber in unsere Wohnung. Wenn dann der Strom ausfiel, brauchten wir nur einen Schalter umzulegen und bekamen Generatorstrom. Zwar war der schwach, die Waschmaschine ließ sich zum Beispiel nicht damit betreiben, aber der Computer lief. Wir konnten also zumindest wieder pünktlich die Monatsprogramme liefern und unsere Arbeit erledigen. Inzwischen leben wir im neu gebauten Gemeindehaus und gehören zu den Privilegierten, deren Haus über einen eigenen Generator verfügt, der sofort anspringt, wenn der Strom ausfällt.

Die einfache libanesische Bevölkerung aber lebt seit dem Bürgerkrieg 1975 mit der Stromknappheit. Und auch danach wählte die israelische Luftwaffe immer wieder neu fertig gestellte oder gerade reparierte Stromwerke als Ziele für ihre Bombardements aus – als Strafaktion für die von der Hisbollah abgefeuerten Raketen. 1999 war der Südlibanon noch von den Israelis besetzt, und die Hisbollah kämpfte für die Befreiung des Südlibanon. Für uns bedeutete das: Wenn wir von einer Aktion der Hisbollah hörten, konnten wir uns schon im Voraus darauf einstellen, dass in der Nacht israelische Bomber fliegen würden.

So wie an dem Abend im Jahr 2000, als ich zu einem Abendessen bei der deutschen Botschaft eingeladen war. Um dorthin zu kommen, musste ich einmal quer durch die Stadt fahren, nach Rabieh, einem schönen Villenviertel ein wenig oberhalb der Stadt. An diesem Tag hatte die Hisbollah wieder Raketen nach Israel geschossen, daher war in jener Nacht mit einer Bombardierung zu rechnen.

Die Einladung wurde dennoch nicht abgesagt. Ich fuhr also los und nahm mir vor, gegen 22:00 Uhr aufzubrechen, um rechtzeitig vor den Angriffen wieder zu Hause sein.

Wir saßen an schön gedeckten Tischen im großen Wohnzimmer des ersten Attachés und konnten über die ganze Stadt blicken – Lichtergeglitzer, umgeben von der Dunkelheit des Meeres. Herrliche Blumengestecke standen auf den Tischen. Zu Besuch war eine Abgeordnete des Deutschen Bundestags, ihr zu Ehren waren die wichtigen Persönlichkeiten der deutschlibanesischen Gesellschaft eingeladen worden.

War ich an dem Abend die Einzige, die immer wieder nervös auf die Uhr schaute? Um mich herum Smalltalk, als wäre die

Welt völlig in Ordnung. Wussten die anderen denn nicht, was passieren würde? Hatten sie sich vielleicht so daran gewöhnt, dass sie sich gar nicht mehr davon stören ließen? Schließlich erlaubte ich mir, den Gastgeber danach zu fragen, ob er nicht auch mit einer Bombardierung durch die israelische Armee rechnete. Er lachte freundlich und sagte, ich solle mir keine Sorgen machen, er glaube nicht, dass in dieser Nacht etwas passieren würde. Die anderen Gäste bestärkten ihn in seiner Sicht der Dinge. Und ich wunderte mich. Um 22:00 Uhr machte ich mich dann wie geplant auf den Weg, obwohl noch nicht einmal der Nachtisch gereicht worden war. Man schenkte mir ein nachsichtiges Lächeln, da ich ja noch relativ neu im Land war …

Die Fahrt nach Hause war ziemlich unheimlich, es waren viel weniger Autos auf der Straße als sonst. Ich war wohl doch nicht die Einzige, die Angst hatte. Und wirklich, kurz nachdem ich im Bett lag, ging es los. Dieses ekelhafte Geräusch der herannahenden Bomber, kein anderes Flugzeug klingt vergleichbar. Und dann das Krachen, der Rauchpilz, der Feuerschein – vom Balkon aus konnte man orten, wo ungefähr das Angriffsziel gelegen hatte. Und wieder hatte es eines der Elektrizitätswerke getroffen. Ohnmacht und Wut, diese altbekannte Gefühlsmischung, die sich bei mir jedes Mal aufs Neue einstellte, ergriff mich und schüttelte mich. Wir wussten, dass wir wieder einige Wochen mit langen Stromsperren zu rechnen hatten.

Was ich nicht geahnt hatte: Das war der letzte Angriff gewesen, danach zog die israelische Armee aus dem Südlibanon ab, und wir hatten ein paar Jahre Ruhe, jedenfalls vor den israelischen Bomben. Die Stromausfälle sind hingegen fester Bestandteil unseres Alltags geblieben.

Die Schönheit der Schneeberge

Wenn ich in unserem Berghaus bin, gehe ich einfach spazieren, wenn der Strom ausfällt. So komme ich zu häufigen und ausgedehnten Spaziergängen. Im Winter laufe ich mit Schneeschuhen, die ich mir unter die Stiefel schnalle, damit ich nicht im Tiefschnee einsinke, durch die Schneelandschaft. So kann ich über Berg und Tal laufen, ganz steil bergab, aber auch bergauf, ohne wegzurutschen. Der Ausblick ist je nach Perspektive immer ein bisschen anders, aber immer aufregend schön.

Wie soll ich diese Schönheit beschreiben? Sie lässt sich nicht einmal mit dem Fotoapparat einfangen. Vor einem liegt die Kette aus weißen Bergkuppen, die sich lang hinzieht, bis sie sich im Dunst, der vom Meer heraufzieht, verliert. Gegen das Sonnenlicht geschaut, wirkt alles ein wenig unwirklich, verschleiert. Man kann Zypern von hier oben sehen, sagen die Leute. Aber nur, wenn die Luft ganz klar ist. Ich habe das leider noch nie erlebt.

Mein Lieblingsaussichtspunkt liegt etwa eine halbe Stunde zu Fuß von unserem Häuschen entfernt. Ich würde am liebsten zehnmal am Tag dort hinlaufen, um zu schauen, wie sich der Ausblick verändert. Man steht dort wie auf einer natürlichen Aussichtsplattform, gegenüber dem Berg Sannin, direkt über dem großen, steilen Tal, das das Wasser in den Berg gegraben hat. Es ist, als säße man in der Loge eines römischen Amphitheaters und bekäme eine majestätische Vorstellung geboten.

Die terrassierten Hänge liegen wie ausgebreitete Hände vor den wilden Geröllabhängen, die vom Gipfel steil abfallen. Dies alles jetzt im Schnee: Die Steinkanten und Felsabbrüche mit Schnee und Eis bedeckt, durch den Wind in weichere Formen geweht. Wie bewegliche Linien ziehen sich die Schneewehen von oben nach unten, immer an den Bergkanten entlang. Bis dorthin, wo der Schnee immer dünner wird, immer weniger und das Braun und Grün und Schwarz der Felsen und Terrassen gegen das letzte Schneeweiß Muster legt. Der Blick wandert hinunter bis zum Boden dieses Tals, das sich so eng zusammenzieht, als wolle es die Blicke abwehren. Und von Bergkuppe zu Bergkuppe, über die Vorhügel hinab, verfolgt das Auge den Talverlauf bis zum Meer. Die ganze Spanne vom 3.000 Meter hohen Gipfel bis zum Strand kann ich mit einer Augenbewegung erfassen.

Da stehe ich und möchte festwurzeln und frage mich: „Wie kann es denn für mich jedes Mal wieder so umwerfend schön sein, diese Aussicht vor mir zu haben?" Eigentlich erlebe ich sie jedes Mal wieder neu. Kann ich mir diesen Blick denn nicht merken? Ich vergesse nicht den Anblick, doch die Empfindung von Schönheit muss in genau dem Moment, in dem ich schaue und staune, wieder neu entstehen. Während ich dort bin, murmele ich das Wort „Seelenfrieden" vor mich hin. „Seelenfrieden"…

Und schon taucht die bange Frage auf: Wie viel Unfrieden wird auf mich zukommen, wenn ich nach Beirut komme? Die Realität lässt mich nicht los, auch wenn ich hier oben weit weg bin. Es ist, als ob etwas davon parallel in meinem Kopf immer mitläuft und alle diese Ausblicke und friedvollen Momente begleitet. Wie eine Warnung: Vergiss nicht, ganz schnell kann dein Leben zusammenbrechen. Wenn der Wahnsinn wieder um sich greift. Dieser Eindruck ist allgegenwärtig: Die Atmosphäre scheint voller Irrsinn zu sein, der kaum zu kontrollieren ist.

Diese Tragik umgibt die Schönheit immer wie ein Seufzer, wie friedlich könnte der Moment sein, wenn ich nicht wüsste … Die Klage, die sich dieser geschundenen Landschaft entringt, noch stehen die Kriegsruinen aus den letzten Jahren des Bürgerkriegs unverändert. Das große Hotel hier oben ist völlig leer. Im letzten Jahr hat mir der Besitzer noch stolz seinen neuen Swimmingpool vorgeführt. Er hatte Großes vor mit seinem Hotel in dieser Lage. Flüchtlinge waren hier im Sommer, sonst war nichts los. Die Bauern, die Hirten, sie brauchen kein Hotel.

Ich schaue und staune und will den Blick in mich hineinziehen, um ihn parat zu haben während der schwierigen Zeiten unten in Beirut. Wird es mir gelingen, dieses Bild festzuhalten, und das Gefühl dazu – diesen Seelenfrieden? Ob es mir gelingen wird, etwas von dieser Atmosphäre in den Gottesdienst am kommenden Sonntag hineinzuretten? Die Weite, die Schönheit, das Staunen und die Hoffnung, all das legt sich wie ein Gebet um mich, dass Frieden möglich sein möge.

Teil 2

„Ehrenmord" und der Aufbau unseres Netzwerks „Gemeinsam gegen Gewalt!"

Nachts um zehn sitze ich wieder in unserem Haus in den Bergen und schreibe, als das Telefon klingelt. Der Anruf kommt vom Bereitschaftsdienst der Botschaft, und die Frage ist – wie so oft –, ob wir im Gemeindehaus ein Zimmer frei haben. Mir wird gesagt, dass ein junges Mädchen mit dem Namen Mariana auf dem Weg zu uns sei. Sie sei Deutsch-Libanesin, zwölf Jahre alt und vor einem halben Jahr von ihrem Vater in den Libanon gebracht worden. Er habe sie hier festgehalten. Sie konnte nun von einem Onkel mütterlicherseits befreit werden und bräuchte erst einmal einen Schutzraum und einen Platz zum Übernachten. In der Gemeinde, in dem großen Haus der Gemeinde, halten wir für solche Notfälle immer ein Zimmer frei. Aber jetzt sind wir ja nicht da. Doch unser Team funktioniert: Das Mädchen wird in Empfang genommen und mit allem versorgt, was nötig ist. Um 24:00 Uhr bekomme ich den Anruf, dass alles geklappt habe. Aber: Das Mädchen heißt Sabrina und ist nicht zwölf, sondern 16 Jahre alt.

In dieser Nacht schlafe ich schlecht. Erinnerungen tauchen auf. Immer wieder sehe ich Fidaa vor mir, eine 17-jährige Deutsch-Libanesin. Auch sie hatte sich zu uns geflüchtet, aber wir hatten sie nicht retten können. Wie oft ist sie schon in meinen Träumen erschienen. Immer möchte ich sie schützend in die Arme nehmen, aber dann ist sie plötzlich nicht mehr da. Aufgerüttelt von ihrem Tod, hatten wir begonnen, ein Netzwerk aufzubauen, um in Notfällen möglichst schnell und effektiv reagieren zu können. Uns war jedoch klar geworden, dass wir Verbündete brauchten. Denn wir waren und sind Fremde in diesem Land. Wir wussten, dass wir darauf angewiesen waren, einflussreiche Menschen aus den verschiedenen religiösen Gruppen zu finden, die bereitwillig mit uns zusammenarbeiten wollten. Wir mussten lernen, die Wege zu gehen, die in dieser Gesellschaft üblich sind. Wir übten uns darin, ein Stück weit mitzugehen, gleichzeitig aber unsere eigenen Werte zu bewahren und uns sehr deutlich abzugrenzen, sobald unser Verständnis von Menschenwürde und Gleichberechtigung missachtet wird.

„Gemeinsam gegen Gewalt!" ist das Motto, unter dem wir uns zusammengefunden haben. Wir, das sind die Frauenorganisation „Kafa" („Es ist genug!"), ein schiitischer Scheich, ein maronitischer Mönch und unsere Mitarbeiterinnen in der Gemeinde. Inzwischen klappt unsere Zusammenarbeit beinahe reibungslos. Unsere größte Belastung sind die Fälle, in denen wir nicht helfen können. Aber wir versuchen es. Für viele der Betroffenen ist die Gemeinde zu einem Ort geworden, an dem sie sich erst einmal sicher fühlen, wo sie zur Ruhe kommen können, und wo sie Verständnis und Unterstützung finden. Mit Fidaa hat das alles angefangen.

Fidaas Geschichte

Es war im Frühjahr 2003, als ich Fidaa kennenlernte. Ich will einen kleinen Teil ihrer Geschichte erzählen; bewahren, was ich mit ihr erlebt habe – nachdem wir ihr Leben nicht hatten retten können.

An einem Sonntagnachmittag kam sie über Umwege bei uns im Gemeindezentrum an. Gerade war das Mittagessen vorüber. Wir hatten die neu gewählten und die ausgeschiedenen Gemeindekirchenräte zu einem Essen auf unsere Dachterrasse eingeladen. Das war eine große Gruppe gewesen, und soeben stieg mit der Entspannung die Müdigkeit in mir auf, als der letzte Gast von unten über das Haustelefon ankündigte, er werde ein junges Mädchen zu uns hinaufschicken. Es stünde am Tor und sei in Tränen aufgelöst.

So trafen wir Fidaa das erste Mal. Sie war 17 Jahre alt, eigentlich noch ein Kind, zitternd, eine Kappe in der Hand, die sie ununterbrochen zwischen den Fingern drehte. Eine kleine zarte Gestalt. Tränen, so viele Tränen. Doch war da auch ein Eindruck von Zähigkeit, eine merkwürdige Kraft des Willens. Sie hatte den Mut aufgebracht abzuhauen, wegzulaufen – ohne alles, was ihr Sicherheit hätte geben können. Keine Papiere, keinen Pfennig Geld – nur die merkwürdige Kappe zwischen den Fingern, um sich daran festzuhalten.

„Mein Vater bringt mich um." Dieser Satz enthielt die Begründung und den Antrieb, warum sie zu uns gekommen war. „Ich muss nach Deutschland zurück. Ihr müsst mir helfen, nach Deutschland zurückzukehren, nur dort bin ich sicher. Da gibt es das Jugendamt, dort finde ich Schutz."

Fidaa war mit ihren Eltern und zwei Brüdern erst ein halbes Jahr zuvor in den Libanon zurückgekehrt. Davor hatte die Familie 13 Jahre lang in Deutschland gelebt. Ihr großer Bruder stand auf der Seite des Vaters. „Er hat mich verraten", sagte sie. „Er hat dem Vater mein Tagebuch gezeigt." Sie hatte etwas über ihren Freund in Deutschland hineingeschrieben, mit dem sie heimlich zusammen war. Ganz langsam setzte sich aus Bruchstücken die Geschichte zusammen. Dazwischen Tränen und Zittern. Ein halbes Jahr zu Hause eingesperrt. Hier im Libanon ging Fidaa nicht mehr zur Schule. Sie hatte in Deutschland nie Arabisch schreiben gelernt, deshalb konnte sie im Libanon in keine Ausbildung mehr einsteigen, aber das wäre auch gar nicht gegangen. Sie hätte es nicht gedurft. Ihr Vater wollte sie endlich wieder ganz unter seiner Kontrolle wissen.

Keine Freunde oder Freundinnen, woher hätten sie auch kommen sollen? Einzig in den Laden nebenan durfte Fidaa ab und zu einkaufen gehen. Und dabei war sie auch entkommen. Sie hatte gesagt, sie wolle schnell etwas zum Trinken holen und war einfach nicht wieder zurückgekehrt in ihr Gefängnis.

Was nun? Im Gemeindezentrum war gerade ein Gästezim-

mer frei. Wir packten ihr ein paar frische Kleider zusammen und
etwas zu essen. Aber sie konnte nicht allein sein. Mit unserer Familie um sich herum, konnte sie auch nicht recht umgehen. Das
tapsige Baby, die großen Jungs, der liebevolle Vater, wie verhält
man sich in einer solchen Umgebung? Sie suchte nach Verhal-
tensmustern und fand sie nicht. So bat sie mich, in ihr Zimmer
zu kommen, und bei ihr zu bleiben. „Wenn das Baby im Bett ist",
sagte ich.

Dann saßen wir in ihrem Zimmer. Jede von uns auf einem
Bett, den Rücken an die kühle Wand gelehnt. Der Muezzin rief
zum Nachtgebet. Sie strich sich über den Kopf. „Das macht
man so", erklärte sie mir, „wenn man nicht mitbeten kann. Man
streicht sich über den Kopf als Zeichen dafür, dass man auch da-
zugehört, das Gebet gilt, es kommt auch von mir." So redeten
wir zunächst über die Religion. „Ich bin Schiitin", sagte sie stolz.
„Ich bin religiös, aber ich will mich nicht verhüllen, ich kann das
Kopftuch nicht leiden!" Dabei blitzten ihre Augen kampfeslustig.

In der Nacht sprach sie viel von Deutschland. Es war dort
auch nicht einfach gewesen. Schon damals war sie ein paar Mal
von zu Hause abgehauen. Der Vater hatte sie und ihre Mutter
geschlagen, immer war die Mutter ihre engste Vertraute gewesen. Sie hatte auch sehr gut Deutsch gelernt und sich wohlgefühlt in Deutschland. Sie hatte sogar deutsche Freundinnen
gehabt. Der Vater hatte den ganzen Tag zu Hause gesessen – ohne Arbeit, ohne Bekannte oder Freunde. Er hatte sich nicht be-
schäftigen können, die Sprache zu lernen, das hatte er sich wohl
nicht zugetraut. So hatte er nicht einmal Geld verdienen können, die Familie musste von dem Geld leben, das sie vom Sozial-
amt bekam. Der Vater hatte das Leben in Deutschland nicht ertragen. Welche Stellung hatte er noch in seiner Familie? Wurde
er noch geachtet von seinen Kindern und von seiner Frau?

Fidaa hatte sich ihrem Vater mehr und mehr entzogen.
Nachdem sie wieder einmal von ihm verprügelt worden war,
ging sie für einige Zeit in ein Heim. Beim Jugendamt hatte

sie Hilfe gefunden und Rückenstärkung. Das Einzige, wofür der Vater jetzt noch kämpfen konnte, war der Erhalt der Familienehre.

Fidaa erklärte es mir noch mal: „Du weißt, wir Töchter sind so etwas wie ein Gefäß, wie eine Vase – etwas ganz Wertvolles, nicht wir selbst, sondern in uns wird die Familienehre gehütet. Wenn wir unsere Jungfräulichkeit vor der Hochzeit verlieren, dann haben wir die Familienehre in den Schmutz gezogen und kein Recht mehr zu leben. Deswegen wird mein Vater mich töten. Nur durch meinen Tod kann die Familienehre wiederhergestellt werden."

Sie schauderte und blickte mich an: „Aber ich will doch leben."

Wie gerne hätte ich ihr versprochen: „Du wirst leben, wir werden dich beschützen, wir bringen dich hier raus …!"

Es friert mich heute noch, wenn ich daran denke. Ihr flehender Blick – gleichzeitig spürte ich, wie sehr sie schon mit dem Gedanken an ihren Tod lebte. In mir wehrte sich alles gegen dieses Wissen und dennoch fragte ich mich: „Nimmt sie schon Abschied?"

Dann erzählte sie weiter: Sie hätte in Deutschland auf Dauer in einem Jugendheim unterkommen können, aber immer wieder sei sie nach Hause zurückgekehrt. Sie verstehe auch nicht warum, sie hätte nicht anders gekonnt. Eines Tages, erzählte sie, kam sie nachmittags nach Hause, da hatten die Eltern schon die Koffer gepackt – angeblich nur für einen kurzen Besuch im Libanon. Fidaa hatte sich noch am Abend von ihren Freunden und Bekannten verabschieden müssen. Ihr schien es, als hätte niemand – weder ihre Mutter noch ihre Brüder – etwas geahnt. Doch es war ein Abschied für immer. Der Vater wollte zurück. Er hatte gespürt, wie er den Einfluss auf die Tochter immer mehr verlor.

Fidaa hatte einen Freund in Deutschland gehabt. Eigentlich hat sie wenig von ihm erzählt. Sie hatten sich in einem Jugendzentrum kennengelernt. Sehr vorsichtig hatten sie sein müssen, damit niemand etwas bemerkte. Und nun hatte sie sich nicht mal von ihm verabschieden können, der Aufbruch war so plötzlich gekommen. Das schmerzte sie sehr. Dennoch wollte sie nicht vom Gemeindezentrum aus zu ihm Kontakt aufnehmen. Es war, als ob sie sich davor fürchtete. Sie waren schon seit einem halben Jahr getrennt. Was war wohl in der Zwischenzeit aus ihm geworden? Vielleicht wollte sie es lieber gar nicht wissen.

Seit ihrer Ankunft im Libanon lebte sie eingesperrt im neuen Beiruter Zuhause im Stadtteil Hay es Sellom. Das Einzige, was sie tun konnte, um zumindest manchmal der Realität zu entfliehen, war zu schreiben – in ihr Tagebuch. Und eben das war ihrem Vater in die Hände gefallen.

„Er bringt mich um." Davon war Fidaa überzeugt. Das war der Anfang unserer Begegnung. Fidaa blieb zwei Tage und Nächte bei uns. Wir telefonierten hin und her mit der Botschaft, aber eine Ausreise nach Deutschland war unmöglich. Mit 17 Jahren kommt keine Jugendliche ohne Einwilligung des Vaters aus dem Libanon heraus. Schließlich gingen wir mit Fidaa zu „Kafa". Ich hatte erst kurz zuvor das Büro mit einer Delegation deutscher Frauen besucht, die sich für die Lebenssituation und Rechte der libanesischen Frauen interessierten. Es war ein kleines Büro in einem alten, schäbigen Haus. Ein kleiner Beratungsraum, alles beengt, aber die Frauen, die sich hier zusammengefunden haben, sind hoch motiviert. Sie kommen aus ganz unterschiedlichen konfessionellen Gruppen, unter ihnen sind Rechtsanwältinnen, Sozialarbeiterinnen, Psychologinnen, Ärztinnen, die meisten engagieren sich ehrenamtlich. Zu dem Zeitpunkt spürte man, dass alles noch in den Anfängen steckte und die Probleme eigentlich nicht von einer kleinen Gruppe zu bewältigen waren. Damals wie heute arbeiten sie auf allen Ebenen gleichzeitig, weil es gar nicht anders geht: Sie führen Öffentlichkeitskampagnen durch, um auf die Gewalt gegen Frauen aufmerksam zu machen, um sich bei Frauen bekannt zu machen, um Polizeistellen zu finden, die sie unterstützen in ihrem Anliegen, Schutz für Frauen gewährleisten zu können. Sie arbeiten an Gesetzentwürfen in Zusammenarbeit mit dem Familienministerium und den verschiedenen religiösen Gerichten. Die Frauen im Libanon haben so wenig Rechte, es gibt keinen gesetzlichen Schutz, wenn eine Frau vor ihrem gewalttätigen Mann flieht. In der Gesellschaft wird es meist akzeptiert, dass ein Mann seine Frau schlägt.

Da saßen wir also in dem kleinen Büro, eine Sozialarbeiterin von „Kafa", Fidaa und ich. Noch einmal erzählte Fidaa ihre Geschichte, diesmal auf Arabisch und ohne zu zittern und zu weinen. Die Sozialarbeiterin hörte aufmerksam zu. Alle dort kennen solche Geschichten zur Genüge und wissen sofort, wie ernst die Bedrohung ist. Sie fragte Fidaa nach körperlichen Spuren von Gewalt. Gäbe es Narben, dann könne man gerichtlich gegen den Vater vorgehen und würde sich nicht strafbar machen, wenn man Fidaa vor ihm versteckte. Wir suchten gemeinsam. Zwar hatte er ihr mal den Arm gebrochen, wie Fidaa sagte, aber davon war nichts mehr zu sehen.

Fidaa wollte zurück nach Deutschland. Sie hielt an diesem Wunsch fest, als ob sie davon ausging, dass wir Wunder vollbringen und sie an allen Kontrollen vorbei außer Landes schmuggeln könnten. Alle anderen Vorschläge prallten an ihr ab. Sie war davon überzeugt, nur in Deutschland vor ihrem Vater und den Brüdern Schutz zu finden. Die Sozialarbeiterin sagte, dass es nur eine Möglichkeit gäbe: Fidaa müsse sich ein Jahr lang versteckt halten, bis sie 18 Jahre alt sei, dann könne sie ohne Unterschrift des Vaters ausreisen. Bis dahin aber müsse sie es im Libanon noch aushalten. Sie schlug vor, dass Fidaa sich in einem Kloster in den Bergen verstecken sollte.

Im Libanon gibt es verschiedene Klostergemeinschaften, die ihre Türen für Frauen in Not öffnen. Darüber wird kaum gesprochen. Die Öffentlichkeit soll so wenig wie möglich erfahren, damit diese Schutzräume nicht gefährdet werden. Es sind mutige christliche Frauen, die es wagen, auch ohne gesetzlichen Schutz bedrohte Frauen bei sich zu verstecken. Bei unseren Versuchen, Frauen in ähnlichen Situationen beizustehen, haben wir einige dieser mutigen Christinnen kennengelernt.

Fidaa wollte nicht ins Kloster. Irgendwo in den Bergen zu sitzen, das konnte sie sich nicht vorstellen. Zunächst hatte ich noch die Hoffnung, Fidaa umstimmen zu können, denn bei uns konnte sie nicht länger wohnen. Einerseits machten wir uns strafbar, andererseits gefährdeten wir damit auch unsere Gemeindearbeit. Was wäre passiert, wenn ein Familienmitglied – Vater, Onkel oder Bruder – auf einmal bei uns aufgetaucht wäre? Vielleicht sogar bewaffnet?

Wir steckten in einer Zwickmühle. Fidaa verstand unsere Situation, sie wusste, dass ein junges Mädchen schon als ehrlos galt, wenn es nur eine Nacht nicht im Schutz der Familie verbrachte. Und wer sie ohne Einwilligung der Eltern aufnahm, würde ins Gefängnis wandern. Aber dass wir ihr nicht helfen konnten, nach Deutschland zurückzukehren, das wollte sie nicht verstehen. Aus heutiger Sicht mache ich mir Vorwürfe, weil wir nicht darauf bestanden haben, dass Fidaa vorübergehend in ein Kloster ging. Sie wäre erst einmal von der Bildfläche verschwunden gewesen, und wir hätten Zeit gewonnen, um mit der Familie zu sprechen.

Hätten wir Fidaa von dem Anruf bei ihrem Onkel abhalten sollen? Hatten wir vielleicht schon aufgegeben? Ich sehe sie da stehen in unserem Büro, wie sie nervös mit der Telefonschnur spielte. Noch heute spüre ich das Gefühl der Niederlage. Bei Fidaa war es wie ein innerer Zwang, sie wollte den Kontakt zu ihrer Mutter. Die sollte wissen, wo ihre Tochter ist und dass es ihr gut geht. Hätte man der Mutter nicht auch anders eine Nachricht zukommen lassen können? Es war zu spät!

Eine Stunde später saß schon ein anderer Onkel von Fidaa bei uns im Büro, Rechtsanwalt, ein gebildeter Mensch. Er wusste, was auch uns klar war: Wir hatten uns strafbar gemacht, indem wir Fidaa bei uns aufgenommen hatten. Er nahm seine Nichte mit, versicherte uns, dass alles in Ordnung sei, sie könne eine Zeitlang bei einem ihrer Onkel unterkommen, bevor sie wieder nach Hause ginge. Wir tauschten unsere Telefonnummern aus.

Fidaa meldete sich nicht mehr. Ich telefonierte mit der Mutter, die wirklich gut Deutsch sprach. Sie war so besorgt. Ich lud sie ein, mit Fidaa und ihrem kleinen Sohn ins Gemeindezentrum zu kommen, ein wenig auszuspannen und in Ruhe mit mir zu sprechen. Sie kam nicht.

Drei Monate später waren Fidaa und ihre Mutter tot. Der Vater hatte beide getötet – in einer Nacht im August. Er hatte seine Tochter verheiraten wollen, doch sie wehrte sich. Sie sei keine Jungfrau mehr, hatte die Mutter in ihrer Not gesagt, um Fidaa zu helfen. Damit hatte sie das Todesurteil über ihre Tochter gesprochen. Der Vater ging los, kaufte eine Kalaschnikow und erschoss Fidaa und seine Frau, die verzweifelt versuchte, ihre Tochter zu schützen. Stolz zeigte er sich auf dem Bild in der Zeitung, wo er noch mal mit seinem Gewehr für den Fotografen posierte: Er musste es tun, um die Ehre der Familie zu retten, lautet die Bildunterschrift. Ich war schockiert – wie alle, die Fidaa kennengelernt hatten: Uwe, Käthi, die Mitarbeiterin in der Botschaft und die Frauen von „Kafa".

Und dann begann das Gerede. Ich wurde Zeugin, wie die Menschen in der Nachbarschaft mit den Köpfen nickten und rechtfertigten, was der Vater getan hatte. „Sie hatte ihr Leben verwirkt, da sie keine Jungfrau mehr war." In der Zeitung wurde der Doppelmord ohne jede Emotion beschrieben, es gab keine Stellungnahme, keine Empörung.

Wie unser Netzwerk entstand

Wir machten uns auf die Suche nach Verbündeten. Die Sozialarbeiterinnen von „Kafa" waren sofort bereit zu einer öffentlichen Erklärung. Der schiitische Scheich Hassan Sharife, der im sozialen Brennpunkt in Hay es Sellom, im gleichen Stadtteil wie Fidaas Familie, lebt und arbeitet, teilte unsere Empörung und wollte dies auch öffentlich aussprechen. Erst kurz vorher hatten wir Scheich Hassan kennengelernt. Hinzu kam Père Hady Aya, ein Mönch des maronitischen Antoniterordens. Er hat die Gefängnisseelsorge im Libanon aufgebaut und traf nun auf Fidaas Vater.

Wir alle setzten uns zusammen, der Scheich, der Mönch, die Sozialarbeiterin, wir deutschen Pfarrer und ein libanesischer Mitarbeiter des Goethe-Instituts, der nicht nur übersetzte, sondern erklärte und vermittelte, wenn Verständnisschwierigkeiten entstanden. Langsam arbeiteten wir uns voran. Wir brauchten einen Plan und ein Netzwerk, um in solchen Fällen besser, schneller und wirksamer reagieren zu können. Wir konnten so etwas doch nicht einfach geschehen lassen!

Zunächst aber wurden wir – wir Deutschsprachigen, wir Ausländer – von allen Seiten gewarnt, von Père Hady und von Hassan Sharife, von Freunden und Bekannten: „Mischt euch da nicht ein, das ist ein solch heißes Eisen in der Gesellschaft, als Ausländer habt ihr dazu nichts zu sagen, das müssen die Libanesen untereinander klären."

Ja, darüber waren und sind wir uns im Klaren: Wir sind eine sehr kleine Gemeinde und dankbar, dass wir in unserem moslemischen Stadtteil akzeptiert werden. Wir sollten nicht besserwisserisch auftreten und die libanesische Gesellschaft westlich reformieren wollen! Aber damals ging es uns darum, eine Plattform bereitzustellen. In unserer Gemeinde sollte es so etwas wie einen neutralen Boden geben, wo Menschen zusammenkommen, die sich sonst nicht treffen würden. Und nicht zuletzt fühlten auch wir uns als Betroffene, denn angesichts unserer Fürsorgepflicht für die deutschsprachigen Menschen konnten wir nicht die Augen vor der Not der Frauen verschließen, die in der deutschen Gesellschaft aufgewachsen waren, dort andere Werte und Freiheiten kennengelernt hatten und dann ausgewiesen wurden oder mit ihren Familien in den Libanon zurückgekehrt sind. Und hier wird von ihnen erwartet, dass sie ihre traditionellen Rollenmuster wieder annehmen, als ob sie nie etwas anderes erfahren hätten.

Immer wieder kamen wir an einen Punkt, an dem die Rücksicht auf die Sitten und Gebräuche im Land endete, wo wir uns einig waren, dass Unrecht geschieht! Jeder von uns stellte dieses Unrecht aus seiner Perspektive ein wenig anders dar, aber wir waren uns einig – ob aus christlicher Menschensicht oder aus islamischer Tradition –, es gibt keinen „Ehrenmord", sondern nur Mord, der sich auf gar keinen Fall rechtfertigen lässt.

Unsere ersten Treffen waren aufregend, denn es ereignete sich etwas, das vielleicht so noch nicht vorgekommen war: Ein Pater diskutierte mit einem Scheich, und beide sahen sich auf einmal mit feministisch bewegten Frauen konfrontiert. Im Verlauf dieser Gespräche sind wir zusammengewachsen. Wir hatten Partner und Partnerinnen gewonnen, auf die wir uns verlassen konnten.

Die Diskussionen dauerten dennoch an. Es war gut, dass wir uns Zeit ließen. Erst wollten wir ganz schnell und spontan an die Öffentlichkeit, aber damit hätten wir uns wohl keinen Gefallen getan. Am 26. Februar 2004 organisierten wir gemeinsam eine Podiumsveranstaltung im Goethe-Institut zum Thema „Gemeinsam gegen Gewalt, Gewalt gegen Frauen" – im Andenken an Fidaa und ihre Mutter und an die vielen anderen Frauen, die schon Opfer geworden waren. Bis heute haben wir immer wieder Notfälle wie den mit Fidaa erlebt. Immer wieder hat sich unser Netzwerk bewährt, wenn wir schnell reagieren mussten, um eine Frau zu schützen.

Père Hady Aya

Père Hady hatten wir bei deutschen Freunden getroffen, ihn kannten wir am längsten. Er ist Mönch des Antoniterordens, des größten Ordens der maronitischen Kirche. Der Orden unterhält eine große Universität, eigene Schulen, soziale Einrichtungen und Fortbildungsstätten. Die Antoniter gehören, gemeinsam mit den intellektuellen Größen der griechisch-orthodoxen Führungsschicht, zu den sehr geachteten Vordenkern der christlichen Elite im Libanon.

Père Hady hat in Rom studiert, spricht fließend Italienisch und Französisch und ein sehr kultiviertes Arabisch. Sein Gesicht scheint ständig überzufließen vor Freundlichkeit. Alles an ihm wirkt rund. Sein glänzender Glatzkopf, das kleine Bäuchlein, die ganze kurze Gestalt. Er hatte uns eingeladen, ihn in seinem Kloster zu besuchen. Damals war er für die Finanzverwaltung der Bruderschaft verantwortlich und lebte im Hauptgebäude auf dem Gelände der Universität in Baabda, einem alten Klostergebäude mit großen Bogengängen und riesigen Räumen mit Steingewölbedecken.

Père Hady ist eine der wenigen religiösen Persönlichkeiten im Libanon, denen ich mich in meiner Religiosität von Grund auf verwandt fühle – obwohl vielleicht kaum zwei Menschen so weit voneinander entfernt zu sein scheinen wie ein maronitischer Mönch und eine deutsche Pfarrerin. Was mir gefällt, ist diese lebensbejahende Zugewandtheit. Père Hady ist ein Mensch, der aus dem Vollen schöpft und Begeisterung verbreitet. Gott scheint seine Lebenskraft zu sein, eine unerschöpfliche sprudelnde Quelle. Und Père Hady liebt Musik. Immer wenn ich mit ihm zusammen im Auto sitze, spielt er mir verschiedene Aufnahmen vor, die ich mir unbedingt anhören soll. Die Melodien singt er lautstark mit und strahlt mich dabei an. Pünktlich war Père Hady noch nie, an jeden Termin müssen wir ihn mindestens zweimal erinnern – nicht weil er ihn nicht ernst nimmt, sondern weil ihn alles, was er erlebt, betroffen macht. Es ist schwer für ihn, eine Reihenfolge einzuhalten.

Père Hady hat es geschafft, im Libanon die Gefängnisseelsorge aufzubauen. Es gibt wohl kaum schrecklichere Orte auf der Welt als diese Gefängnisse. Jahrelang hatten wir von der Gemeinde aus eine deutsche Frau betreut, die in einem solchen Verlies elend starb. Über 20 Frauen waren in einem kleinen Raum zusammengepfercht. Sie mussten in Schichten schlafen, da nicht alle gleichzeitig auf dem Boden liegen konnten. Der Raum hatte keine Fenster, sie sahen niemals Tageslicht, denn auch Hofgänge gab es nicht. Die Gefangenen mussten sogar hinter der großen Gittertür bleiben, wenn Besucher kamen. Wir versorgten sie mit allem, mit Essen, mit Wäsche, mit Haarshampoo, mit Medikamenten. Das meiste davon steckten wahrscheinlich die Wärterinnen ein, die für ihre Arbeit schlecht bezahlt werden.

Père Hady betreut auch die Gefangenen, die wegen „Ehrenmord" im Gefängnis in Roumieh sitzen. Diese Tat war nie wie ein Mord geahndet worden, sondern es hatte immer mildernde Umstände dafür gegeben. Als Höchststrafe wurden zwei Jahre Gefängnis verhängt. Durch den Druck von Frauenorganisationen wie „Kafa" war dieses Gesetz ins Wanken geraten. Sie forderten, dass für „Ehrenmord" das gleiche Strafmaß wie für jeden anderen Mord verhängt werden sollte. So kam es, dass Fidaas Vater nach eineinhalb Jahren immer noch in Untersuchungshaft saß. Es bestand wohl Unsicherheit darüber, wie mit ihm umgegangen werden sollte, da er ja zwei Frauen getötet hatte.

Père Hady ist immer wieder erschüttert über die Gefühlskälte dieser Gefangenen. Wie soll ein solcher Mann jemals wieder glücklich werden? Es gebe keinen Zugang zu ihm, erzählt Père Hady. Fidaas Vater sagt, es sei ihm völlig egal, ob er im Gefängnis sitzt oder zu Hause. Er erlaubt sich keinerlei Gefühle. „Wie kann jemand so weit kommen, dass er nichts mehr fühlt?", fragt Père Hady sich und uns. Vielleicht kann man ein solches

Verbrechen nur begehen, wenn man es sich gänzlich aberzogen hat, die eigenen Emotionen wahrzunehmen? Das ist eine Frage, auf die ich wohl niemals eine Antwort finden werde: Was muss mit einem Menschen wie diesem Vater passiert sein, dass er meint, seine Tochter und seine Frau töten zu dürfen? Wie kann ein Vater seine eigene Tochter töten?

Scheich Hassan Sharife

Monika brachte Scheich Hassan zu uns. Monikas Mutter war Deutsche gewesen und schon vor langer Zeit gestorben. Ihr Vater war Schiit aus dem Südlibanon, wo Monika gegen ihren Willen verheiratet worden war. Inzwischen hatte sie zwei kleine Kinder von ihrem Mann. Sie versuchte, sich scheiden zu lassen, wollte aber ihre Kinder behalten und brauchte unseren Beistand bei der Gerichtsverhandlung. In ihrer Familie hatte sie eine einzige Verbündete, ihre Tante, die in Hay es Sellom lebt. Diese Tante hatte den Scheich angesprochen und ihn gefragt, ob er Monika bei der Gerichtsverhandlung helfen könne. Ich dachte, es sei gut, diesen Scheich noch vor dem Gerichtstermin kennenzulernen. Monika rief mich einen Tag später an und berichtete, dass Scheich Hassan Sharife eingewilligt hätte, uns morgen in der Gemeinde zu besuchen. Eine Stunde vorher stand Monika schon da, sicherheitshalber hatte sie noch ein extra Kopftuch für mich mitgebracht.

Als ich mich gerade fragte, ob Scheich Hassan Sharife wohl wirklich kommen würde, war er schon da, zusammen mit einem Freund. Eigentlich kommt er nie allein, er hat immer jemanden im Schlepptau. Sehr eindrucksvoll sah er aus mit seinem weißen Turban und dem schwarzen Umhang über dem grauen Kaftan. Zur Begrüßung legte er die Hand aufs Herz, sodass ich erst gar nicht in die Verlegenheit kam, aus Versehen meine Hand auszustrecken. Die Männer untereinander schüttelten sich die Hände.

Wegen ihm bräuchten wir keine Kopftücher anziehen, sagte er als erstes lachend. Erleichtert setzen wir uns zusammen.

Kaum ein Treffen vergeht, bei dem Scheich Hassan uns nicht eine kleine Geschichte oder Anekdote erzählt, die er mit einem weisen Spruch aus dem Koran verknüpft. Beim ersten Treffen erzählte er vom Propheten Mohammed, der mit seinen frommen Begleitern in einer Karawane unterwegs war: „Es ist Abend und die Männer bereiten sich auf die Nacht vor, das Lager wird aufgeschlagen, die Feuerstelle vorbereitet. Bevor sie sich setzen, kommt es zur Diskussion: ‚Eigentlich brauchen wir doch die Kamele nicht anbinden‘, sagen die Männer. ‚Besonders da wir Mohammed, den Gesandten Gottes bei uns haben. Da wird Gott doch auch auf die Kamele aufpassen?‘ Mohammed schüttelt sein Haupt und erklärt, Vertrauen in Gott sei sehr wichtig, das Wichtigste im Leben, ja, aber dennoch habe jeder Einzelne Verantwortung. ‚Sein Kamel muss jeder selbst anbinden.‘"

Scheich Hassan lächelte uns verschmitzt zu. Schnell fanden wir eine gemeinsame Ebene. Er sagte, dass er sich gerne für Frauen einsetze, denn die Rechtslage im Islam sei schlecht für die Frauen. Deshalb versuche er immer, für die Frauen Kompromisse auszuhandeln. Wir verabredeten uns für den Tag von Monikas Gerichtsverhandlung. Ich traf sie schon morgens früh. Es war sehr heiß, dennoch trug ich mein schwarzes Pfarrerhemd mit dem weißen Kollarkragen, um mehr Autorität auszustrahlen. Wir hatten noch einiges zu erledigen, ich lief mit Monika von Notar zu Notar, weil sie noch Papiere beglaubigen lassen musste. Dann hasteten wir zurück zum Gerichtsgebäude, das Warten begann. Es war sehr stickig und ich schwitzte in diesem Pfarrerhemd mit dem engen Kragen. Die anderen Wartenden starrten uns an, eine Pfarrerin hatten sie wahrscheinlich noch nie gesehen, schon gar nicht in einem schiitischen Gerichtsgebäude.

Schließlich wurden wir in ein kleines, überfülltes Zimmer gerufen. Ich dachte, jetzt käme es zur Verhandlung. Aber wir erfuhren nur, dass Monikas Mann nicht erschienen war, und der nächste Termin in drei Monaten angesetzt sei. Ich konnte nicht ein einziges Wort einbringen, keine Chance. Von Scheich Hassan keine Spur. „Er wollte doch hier sein! Wo steckt er denn?", fragte ich Monika, als wir verdattert wieder vor der Tür standen. Sie zuckte nur frustriert mit den Achseln.

Gerade wollten wir nach Hause gehen, da klingelte mein Telefon. Scheich Hassan sagte, er warte auf uns in der Nachbarschaft. Da saß er in einem schönen, alten Garten unter großen Bäumen. Eine Verwandte von ihm wohnte dort. Sie kochte uns allen erst einmal Kaffee. Er lächelte die ganze Zeit, er schien sich zu freuen. Das wäre ansteckend gewesen, wenn nicht Monika tief verstört neben mir gesessen hätte. Scheich Hassan erklärte uns, dass der Weg übers Gericht in Monikas Fall zu gar nichts führen werde, da der Ehemann nicht einwilligen würde. Wir müssten anders vorgehen. Offensichtlich hatte er sich überlegt, dass er mit uns, mit Uwe und mir, eine Chance hätte, in der Familie eine Verhandlung zu führen. Er fragte mich, ob wir bereit wären, mit ihm zusammen in die Familie von Monikas Ehemann zu gehen. Wir müssten dabei den Part, der eigentlich Monikas Familie zukomme, übernehmen und für sie sprechen. Auf diese Weise, so stellte er es sich vor, könnten wir mehr für Monika erreichen. So beschlossen wir, bald einen gemeinsamen Ausflug in den Süden in das Dorf der Familie zu unternehmen.

Mit Scheich Hassan unterwegs

Wir machten uns an jenem Morgen früh auf den Weg. Scheich Hassan war zu uns gekommen und fuhr in unserem Auto mit. Uwe mit Pfarrerhemd und Kollarkragen fuhr den weißen Kleinbus, neben ihm saß Scheich Hassan mit seinem weißen Turban und dem schwarzen Umhang. Ich trug einen langen schwarzen Mantel und ein Kopftuch.

Scheich Hassan brach immer wieder in schallendes Gelächter aus, wenn er bemerkte, dass anderen vor Staunen der Mund offen blieb, wenn sie Pfarrer und Scheich nebeneinander im Auto sitzen sahen. Es war eine lange Fahrt über die kleinen Sträßchen mit den gewaltigen Schlaglöchern. Im Dorf erregten wir große Aufmerksamkeit, und bald verfolgte uns eine ganze Horde kleiner Jungs und junger Männer bis zu Monikas Familie. Das Anwesen der Familie bestand aus mehreren Häuschen mit einem kleinen Innenhof, der über zwei Ebenen angelegt war. Es lag am Fuß eines großen Felsens und war oberhalb des Felsens umgeben von Feigenbäumen, Maulbeerbäumen und Trauben.

Erleichtert, nach der langen Fahrt endlich aussteigen zu können, öffneten wir alle schnell die Autotüren. Auf einmal klapperte es, dem Scheich war ein Revolver aus seinem Umhang gerutscht. Uwe, der schon ausgestiegen war, hob ihn auf. Wir blickten uns etwas erschrocken an, dem Scheich war es sichtlich peinlich. „Ich muss euch doch beschützen können", murmelte er in seinen Bart.

Wir wurden von Monikas Schwager in Empfang genommen. Er und seine Familie wohnten auch hier, in seinem Wohnzimmer hatten sich schon eine Menge Leute versammelt. Als wir den Raum betraten, standen alle auf. Der Scheich bekam einen Ehrenplatz in der Mitte des Zimmers. Er breitete seinen Umhang um sich herum aus, und sofort beherrschte er die Situation im Raum. Uwe saß neben ihm und ich auf der Seite der Frauen. Das Wohnzimmer sah aus wie alle anderen in der Region: Es war ein großer leerer Raum, an den Wänden entlang standen so viele Sitzmöbel wie möglich, dazwischen kleine Abstelltischchen.

Ich versuchte, das Eis zu brechen, und knüpfte Kontakt zu den Kindern und deren Müttern. Schließlich halfen die Rituale der Gastfreundschaft, Tee und Kaffee wurden gebracht, Schüsseln mit Trauben und Feigen aus dem Garten gereicht. Monika war nicht im Raum, auch nicht die alte Schwiegermutter, denn sie beide waren die Hauptkontrahenten des Familienstreits. Dann ging es los: Als Erster beschrieb und erklärte der Schwager die Situation, die Familienangehörigen unterstützten ihn dabei. Es gab eine große Beschwerde über Monikas Verhalten, sie sei nie zufrieden, wolle der Schwiegermutter nicht helfen, sei widerspenstig und bockig. Kurzum: Sie benahm sich nicht, wie man sich eine angepasste, freundliche Schwiegertochter und Schwägerin vorstellt.

Scheich Hassan hörte sich alles an, ohne eine Miene zu verziehen. Danach stand er auf und sagte, dass er nun mit Monika sprechen wolle. Er ging mit Uwe und mir in ihr kleines Haus, das am unteren Fuß des Felsens lag. Sie war dort allein mit ihren zwei kleinen Söhnen. Als sie uns sah, strahlte sie über das ganze Gesicht. Sie war noch dünner geworden, seit ich sie das letzte Mal gesehen hatte. Ihre Wohnung hatte sie nach deutschem Muster mit Holzmöbeln, einem Esstisch in der Mitte und einem kleinen Sofa eingerichtet. Das sah in dieser Umgebung ungewohnt aus, wirkte aber sehr freundlich und stilvoll. Im Schlafzimmer stand ein einfaches Holzbett, und die Spielsachen erinnerten mich an deutsche Kinderzimmer.

Ihr Mann war in Deutschland, er hielt sich oft dort auf. „Autohandel", sagte sie. Nein, sie wolle sich nicht mehr scheiden lassen, hörten wir mit Erstaunen, mit ihm hätte sie sich wieder versöhnt. Aber die Situation in der Familie halte sie nicht mehr aus. Sie werde nicht geachtet, weder von der Schwiegermutter noch von den Tanten und den Schwägerinnen. Sie sei überhaupt nicht integriert in die Familie, keiner würde ihr mit den Kindern helfen, sie sei sehr einsam. Freundinnen könne sie nicht finden, sie kenne ja niemanden hier im Dorf. Zudem dürfe sie sich auch gar nicht frei bewegen, erstens wegen der Kinder, zweitens wegen der bösen Gerüchte, die aufkämen, wenn sie im Dorf herumlaufen würde. Sie klammerte sich an meine Hand, während sie uns ihr Leid klagte.

Nachdem wir sie angehört hatten, gingen wir hinüber zur Schwiegermutter. Sie wohnte in einem großen, alten Haus im

Zentrum des Anwesens. Dort lag sie in einem verdunkelten Zimmer in einem großen Bett. Sie entschuldigte sich, ihr sei nicht wohl, aber dann setzte sie sich doch auf und bot dem Scheich den Sessel in der Zimmerecke an. Uwe nahm im anderen Sessel Platz und ich blieb nahe bei der Tür, um den Kontakt zu Simeon, der draußen unter dem Feigenbaum spielte, nicht ganz zu verlieren. Und dann hörten wir uns ihre Sicht der Dinge an. Sie zählte auf, was sie von ihrer Schwiegertochter erwartete und warum sie enttäuscht sei. Monika sei zu stolz und immer unzufrieden. Wir erlaubten uns, um ein wenig Verständnis für Monika zu bitten, und stießen auf erstaunlich offene Ohren. Wir ermutigten sie dazu, sich in Monikas schwierige Situation hineinzuversetzen. Anscheinend waren wir ein derart ungewöhnliches Gespann, dass sie sich aus ihrem Fahrwasser bringen ließ und versuchte, ihre Familie mit Monikas Augen zu sehen.

Daraufhin rief Scheich Hassan Monika dazu. Sie kam, bereit sich zu verteidigen, bis sie merkte, dass es gerade um etwas Neues ging, nämlich darum, zwischen ihr und der Schwiegermutter Kompromisse auszuhandeln. Die Schwiegermutter war bereit zuzuhören, und auch Monika hörte sich in Ruhe an, was die alte Dame von ihr erwartete. Sie schien zu verstehen, dass Monika ihr morgens nicht beim Aufstehen und Anziehen helfen konnte, da sie sich um ihre kleinen Kinder kümmern musste, aber das könne doch die andere Schwiegertochter machen, die größere Kinder habe. So wurden in dieser letzten Phase der Familienkonferenz die übrigen Verwandten wieder dazugeholt und mit allen die gefundenen Kompromisse verabredet. Die alte Mutter, die eindeutig die Respektsperson des Clans war, äußerte zum Erstaunen aller Verständnis für Monika. Monika bräuchte auch die Unterstützung der Familie.

Es wurden Absprachen für das Zusammenleben getroffen, und ich wunderte mich, wie bereitwillig sich alle darauf einließen, wo doch vorher die Klagen so vehement gewesen waren. Die Chance, einen Familienkonflikt beizulegen, wurde hier dankbar genutzt. Es hätte auch anders kommen können, darüber war ich mir im Klaren. Doch da Scheich Hassan keinem der Beteiligten einen Vorwurf gemacht hatte und alle zu Wort gekommen waren, zeigte jeder Bereitschaft, sich auf diesen Versuch einzulassen. Wir brachten dann noch ein, dass Monika ab und an nach Beirut kommen wolle, um in der deutschsprachigen Gemeinde die Gelegenheit zu nutzen, in ihrer Muttersprache zu reden. Dass sie eigenes Geld bräuchte, um selbständig etwas zu unternehmen. Scheich Hassan betonte, dass ihr Mann verpflichtet sei, ihr monatlich einen bestimmten Betrag zur Verfügung zu stellen.

Am Ende kam der Dorfgeistliche hinzu, dem die Ergebnisse mitgeteilt wurden. Falls sich eine Seite der Familie nicht an die Abmachung hielte, würde er sich an Scheich Hassan und uns wenden, denn dann müsse neu verhandelt werden. Nach diesem Akt waren alle ganz gelöst, die libanesische Freundlichkeit schlug wieder durch, wir bekamen süße Feigen und Trauben von den Verwandten, die wir nach Beirut mitnehmen sollten. Auch wir machten uns sehr zufrieden und entspannt auf den Rückweg: Zum Glück hatte Scheich Hassan seinen Revolver nicht gebraucht.

Dieses erste gemeinsame Erlebnis hat uns zusammengeschmiedet und unsere weitere Zusammenarbeit geprägt. Wir waren beeindruckt – sowohl gegenseitig von den Fähigkeiten des anderen als auch von der Wirksamkeit eines gemeinsamen Auftritts. In vielen weiteren Fällen konnten wir dieses Potenzial nutzen. Aber wir haben auch Krisen durchgemacht, Vertrauenskrisen. Es hat sich bewährt, derart ungute Entwicklungen anzusprechen, selbst wenn das in der arabischen Kultur zunächst unmöglich erschien. Auch das hat unsere Beziehung letztendlich gefestigt.

Mich verwundert allerdings, dass wir noch nie bei ihm zu Hause waren, wir haben uns bisher immer in seinem Büro oder in einem Restaurant getroffen. Er erzählt viel von seiner Frau, den drei Kindern und von den Schwierigkeiten, als Scheich ein Privatleben zu gestalten. So geht er zum Beispiel mit seinen Kindern nur nachts an den Strand zum Schwimmen, damit man ihn nicht erkennt. Inzwischen ist er ganz offiziell vom höchsten Schiitischen Rat zur Zusammenarbeit mit der deutschsprachigen Gemeinde beauftragt worden. Er kann also nun bei allen offiziellen Anlässen als Vertreter des Höchsten Schiitischen Rats bei uns sprechen.

Die „Kafa"-Frauen

Bei „Kafa" arbeiten viele Frauen, mit einigen haben wir nur hin und wieder zu tun. Diejenigen, die ich hier beschreibe, sind uns am vertrautesten.

Zoya Rouhana

Zoya ist die Direktorin von Kafa. Ich kenne sie schon lange, und dennoch weiß ich kaum etwas über sie. Sie muss ungefähr mein Alter haben. Ihr Gesicht wirkt dunkel – nicht wegen der Hautfarbe, sondern weil es so verschlossen ist. Oft frage ich mich, was Zoya erlebt hat. Wie kam sie dazu, sich für Frauen zu engagieren, die von Gewalt bedroht sind? Wie hat sie es geschafft, die anderen Frauen um sich herum zu versammeln?

Sie ist diejenige, der man den Leidensdruck am stärksten anmerkt. Ihr Leben steht ganz unter dem Eindruck der großen Ungerechtigkeit und der Ohnmacht von Frauen. Zu viele Geschichten von verzweifelten Frauen in ausweglosen Situationen trägt sie in sich, als dass sie sich auf die Leichtigkeit von Père Hady und den hintergründigen Witz von Scheich Hassan einlassen könnte.

Zoya denkt groß, sucht den Kontakt zum Ministerium, kennt die neue Familienministerin und versucht, im Netzwerk mit anderen Frauenorganisationen aus dem ganzen Nahen Osten, die

Lage der Frauen zu verbessern. Sie arbeitet mit kirchlichen Würdenträgern zusammen, ob rum-orthodox oder maronitisch, armenisch oder protestantisch. Welcher Religion sie angehört, wird nicht erkennbar, aber ich weiß, dass sie aus einer großen rum-orthodoxen Familie stammt. Es ist sehr wichtig – nicht nur für sie persönlich, sondern für die ganze Organisation –, dass sie nicht an eine bestimmte religiöse Gruppe gebunden ist. Denn damit bleibt sie für Frauen aus allen Bevölkerungsgruppen und Schichten des Libanon ansprechbar.

Es ist ein schwieriges Unterfangen, in diesem politischen Chaos, in dem jeder seine Verbündeten sucht, sich aber auch seiner eigenen Sippe verpflichtet fühlt, neutral zu bleiben. Vielleicht erscheint es mir deshalb so, als ob keine wirkliche Bindung zu uns entstünde. Wir gehören einer bestimmten Kirche an, und ich bin eine westliche Frau. Zoya weiß, dass sie uns und unsere Erfahrung aus dem Westen braucht, aber auch, dass ihr Weg in den arabischen Gesellschaften ein ganz eigener sein muss. So hütet sie sich davor, sich von westlichen Feministinnen vor den Karren spannen zu lassen. Wie viele würden nur allzu gern ihren arabischen Schwestern endlich auf die Sprünge helfen und ihnen zeigen, wie frau das so macht mit der Emanzipation.

In welchem Licht mag sie mich sehen? Als eine Frau, die sich der Tradition verpflichtet hat, noch dazu einer scheinbar frauenverachtenden Tradition? Andererseits erlebt sie mich als eigenständige Person, mit Haushalt und Kindern, Freunden und Freundinnen und einem Ehemann, der Beruf und Hausarbeit mit mir teilt. Während unseres jahrelangen Kontakts ist fast so etwas wie eine Freundschaft zwischen uns gewachsen, zumindest eine große gegenseitige Achtung. Wie oft haben wir Zoyas Rat und die tatkräftige Unterstützung ihrer Mitarbeiterinnen inzwischen schon gebraucht.

Ghika Kesserwani

Ghika ist die Sozialarbeiterin, die Fidaa und mich beim ersten Kontakt beraten hat. Sie ist eine kleine, freundliche Frau mit einem runden Gesicht und dickem, schwarzem Haar. Sie lächelt viel, was von ihren etwas kämpferischeren Kolleginnen sicher manchmal kritisiert wird. Ich vermute, dass ihre Freundlichkeit deshalb so verhalten wirkt und sich nicht auf typisch libanesische Art einfach ausbreiten darf. In den Beratungen aber findet sie gerade dadurch den richtigen Ton, die Frauen fassen schnell Vertrauen, und doch kann sie die Distanz aufrechterhalten.

Auf jeden Fall hat es sich als außerordentlich hilfreich erwiesen, Ghikas Rat zu befolgen und hilfesuchende Frauen sofort zu verstecken. Dazu drängen wir Frauen, die zu uns kommen, inzwischen sehr viel stärker als anfangs. Frauenhäuser gibt es leider noch nicht im Libanon, aber eben die Klöster. Sind die Frauen erst einmal in Sicherheit, können die Verhandlungen mit den Familien beginnen. Auch darin hat Ghika großes Geschick. Felsenfest bleibt sie in ihrer Fürsprache für die bedrohte Frau, jeder Zweifel prallt an ihr ab.

Wir erleben dann, wie verzweifelt auch die Väter in solchen Situationen sind. Sie fühlen sich ihrer Tradition verpflichtet, aber leichtfertig will niemand sein eigenes Kind töten. So kann es erlösende Wirkung haben, wenn zum Beispiel der Scheich mit seiner Autorität die Tradition des „Ehrenmordes" als vollkommen unislamisch darstellt und dagegen die koranischen Lebensregeln beschreibt, wie in solchen Konfliktfällen miteinander umgegangen werden soll. Immer wieder wird auf die Barmherzigkeit Gottes verwiesen, an der wir Menschen uns zu orientieren haben. Zu bedenken bleibt, dass „Ehrenmord" eben keine religiöse Tradition ist, sondern in dieser Kultur verwurzelt zu sein scheint. Diese Morde finden sowohl in christlichen als auch in moslemischen Familien statt.

Unsere Position dabei ist oft schwierig, alle Vorurteile gegen den so verderblichen Lebensstil in Deutschland werden uns entgegengebracht. In einer öffentlichen Diskussion entkräftete Ghika diese Vorwürfe, indem sie darauf hinwies, dass eigentlich niemand in Deutschland aufwachsen müsse, um den westlichen Lebensstil anzunehmen, alles „Westliche" sei im Libanon genauso vertreten und erlebbar.

Ghida Anani

Ghida ist relativ neu bei „Kafa", ich kenne sie erst seit diesem Jahr. Sie wirkt als ein wichtiges Bindeglied zwischen Zoya und Ghika. Kraftvoll und eigenwillig tritt sie auf. Sie kleidet sich gerne extravagant. Immer trägt sie ein interessantes Schmuckstück. Ihr Traum ist die Gründung des ersten Frauenhauses im Libanon.

Sie erarbeitet dafür das Konzept und berechnet die Kosten für dieses große Frauenhausprojekt. Ghida kann die Notwendigkeit eines Frauenhauses sehr eindrucksvoll erklären, allerdings ist es sehr schwierig, alle Ideen, das umfassende Ganze in die Realität umzusetzen. Kleine Brötchen backen, das ist schwer! Denn wir suchen nach einem geräumigen Haus, das genug Schutz und Raum bietet. Und wir brauchen Sponsoren. Auch da geht es um große Summen.

An dem Tag, als der Krieg ausbrach – aber davon wussten wir in der Früh noch nichts –, am 12. Juli 2006, um 9:00 Uhr morgens, waren wir gemeinsam unterwegs, um ein Haus anzuschauen. Wir hatten von einem maronitischen Priester gehört, der ein altes Kloster in den Hügeln vor dem hohen Libanongebirge nördlich von Beirut renoviert hatte. Es war ein wunderschöner Tag. Dunst lag über dem Meer und ließ die Konturen weich werden, sodass die Uferlandschaft und das Meer beinahe nahtlos ineinander übergingen. Mitten darin das Kloster, umgeben von großen Pinien und Zypressen. Bisher war nur ein Flügel des Gebäudes und die alte Kirche renoviert worden.

Der Priester hatte uns in sein Arbeitszimmer gebeten, schien aber nicht begeistert von unserer Idee zu sein, das Kloster in ein Frauenhaus umzuwandeln. Aus lauter Verzweiflung fing er eine Diskussion über Frauen im Pfarramt an, und dass das doch ganz unbiblisch sei. Schon Paulus hätte gesagt: „Das Weib schweige in der Gemeinde!" Ghida rettete uns aus der peinlichen Situation, indem sie behauptete, dass das Kloster sowieso viel zu klein für ein Frauenhaus sei. Schade, denn das Kloster und das Gelände hätte ich ideal gefunden. Es war nicht weit von Beirut, aber doch ein bisschen außerhalb. Zudem lag es auf der Bergkuppe wie eine Burg, sodass jeder, der dorthin kam, frühzeitig gesehen werden konnte. So hätte man die Frauen schützen können, und dennoch wäre für sie genug Platz gewesen, um sich auch einmal im Freien zu bewegen.

Als wir auf dem Rückweg waren, rief mich mein Mann an und berichtete, dass die Hisbollah zwei israelische Soldaten gekidnappt habe. Wie viele getötet worden waren, wusste man noch nicht, aber die bösen Folgen dieses Ereignisses konnte sich jeder vorstellen. So unterbrachen wir die Suche nach einem Frauenhaus erst einmal. Ein paar Tage später war die Hälfte der Bevölkerung des Libanon auf der Flucht. Alle Straßen, Plätze und Gebäude waren voller Flüchtlinge, die versorgt werden mussten. Die „Kafa"-Frauen haben auch in dieser Situation großartige Arbeit geleistet.

Seitdem der Krieg vorbei ist und es einigermaßen ruhige Tage in Beirut gibt, treffen wir uns wieder regelmäßig mit Ghida und diskutieren über geeignete Orte und Häuser oder Baupläne, stellen Anträge auf finanzielle Unterstützung und hoffen, dass wir endlich einmal den Glücksstreffer machen.

Mitstreiterinnen in der Gemeinde

Bei dieser Arbeit steht ein ganzes Team von haupt- und ehrenamtlichen Mitarbeiterinnen hinter uns. Wir tragen die Belastung gemeinsam – die Sorgen, die Hilflosigkeit – und teilen die Freude, wenn wir ein klein wenig weitergekommen sind oder einen Erfolg erzielen konnten.

Käthi Rutzler

Käthi kam als Krankenschwester während des Bürgerkriegs in den Libanon, sie ist seit 26 Jahren hier. Sie ist Schweizerin und stammt aus Basel. Sie war erschüttert von der Situation der palästinensischen Flüchtlinge im Libanon und widmete sowohl ihre Freizeit als auch ihre Arbeitszeit den am Rande der Gesellschaft lebenden Menschen in den Flüchtlingslagern. Hier sammeln sich außerdem Menschen, die keinen anderen Platz in der libanesischen Gesellschaft finden, zum Beispiel die Straßenkinder, deren Eltern oft illegal im Land sind, und die im Lager einen Unterschlupf gefunden haben. Sie können dort eine kleine Schulinitiative nutzen, die Käthi mitbegründet hat – eine Schule für Kinder, die es eigentlich gar nicht gibt, jedenfalls nicht auf dem Papier. Eine andere Gruppe von Menschen begleitet sie ebenso in großer Treue, nämlich diejenigen Palästinenser, die im Lager keinen Platz gefunden, und die sich deshalb außerhalb niedergelassen haben. Sie werden immer wieder vertrieben, wenn zum Beispiel eine neue Straße gebaut wird oder jemand Anspruch auf das Land erhebt, auf dem ihre Hütten stehen.

Seit 2003 arbeitet Käthi bei uns in der Gemeinde auf einer 50 Prozent-Stelle. Wir lernten uns beim Tanzen kennen. Sie war eine der ersten, die zu mir in die Tanzgruppe kam. „Ich muss etwas für mich tun!", sagte sie. Nach einer vorsichtigen Annäherungsphase entschloss sie sich, als Sozialarbeiterin für die Gemeinde zu arbeiten.

Sie hat ein solch umfassendes Wissen über die Sozialeinrichtungen und NGOs im Land, dass sie allein ein ganz eigenes Netzwerk in die Gemeindearbeit eingebracht hat. Für mich ist Käthi wie ein Fels in der Brandung. Sie hat sich trotz all der vielen schrecklichen Erfahrungen, die sie in diesem Land machen musste, eine ausgeprägte menschliche Sensibilität bewahrt. Wir gehen zusammen bis an den Rand der Verzweiflung, wenn wir in einem Notfall nicht weiterkommen, und dennoch wissen wir beide, dass wir uns wieder aufrichten werden.

Ganz früh am Morgen, bevor sich irgendjemand blicken lässt, geht Käthi ans Meer. Dann schwimmt sie weit hinaus, immer weiter, manchmal erzählt sie davon, wenn wir morgens in der Gemeindeküche zusammensitzen. Mit ihrem Schweizer Akzent beschreibt sie, wie wunderbar das Meer heute war, wie weit sie geschwommen ist, bis weit über die große Bucht hinaus, sie hatte es gar nicht gemerkt. „Hast du denn keine Angst vor Quallen, Feuerwürmern und heimtückischen Strömungen?", frage ich immer wieder. „Ich kenne mein Meer dort so genau, ich denke nicht mehr darüber nach, ich schwimme einfach …", antwortet sie mit einem glücklichen Lächeln.

Ihre Freunde im Lager haben alle viel durchgemacht. Ihre Überlebensstrategie könnte so lauten: „Was auch passieren mag, wir lassen uns nicht unterkriegen, wir gehören zusammen. Das wichtigste ist, wir halten zusammen!" Dort nimmt sie Anteil an Freuden und Leiden der befreundeten Familien und weiß sich selbst gut aufgehoben mit all ihren Erfolgs- und Misserfolgsgeschichten.

Gabi Friedrich Abadi

Gabi ist seit dem Krieg im Sommer 2006 mit einer 50-Prozent-Stelle Sozialarbeiterin in der Gemeinde. Sie hat einen Libanesen aus dem Südlibanon geheiratet und lebte lange Zeit in Tyros. Inzwischen wohnt sie in der Nähe von Beirut. Sie hatten in Deutschland geheiratet und waren mit zwei Kindern hergezogen, als sich die Lage nach dem Bürgerkrieg stabilisierte. Gabi ist mit dem Land verwachsen, sie hat sich mit großem Geschick in die schiitische Familie ihres Mannes integriert, ohne ihre eigene Identität aufzugeben. Sie lädt uns immer wieder ein, sie in ihrem Orangengarten ganz im Süden des Landes zu besuchen. Dieses Stückchen Erde hat sie in ein kleines Paradies verwandelt. Auch sie liebt das Meer, das ihr hilft, sich von all den vielen kleinen Anstrengungen einer oft sehr schwierigen Familiensituation zu erholen. Ihre eigene Erfahrung in Bezug auf die Integration in eine libanesische Familie kann sie immer wieder hilfreich einbringen, wenn Frauen mit ähnlichen Schwierigkeiten bei uns auftauchen. Ich vermute, dass ihre Überlegenheit im Umgang mit der Familie darauf beruht, schweigen zu können. So hält sie die notwendige Distanz aufrecht, bewahrt sich ihre Würde und kann die sich ihr bietenden Freiräume mit Hingabe nützen. Und mit Gabi finden wir immer etwas, worüber wir auch noch lachen können.

In der Gemeinde ist sie zuständig für die sachgerechte Verteilung der Spendengelder an die Opfer des Sommerkriegs. Doch wenn sich ein Notfall bei uns ankündigt, hält sie sich mit all ihrem Potenzial bereit.

Doktor Sabine Sayegh-Jodehl

Sabine kam vor vier Jahren in den Libanon, um das Leben hier auszuprobieren. Sie hatte sich in Deutschland in einen Libanesen verliebt, der in die Heimat zurückkehren wollte. Würde sie hier leben, ihren Beruf als Ärztin und Psychotherapeutin weiter ausüben können? Der Kulturschock war heftig. Doch die liebenswerten Seiten des Landes scheinen überwogen zu haben, denn Sabine ist immer noch im Libanon und lebt mit ihrem Mann zusammen. Vor drei Jahren sind wir uns das erste Mal begegnet und haben beschlossen, gemeinsam ein Therapiezentrum in der Gemeinde zu eröffnen. In intensiver Zusammenarbeit haben wir vielen Menschen mit schweren psychischen Störungen, aber auch mit Anpassungsschwierigkeiten und kulturellen Verwirrungen helfen können.

Sabine repräsentiert meine „deutsche Seite". Das liegt an ihren hohen ethischen Maßstäben und Ansprüchen in ihrem Beruf. Ihre Pünktlichkeit, Exaktheit und ihre Hilfsbereitschaft, jederzeit auch ihr ärztliches Know-how für in Not geratene Frauen einzubringen, haben sie zu einem sehr verlässlichen und unverzichtbaren Teammitglied werden lassen. Eigentlich hatten sie und ihr Mann im Juli 2006 zu einem großen libanesischen Hochzeitsfest eingeladen, doch das fiel – wie so vieles andere – den israelischen Bomben zum Opfer.

Der Sozialausschuss

Der Sozialausschuss setzt sich aus Frauen der Gemeinde zusammen, die uns mit Rat und Tat zur Seite stehen. Sie werden bei allen Entscheidungen einbezogen und können durch ihre jahrzehntelange Erfahrung im Libanon viele Situationen besonders gut einschätzen. Sie alle haben Libanesen geheiratet, ihre Kinder im Libanon großgezogen und sind selbst zu lebendigen Bindegliedern zwischen den Kulturen geworden. Ihr Einsatz für Frauen ist getragen von der eigenen Erfahrung, dass man eben manchmal die Hilfe anderer in Anspruch nehmen muss. Diese Frauen haben sich eine lebendige Solidargemeinschaft im Rahmen der Gemeinde aufgebaut, mit deren Hilfe sie ihr eigenes Leben meistern. Sie wissen, dass man in einer fremden Kultur, in der die Familie alles bedeutet, ohne einen Rückhalt verloren ist. Um hier zu bestehen, braucht man Menschen, die sich im Notfall bedenkenlos für einen einsetzen.

Die Frauen im Sozialausschuss stehen für alle diejenigen in unserer Gemeinde, die das Gleiche wie sie tun. Sie sind füreinander und darüber hinaus für andere Menschen, die in Not geraten sind, da – ohne Ansehen der religiösen oder gesellschaftlichen Zugehörigkeit. So wird Essen gekocht, oder es werden Kleider gebracht. Da geht man mit den Menschen einkaufen, die hier ohne alles gestrandet sind, oder nimmt jemandem erst einmal in sein Haus auf, um ihn zu schützen. Und man nimmt sich Zeit zum Zuhören, Stunde um Stunde, was vielleicht das Wichtigste von allem ist.

So ist unser Netzwerk entstanden und hat sich bis heute ständig weiterentwickelt. Jetzt, da ich mich an die Anfänge erinnere und meine Erfahrungen aufschreibe, bin ich in großer Sorge wegen einer jungen Frau, die ähnlich wie Fidaa gegen ihren Willen aus Deutschland hierher gebracht worden ist. Kurz vor Weihnachten kam sie zu uns. Doch darüber werde ich später noch schreiben.

Teil 3

Berichte aus der Zeit des Krieges

Ich sitze wieder an meinem Schreibtisch, Weihnachten und Silvesterfest sind nun vorbei. Auf einmal ist es still geworden. Unsere Freunde sind abgefahren, Uwe ist mit Simeon und Emily zum Skifahren nach Feraya gefahren, meine Schwester ist schon wieder an die Uni zurückgekehrt. Nun merke ich, wie sich Geschichten aus der Zeit des Krieges in die Stille hineindrängen. Sie lassen mich noch immer nicht los. Am Silvesterabend haben wir noch darüber gesprochen, wie es damals war. Ich will noch davon berichten, bevor unser üblicher Arbeitsalltag im neuen Jahr wieder beginnt.

Wie es auf unserer Flucht weiterging

Nach der Flucht über die Grenze waren wir am Samstag, den 15. Juli 2006, abends in Damaskus angekommen. Es war sehr schwierig gewesen, noch Betten in der überfüllten Stadt zu finden. Nach drei weiteren sorgenvollen Tagen in Damaskus hatten wir es endlich geschafft, mithilfe von Beziehungen bei Austrian Air ein Flugticket nach Wien zu bekommen. Allerdings war das Flugzeug überbucht. So kamen wir auf die Warteliste und sollten einfach im Flughafen warten, ob wir einen Platz bekämen oder nicht. Einen ganzen Tag lang lungerten wir im Flughafengebäude von Damaskus herum und warteten. Auch hier in der Abflughalle waren wir von einer bedrängenden Menge von Menschen umgeben. Alle saßen, lagen oder standen wartend herum in der Hoffnung, noch einen Platz in einem Flugzeug zu ergattern, um aus Syrien herauszukommen. Noch war vorstellbar, dass auch der Flughafen in Damaskus das Ziel eines israelischen Angriffs werden könnte.

Endlich, wir hatten schon fast aufgegeben, zwinkerte uns der Mitarbeiter von Austrian Air von seinem Desk aus zu. Er hatte uns die letzten Plätze in der Business Class gegeben. Dann ging alles ganz schnell. Das Flugzeug stand schon abflugbereit da. Wir rannten zur Passkontrolle und hasteten durch die Gänge zu unserem Gate, wo wir schnell mit einem extra Bus zum Flugzeug gebracht wurden.

Als wir in Wien angekommen waren und unser Gepäck holen wollten, hatte Simeon wieder seine Kappe mit der Libanon-Fahne auf dem Kopf und zog sein kleines Schultaschenwägelchen hinter sich her. Darauf wurde ein Fernsehteam vom ORF, das am Gepäckband wartete, aufmerksam. Ein Journalist und ein Kameramann kamen direkt auf mich zu und fragten: „Kommen Sie aus dem Libanon?" In diesem Moment spürte ich, wie mir die Knie anfingen zu zittern und meine Stimme brüchig wurde. Mir wurde auf einmal bewusst: Wir hatten es geschafft! „Dürfen wir Ihnen ein paar Fragen stellen?" Ich sagte zuerst ganz tapfer: „Ja." Doch dann merkte ich, wie mir Tränen in die Augen schossen, schnell wollte ich meine Zustimmung zurücknehmen und sagte: „Oh Gott, jetzt muss ich weinen!" „Aber das macht doch nichts", hörte ich die Fernsehleute sagen und sah, wie die Kamera auf mich gerichtet wurde.

Und mit einem Mal sah ich die Augen der Menschen vor mir, die erwartungsvoll auf den Bildschirm schauen würden. Nein, ich wollte mir in dem Moment keine Schwäche erlauben. Und so gelang es mir, mit klaren Sätzen zu erzählen, welcher Schrecken über den Libanon hereingebrochen war. Ich sprach vor laufender Kamera in das Mikrofon: „Ja, die Menschen fliehen zu Tausenden, die Bombardierungen sind fürchterlich, wir wissen nicht, wohin das noch führen soll … Es geschieht ein ganz ungeheuerliches Unrecht an der libanesischen Bevölkerung. Wir brauchen einen Waffenstillstand, und zwar so schnell wie möglich!"

Während ich diese Situation beschreibe, spüre ich immer noch das Zittern in mir, die Aufregung von damals, die Empörung. Es war bestimmt auch die Erschütterung darüber, dass mir selbst so etwas passiert war, dass ich so herausgerissen worden war aus meinem Leben. Flucht, dieses Wort, das ich vorher nur aus Erzählungen kannte. Da stand ich nun in Wien, mit meinem Söhnchen und meinem eingestaubten Koffer. Dort abgeholt hat uns Nadja, meine älteste Tochter, die in Wien lebt.

Was Uwe im Libanon erlebte

Als ich mich mit unserem Sohn nach Österreich aufmachte, blieb mein Mann Uwe im Libanon, um zu tun, was ihm möglich war. Er und zwei Freunde setzten sich zusammen, um einen offenen Brief an die deutsche Bundeskanzlerin Angela Merkel zu verfassen. Darin enthalten war der Aufruf, sich für einen sofortigen Waffenstillstand einzusetzen. Und sie verurteilten den Überfall der Hisbollah auf die israelischen Soldaten. Weiter schrieben sie, dass die Reaktion der israelischen Armee Erinnerungen an die Besetzung Beiruts durch die Israelis im Sommer 1982 wecke, an die Massaker in den palästinensischen Flüchtlingslagern Sabra und Schatila. Zusätzlich verfassten sie einen dringenden Aufruf an die internationale Staatengemeinschaft, schnell einzugreifen. Schließlich sei der Überfall auf die gesamte Infrastruktur eines Nachbarstaats eine massive Verletzung des Völkerrechts. Auch Unterschriften wurden gesammelt und dann an einflussreiche Persönlichkeiten in der Politik geschickt.

Derweil liefen die Telefone in unserem Gemeindehaus heiß, die Menschen wollten raus aus dem Land. Sie fragten Uwe, ob er etwas wüsste. Wie war die Situation in der Gemeinde? Wie sollte es weitergehen? Gab es irgendeinen Plan? Der Verweis auf die Botschaft half den Menschen in dieser Situation wenig, deren Telefonleitung war überlastet, man kam nicht mehr durch. Als klar war, dass immer mehr Bomben fallen würden und die Situation sich verschlimmern würde, bot Uwe der Botschaft an, drei Leitungen der Gemeinde für die Flüchtlingsberatung zur Verfügung zu stellen.

So wurde das Gemeindebüro quasi zu einer Außenstelle der deutschen Botschaft, ein achtköpfiges Team aus freiwilligen Mitarbeitern wurde organisiert, sodass rund um die Uhr Anrufe entgegengenommen werden konnten. Den Nachtdienst übernahmen Uwe und Käthi Rotzler. Die Sozialarbeiterin konnte nicht mehr nach Hause fahren. Sie wohnte südlich von Beirut in der kleinen Hafenstadt Saida, und schon in der ersten Nacht waren alle Brücken auf dem Weg dorthin zerbombt worden. Die Straße war fast unpassierbar geworden.

Über den großen E-Mail-Verteiler der Gemeinde wurden die Telefonnummern für die Beratung, die nächsten Ausreisemöglichkeiten und Verhaltensregeln bekannt gegeben. Tausende von Menschen meldeten sich, um über ihre Sorgen und Ängste zu sprechen: Sollten sie ausreisen oder lieber bleiben? Am Ende waren es 7.000 Menschen mit deutschen Papieren, die in diesem Krieg evakuiert worden sind. Die allermeisten von ihnen waren ursprünglich Libanesen, die nach Deutschland übergesiedelt waren und schließlich eine Aufenthaltsgenehmigung oder die Staatsbürgerschaft erhalten hatten. Viele von ihnen waren in den Libanon gekommen, um hier die Sommerferien zu verbringen.

Am Sonntag nach meiner und Simeons Evakuierung konnte ich kurz mit meinem Mann telefonieren. Er hatte bis dahin jede Nacht nur drei bis vier Stunden geschlafen. Mein Anruf erreichte ihn kurz vor Beginn des Gottesdienstes, für den er nichts hatte vorbereiten können, keine Lieder, keine Gebete, keine Predigt. In diesem Moment brach die Verzweiflung aus ihm heraus. „Wie soll ich jetzt Trost und Zuversicht ausstrahlen?", fragte er mich. Seine Stimme klang so bedrückt, dass ich erschrak. So kannte ich ihn gar nicht! Und ich konnte ihm nicht helfen, sondern stand auf dem Bürgersteig vor meinem Hotel in Damaskus, das mitten im Night-Club-Viertel lag. Mir war gerade erst der Verdacht gekommen, dass Simeon und ich in einem Bordell übernachtet und 120 Dollar für ein Bett mit dreckiger Bettwäsche bezahlt hatten. Doch wir hatten keine Wahl, also biss ich die Zähne zusammen.

In Momenten der Verzweiflung springen Uwe und ich immer füreinander ein, wenn es irgendwie möglich ist. Der eine bietet dem anderen an: „Ich mach die Gebete." Oder fragt: „Soll ich predigen?" Oder wir verabreden, dass wir gemeinsam die Musik für den Gottesdienst machen. Doch damals konnte ich ihm meine Unterstützung und mein Vertrauen nur durchs Telefon vermitteln.

Die Verzweiflung meines Mannes war aber noch anderer Art, er war wie aufgescheucht. Eigentlich wehrte sich alles in ihm, es war unfassbar, so plötzlich mitten im Krieg zu sein. „Ich habe noch nie Krieg erlebt", sagte er immer wieder. Und eigentlich hatten wir gehofft, dass die Menschheit über den Krieg hinausgewachsen war, dass kein einziges denkendes Wesen noch einmal Krieg als adäquates Mittel zur Konfliktlösung ansehen könnte nach dem, was in den Weltkriegen und danach geschehen war.

Doch es war passiert, der Krieg hatte begonnen, und Uwe musste mit Rat und Tat, mit Entschlusskraft und der richtigen Einschätzung der Lage Menschen zur Seite stehen. Zum Glück hatten sich schnell einige Freunde um ihn versammelt, die reichlich Bürgerkriegserfahrung hatten. Menschen entwickeln in Extremsituationen so etwas wie einen siebten Sinn, eine besondere Intuition für die Gefahr. Ganz schnell waren diese Fähigkeiten, die in der Vergangenheit benötigt worden waren, wieder abrufbar. Uwe konnte sich bei seinen Freuden immer erkundigen, ob es ratsam sei, in diese oder jene Gegend zu fahren. Immer wieder erzählt er von jenem Nachmittag, als er auf der Rückfahrt von seinen Besuchen bei Gemeindegliedern und Freunden war. Unterwegs bekam er einen Anruf, dass er bis um 17:00 Uhr die Autobahn verlassen haben müsse, danach sei mit Bombardierungen zu rechnen. Bei nächster Gelegenheit fuhr er auf die alte Uferstraße ab und nur zwei Minuten später hörte er die Einschläge. Mit seinen Beratern hat er jede Tour genau abgesprochen und ist so, Gott sei Dank, immer wieder unversehrt nach Hause gekommen.

Dennoch musste er zunächst einmal den Gottesdienst bewältigen. In aller Schwachheit und in aller Verzweiflung um Kraft bitten, um Hoffnung, und darum, dass der Glaube nicht verlorengeht. Auch der Glaube daran, dass die Gewalt nicht das letzte Wort behalten würde.

Schon am nächsten Tag kamen die ersten Konvois aus dem Süden, die Menschen suchten im Gemeindehaus Schutz. Die Flüchtlinge aus Blida, immer wieder hörte ich von ihnen. Blida ist ein Dorf nahe der israelischen Grenze. Die Menschen dort waren eingeschlossen gewesen, hatten kein Trinkwasser und keine Nahrungsmittel mehr bekommen. So hatten sie sich entschlossen, trotz Dauerbeschuss den Ausbruch zu wagen. Sie waren im Konvoi von 15 Personenwagen mit dem Ziel losgefahren, unsere Gemeinde zu erreichen, da einige von ihnen deutsche Pässe oder Aufenthaltsgenehmigungen besessen hatten. Der Konvoi war beschossen worden, dabei waren zwei Menschen getötet, einige andere verletzt worden. Die Flüchtlinge waren weitergefahren, bis sie völlig erschöpft im Gemeindezentrum angekommen waren.

Für die Nacht wurde der Gemeindesaal mit Matratzen ausgelegt, alle Decken, die aufzutreiben waren, wurden herbeigeschafft. Eine Dame aus dem Sozialausschuss kümmerte sich um die Verpflegung. Seit Kriegsbeginn hatte sie die Telefonmannschaft mit Essen versorgt, jetzt kamen noch mal 30 Menschen dazu. Uwe informierte sich über die nächsten Ausreisemöglichkeiten. Und dann begann die nächste Tragödie, denn nur diejenigen mit deutschen Papieren konnten zum Buskonvoi nach Damaskus, die anderen mussten bleiben. Die alten Eltern, die Onkel, Tanten, Brüder, Schwestern, das waren herzzerreißende Szenen, die Uwe sehr bewegt haben.

Aber auch die Gemeinde brauchte weiterhin ihr Zentrum. Jeden Dienstag ist Frauentag, da kommen in normalen Zeiten 30 bis 40 Frauen, die meisten von ihnen deutschsprachig, zusammen. Das ist Tradition. Viele der Frauen kennen sich schon seit Jahrzehnten, die meisten sind mit Libanesen verheiratet. Sie treffen sich, trinken Kaffee, tauschen sich aus. Wir feiern Geburtstage, denn das ist in den libanesischen Familien eigentlich nicht üblich. Manche von den Frauen bleiben den ganzen Tag im Gemeindezentrum. Sie spielen Karten oder basteln etwas, essen gemeinsam und planen und erzählen, der Gesprächsstoff scheint nie auszugehen. Das ist oft das einzige Stückchen Heimat, das sich die Frauen in einer sehr fremden Umgebung bewahren können. Auch in den Wochen des Krieges sind sie hierher gekommen, wenn es nur irgend möglich war. Und sie brauchten ihr Gemeindezentrum! So prallten am Dienstag in der ersten Kriegswoche beide Gruppen aufeinander. Die Flüchtlinge belegten den Raum, in dem sich eigentlich die Frauen treffen wollten. Alle waren empfindlich und verletzbar, da musste schnell eine Lösung gefunden werden. Aber wohin mit den Flüchtlingen?

Uwe suchte nach einer Bleibe für diejenigen, die nicht außer Landes konnten. Schließlich fand er eine Schule in Batroun im nördlichen Teil des Landes, der nur gelegentlich bombardiert wurde. Hier gab es noch genügend Platz, sodass wenigstens die verbliebenen Leute aus Blida zusammenbleiben konnten. In der Schule war Einiges geboten, was damals im Libanon nicht mehr selbstverständlich war. Genügend Toiletten und sogar Duschen standen zur Verfügung, es gab auch noch Wasser und sogar Matratzen und Decken. All das war schnell Mangelware geworden. Dennoch lösten sich die Leute aus Blida nur schweren Herzens von der Gemeinde, einige kamen gleich am nächsten Tag zurück. Sie hatten sich so gut aufgehoben und versorgt gefühlt … Für Uwe war das einer der schwierigsten Momente, denn er musste hart bleiben und die Menschen, die auch ihm schon ans Herz gewachsen waren, wieder wegschicken.

Weitere Flüchtlingskonvois erreichten das Gemeindezentrum und inzwischen kamen auch immer wieder einzelne Gemeindemitglieder zum Übernachten, wenn es ihnen in ihrer Wohngegend zu unsicher wurde. Die Familie unseres Zahnarztes zum Beispiel, die in Dachieh wohnt, quartierte Uwe in die leerstehende Wohnung meiner Schwester ein. Denn Dachieh war das am schwersten bombardierte Wohnviertel Beiruts, dort hatte die Hisbollah ihr Hauptquartier.

Während ich hier sitze und in die Vergangenheit blicke, sind Uwe und die Kinder vom Skifahren zurückgekommen. Nun sitzen sie am Tisch und malen. Gerade hat Simeon mir ein Bild gebracht, das er gemalt hat. „Das ist der Bus, der uns zur Grenze gebracht hat", sagt er. Ich frage mich, ob er spürt, dass ich über den Krieg schreibe. Ich lege Simeons Bild in die Mappe mit Texten und Erinnerungen aus der Zeit des Krieges. Da fällt mir ein Text von Käthi Rotzler in die Finger, die ihre Eindrücke von ihrer Fahrt nach Beirut ebenfalls aufgeschrieben hat. Damals hatte sie beschlossen, ihre Ferien abzubrechen und Uwe in der schwierigen Situation beizustehen. Ich hole ihre Notizen und lese noch einmal nach, wie sie die Situation seinerzeit empfunden hat.

Zerstörte Brücken
(von Käthi Rotzler)

Am 16. Juli 2006 um 6:00 Uhr morgens begann meine Reise nach Beirut. Dabei stiegen die Erinnerungen von vor zehn Jahren in mir auf, als ich unter Bomben den gleichen Weg gehen musste. Ich spürte keine Angst, aber eine ungeheure Anspannung. Die Bomben fielen, gezielt, und dennoch willkürlich, kein Weg und keine Straße waren mehr sicher.

Wir hatten einen guten Taxifahrer, den gleichen wie vor zehn Jahren, ein gut funktionierendes Auto – und bezahlten einen saftigen Preis. Als ich von zu Hause wegfuhr, realisierte ich, dass ich wahrscheinlich nicht so schnell zurückkehren würde. Wut stieg in mir auf über diesen verlorenen Sommer, gerade hatten meine Ferien so schön mit Erholung am Meer begonnen.

Wir fuhren über die Berge, um die Autobahn zu meiden, wo die meisten Brücken schon zerstört waren. Kaum ein Auto war unterwegs auf diesen Nebenstraßen. In friedlichen Zeiten ist das ein wunderschöner Ausflug durch eine einzigartig schöne Landschaft, aber diesmal konnten wir die Schönheit nicht genießen.

Ein mir bekannter Taxifahrer kam uns entgegen, er rief uns zu, dass weiter vorne Lastwagen kämen, die Hilfsgüter nach Saida transportierten. Wie ein Blitz durchfuhr es mich, dass wir in der Phase der Lastwagenbombardierungen steckten. Wir passierten die beiden Lastwagen unbehelligt, doch später erfuhr ich, dass sie weiter unten erwischt worden sind. Ich begann, an Schutzengel zu glauben.

Die Öltanks des Elektrizitätswerks in Jieh, etwa zehn Kilometer nördlich von Saida, brannten schon seit Anfang des Krieges; sie brannten einen ganzen Monat lang, schwarze Rauchwolken drifteten ununterbrochen nordwärts. Wir trafen auf sie und tauchten in sie ein, als wir aus den Bergen zur Küste bei Damour hinunterfuhren. Jetzt waren wir auf einer kleinen Straße parallel zur Autobahn. Von weitem sahen wir die Brückentrümmer auf

88

der Autobahn liegen und die beschädigten Häuser in der Nähe der ehemaligen Brücken. Nach Naameh ging es in rasender Fahrt auf der Autobahn dem Flughafen zu, weil es keine Nebenstraße mehr gab. Wir mussten dann die Straße unter dem Flughafen benutzen, denn die Umgehungsstraße war ebenfalls unbrauchbar gebombt worden. Kein Verkehr, das Gefühl des Ausgeliefertseins verließ mich nicht, da ich wusste, dass auch der Flughafen jederzeit wieder das Ziel von Bombardierungen sein konnte. Wir brauchten drei Stunden für eine Strecke, die wir sonst in weniger als einer Stunde bewältigen, und erreichten erleichtert das Gebäude der evangelischen deutschsprachigen Gemeinde zu Beirut. 15 Brücken waren auf einer Distanz von weniger als 40 Kilometern zerstört worden.

Einen Monat nach Kriegsende … an vieles gewöhnen wir uns. Nicht an den Anblick der Straße zwischen Beirut und Saida … Da gibt es keine Brücken mehr, weder die, die über die Autobahn führten, noch die, die die Autobahn über Flüsse und Täler getragen hatten. Wo die Brücken waren, ist Leere, ich sehe nur noch die Träger links und rechts.

Dieser Krieg hat mir den Sinn von Brücken gestohlen – im wirklichen wie im übertragenen Sinn. Ich sehe und spüre zwei Enden, aber nichts dazwischen. Und ich weiß, dass ich Brücken nicht mehr trauen kann.

(Käthi im Oktober 2006)

Und mir fällt noch ein anderes Blatt in die Finger. Es sind meine Worte, kein Gedicht, eher ein Gestammel, noch am Tag meiner Flucht geschrieben.

Erschütterung

Es kracht
Die Scheiben klirren
Die Wände zittern
Die Luft vibriert
Der Rauchpilz steigt auf
Die Menschen rennen
in jedem Körper ein Widerhall
der Gewalt.

Schon wieder kracht es
Und wieder und wieder
Der Rauchpilz
immer größer, immer höher
Wolkenwind
weht schwarzgrau
hinüber zu mir

ich weiß, da stürzen die Häuser
die Wände reißen
und die Menschen schreien
Mein Boden wankt

Ich habe frische Luft gebraucht. Uwe geht mit mir, wir machen unseren ersten Spaziergang im neuen Jahr. Jeder Schritt ist ein Genuss, der Schnee glitzert in all seiner Unversehrtheit, die frische Luft, die Himmelsfarbe, die Bewegung im gemeinsamen Rhythmus. Plötzlich jämmerliches Geschrei, es wird immer lauter. Nah beim Haus sehen wir ein Kätzchen durch den tiefen Schnee laufen. Es scheint fast verhungert zu sein. Wie kommt es hierher in die Einöde? Es gibt kein anderes Haus weit und breit.

Wir nehmen das Kätzchen mit hinein, es ist noch jung, vielleicht ein halbes Jahr alt. Ob es bei uns bleiben wird? Simeon würde sich sehr freuen. Aber was machen wir mit einer Katze, wenn die Ferien vorbei sind? Sie wird sich an die Beiruter Stadtluft gewöhnen müssen.

Jetzt sitze ich wieder am Schreibtisch, mit dem Kätzchen auf dem Schoss, um aufzuschreiben, wie es Simeon und mir nach unserer Flucht in Wien ergangen ist.

Krieg aus der Ferne

Endlich, es war inzwischen Dienstag, der 18. Juli 2006, sind Simeon und ich in Wien angekommen, einer Stadt voller Touristen und Sehenswürdigkeiten. Die Kutschen fuhren ihre Runden, und wir saßen in Kaffeehäusern und brachten die Welten nicht zusammen. Simeon spielte im Sandkasten, er baute Häuser und Straßen – auf einmal kam ein Feuerdrache, der alles zerstörte.

„Mama, ist meine Schule kaputt?", fragte er mich immer wieder. Und er fragte nach seiner Kindergärtnerin, die er sehr liebte: „Wo ist Miss Leila? Hat sie Angst? Ist sie auch mit dem Flugzeug weggeflogen?" Simeon konnte nicht einschätzen, was es bedeutete, dass Krieg war im Libanon. „Ist jetzt alles kaputt? Und unser Haus?"

Als wir im September 2006 zurückkamen, mussten wir Simeon alles zeigen: „Hier sind die Häuser kaputt und die Brücken, aber hier sind die Häuser noch ganz! Schau, unser Haus steht noch da, und deine Schule auch." Dass sie bis kurz vor Schulbeginn im Oktober von Flüchtlingen bewohnt gewesen war, brauchten wir ihm nicht zu erzählen. Es war so wichtig, die alten Orte, die zuvor sein Leben bestimmt hatten, wiederzufinden. Das Gleiche galt für die Menschen: Noura, die Putzfrau der Gemeinde, und Bilal, unseren Hausmeister, und alle seine kleinen und großen Freunde.

Während der Zeit in Wien haben wir bei meiner Tochter in ihrer WG gewohnt. Ich wurde so liebevoll versorgt, irgendwie verkehrten sich die Verhältnisse. Nadja musste mir sogar Geld leihen, denn was ich für die Flucht mitgenommen hatte, war restlos aufgebraucht. Sie kümmerte sich um uns, wir sollten uns entspannen. Wir planschten in der Donau, wunderten uns über das Süßwasser und dass alles so sauber war. Ich hätte stundenlang an den Kleingartenhäuschen vorübergehen und überall die gepflegten Vorgärtchen anschauen können. Beinahe kam ich mir vor wie ein Voyeur. Ich wollte sehen, wie die Leute lebten. Ja, wie lebten sie in solchen Häuschen? Wie geht dieses normale, alltägliche Leben?

Nach unserem Aufenthalt in Wien flogen wir weiter nach Frankfurt und von dort reisten wir zum Haus meines Vaters nach Remagen. Zum Glück gab es genug Platz für uns alle. Meine Schwester Julie war schon dort gestrandet, zusammen mit ihrer kleinen Tochter. Alle waren da, um uns zu begrüßen: meine beiden großen Söhne, Uwes und meine Geschwister.

Langsam kam ich dort an, Vertrautheit mit den Menschen und dem Ort, ich realisierte, auch hier war ich zu Hause. Der Rhein und die schwarzen Gipfel des Siebengebirges, die Wolken und Nebelschwaden, die morgens und abends den Ausblick verändern. Das Mondlicht und das Sonnenlicht aus den vertrauten Blickwinkeln der alten Fenster. Die Baumgenossen, die überall im Garten verteilt stehen, Tautropfen vom Licht durchschienen, Frische unter den nackten Füßen, eine reife Himbeere zergeht mir auf der Zunge, diese Gartengerüche nach feuchter Erde und Laub.

Eigentlich erlaubte ich mir das Ankommen aber nicht so ganz. Ich wollte doch nicht hier sein! Wir hatten ganz andere Pläne gehabt. All unsere Kinder hätten im Sommer in den Libanon kommen und ihre Ferien gemeinsam mit uns in dem Berghäuschen verbringen sollen. Wir hätten wandern und schwimmen und die Täler mit ihren Wasserfällen und ausgewaschenen Felsenbecken weiter erkunden wollen, das eiskalte Süßwasser mitten in der Sommerhitze.

Stattdessen war meine erste Sorge, in Remagen einen Schreibtisch mit Internetanschluss zu finden. Ich wollte in Verbindung mit Uwe, mit der Gemeinde bleiben, mich bereithalten für die Aufgaben, die jetzt in Deutschland auf mich zukommen würden. Ich hatte das große Bedürfnis zu erzählen, mitzuteilen, aufzurütteln. Auf das Unrecht aufmerksam zu machen, das im Libanon stattfand.

Als während der Fußballweltmeisterschaft im Juni 2006 in Gaza ein israelischer Soldat entführt worden und eine Zerstörungswelle über Gaza gerollt war, wurde jeden Abend vor den Spielen darüber berichtet. Wir hatten in Beirut oft erstaunt vor den Fernsehern gesessen, denn bei uns im Libanon war auf einmal jegliche politische Spannung dem Fußballfieber gewichen. Es war so, als hätten wir alle Pause machen dürfen, obwohl ich immer das ungute Gefühl gehabt hatte, dass es nicht gut gehen könne, von hier aus jeden Abend relativ unbeteiligt zuzusehen, was in Gaza passierte. Das war doch eine solche Demütigung gewesen. Hatte es denn keine Solidarisierung mit den Palästinensern in Gaza gegeben? Kurz darauf hatten wir sie, die Hisbollah setzte noch einen drauf, entführte zwei und tötete acht israelische Soldaten.

Welche Abscheu überkam mich, als ich die Reaktion der schiitischen Bevölkerung im Libanon miterlebte. Die strahlenden Gesichter, die Feiern. Aisha, eine junge Schiitin, die in Deutschland aufgewachsen ist und viel Zeit bei uns in der Gemeinde verbringt, konnte ihren Stolz auf die Aktion der Hisbollah nicht verbergen. Sie bekam unsere ganze Wut zu spüren und schaute uns erschrocken an. „Kannst du dir denn nicht vorstellen, was jetzt passieren wird?", fuhr ich sie an. „Wie kann man sich darüber nur freuen. Diese Aktion ist so dumm und so gefährlich, wir werden wieder alle unter den Folgen zu leiden haben!"

Auf einmal konnten wir uns nicht mehr in die Augen sehen, unsere Positionen lagen zu weit auseinander. Ich konnte es nicht fassen. Aisha war eine Frau, die mein ganzes Vertrauen hatte. Sie hatte sich oft im Gemeindezentrum aufgehalten und manchmal beim Putzen geholfen. Einige Male hatte sie auch für uns gekocht, wenn Gäste gekommen waren. Oft hatte sie einfach die deutschsprachige Umgebung genossen. Viele Stunden hatten wir schon im vertrauten Gespräch verbracht, und dann standen wir uns plötzlich gegenüber, zwischen uns ein unüberwindlicher Graben. Sie bewunderte Hassan Nasrallah, den Anführer der Hisbollah, sie liebte ihn!

Vielleicht liegen die Gründe dafür in der Geschichte der schiitischen Bevölkerung. Diese Menschen waren immer die Ärmsten der Armen im Libanon, niemand kümmerte sich um ihr Schicksal im Süden des Landes. Aisha zum Beispiel war mit ihrer Familie am Ende des Bürgerkriegs nach Deutschland geflohen. Sie wuchs in Deutschland auf, und ihr wurde vorgegaukelt, die gleichen Lebenschancen wie ihre deutschen Altersgenossen zu haben. Dann wurden sie ausgewiesen – ohne Chance, jemals auch nur zu Besuch zu ihren Freunden und in ihre vertraute deutsche Umgebung zurückzukehren. Solch verwundeten Seelen schenkt Nasrallah das Gefühl, machtvoll zu sein, nicht nur leidtragende Opfer. Und er vermittelt ihnen, dass sie zu Akteuren des eigenen Schicksals werden können – eine verlockende Perspektive.

Als wir nach dem Krieg zurückkehrten, war Aisha eine der ersten, die zu uns kam, um von ihren leidvollen Erfahrungen während dieser Zeit zu erzählen. „Ich habe ja nicht ahnen können, dass ihr so Recht behalten solltet!" Wie froh wären wir gewesen, wenn das nicht der Fall gewesen wäre! Die Racheaktion der israelischen Armee war so maßlos, die Zerstörung dieses kleinen Landes Libanon, das gerade am Rand eines Aufschwungs gestanden hatte, war so perfide, und die Reaktionen der westlichen Welt so verhalten gewesen, dass ich kaum an mich halten konnte.

Mit diesem Gefühl ging ich an meinem ersten Sonntag in der Kleinstadt Remagen in die evangelische Kirche. Am Ende des Gottesdienstes erzählte ich, woher ich gekommen war und dass mein Mann gleichzeitig mit uns in unserer kleinen Gemeinde Gottesdienst gefeiert hatte, in dieser bedrängenden Situation in Beirut. Eine Welle der Hilfsbereitschaft schlug mir entgegen. Schon am nächsten Tag konnte ich den Schlüssel des Pfarrhauses abholen und bekam die Erlaubnis, den privaten Computer mit Zugang zum Internet zu benutzen. Ich konnte ja nicht ahnen, welche Lawine ich ins Rollen gebracht hatte, als ich mich zu Wort gemeldet hatte. Ich wurde zu Veranstaltungen und Vorträgen, Mahnwachen und Friedensgottesdiensten eingeladen, ich wurde bei Radiosendern, im Fernsehen und von allen möglichen Zeitungen interviewt.

Mein Mann hat mir später erzählt, dass er nach den ersten Kriegstagen für sich die Regel aufgestellt hatte, nicht mehr als drei Interviews am Tag zu geben. Sonst wäre er zu nichts anderem mehr gekommen. Auch ich konnte all diese Aufgaben nur dank der Solidarität meiner Familie wahrnehmen. Schließlich musste Simeon gut betreut werden, er war noch immer sehr verängstigt und ließ mich nur sehr ungern fortgehen. Zum Glück bestand eine echte Vertrautheit mit meiner Schwester und ihrer kleinen Tochter, sodass er sich bei den beiden geborgen fühlen konnte.

Am liebsten nahm ich an den Friedensgottesdiensten teil, das hatte für mich immer einen tröstlichen Aspekt. Dort konnte ich das, was mich bewegte, zum Ausdruck bringen, erst im Anschluss daran fanden Diskussionen und Auseinandersetzungen statt. Am schwierigsten waren die Live-Interviews in Radio und Fernsehen. Ich wurde irgendwo in ein Programm hineingezwängt, zwischendurch wurden Verkehrshinweise gegeben und darüber gesprochen, wer in den Charts gerade wo stand. Und unter diesen Umständen sollte ich so persönlich wie möglich erzählen.

Immer wieder kam mir der ORF-Reporter in den Sinn, der mich in Wien am Flughafen abgefangen hatte. Mein Erschrecken vor den Augen, die in purer Sensationslust auf mich schauen würden. Und nun war ich zwischen die innerdeutschen Fronten geraten. Auf der einen Seite die lautstarke Verurteilung Israels mit judenfeindlichen Anklängen, geschürt vom generationen-alten Hass, der wieder an die Oberfläche drang. Auf der anderen Seite standen unter anderem viele meiner ehemaligen Kolleginnen und Kollegen, deren Haltung von ihrer jahrelangen Arbeit am Dialog zwischen Juden und Christen geprägt war. Hier gab es Annäherungen, die zu Verpflichtungen geworden sind: Ich spürte immer wieder diese Verpflichtung zur Solidarität mit der israelischen Politik. Aus meiner Sicht ist es ein gescheiterter Dialog, wenn die Kritikfähigkeit verlorengegangen ist. Aber eigentlich wollte ich gar nicht hineingezogen werden in diese innerdeutsche Auseinandersetzung. Vielmehr wollte ich erzählen, was passiert, wenn Krieg der Lösung eines Konflikts dienen soll.

Wie nah dies alles noch ist. Die ganze Nacht habe ich am Schreibtisch gesessen und getippt. Bald werden wir wieder nach Beirut zurückmüssen. Es ist ganz früh am Morgen, das fahle Mondlicht vermischt sich mit den ersten Sonnenstrahlen. Ich atme schwer, als ob mir ein Alb auf der Brust säße. Sind das die Erinnerungen an die Rückkehr nach Beirut im September 2006? In eine Stadt, in der damals alles grau war? Noch kann ich nicht schlafen gehen.

Rückkehr in eine zerstörte Stadt

Vor dem Krieg war Beirut eine Stadt gewesen, die vor Lebendigkeit pulsierte: Farben und Gerüche, Krach und Gesänge. Überbordend, überfließend, überquellend. Aus den Nähten geplatzt, gewachsen über alle Stadtgrenzen hinaus, ohne Plan, ohne Konzept, immer neu, immer weiter gebaut. Wie Zellen, die sich ständig teilen, Leben, das sich durchsetzt.

Sicherheitsvorkehrungen, Sicherheitsdenken, Versicherungen, in diesen Kategorien zu denken, das war schwer vorstellbar gewesen. Näher gelegen hatte das vertrauensvolle „Es wird schon gut gehen", „Warum sollte gerade ich krank werden?", „Warum sollte ausgerechnet mir ein Unfall passieren?", „Warum sollte ausgerechnet dieser Stahlträger die Decke nicht tragen?" oder „Das angerissene Wasserrohr wird noch eine Weile halten". Manchmal war ein Haus trotzdem den Abhang hinuntergerutscht oder die Wasserrohre waren endgültig gerissen, aber das hatte nichts am Grundvertrauen geändert. Es gab eine Unbeschwertheit im Alltag, die manchmal ins Unverantwortliche umschlug, dennoch ich glaube, gerade für uns Deutsche, machte sie das Leben im Libanon so verlockend anders.

Bei unserer Rückkehr konnte ich nichts mehr davon spüren: graue Straßen, graue Pflanzen, graue Gesichter. Da lag diese Stadt, wie ein Klumpen aus Häusern, dicht zusammengedrängt auf der Halbinsel, umspült vom Mittelmeer. Auch das Wasser konnte diesmal nicht einfach alles abspülen, den Schaden, den Schrecken, die Ängste. Das Mittelmeer schwappte als schwarze Dreckbrühe an die Uferpromenade, der Ölteppich wurde nicht abgesaugt, da die Seeblockade keine Säuberung erlaubte. Und wir wussten: Auch die Regen, die ersten Regen, die im Oktober oder November einsetzen würden, könnten die Stadt nicht mehr reinwaschen. Sie würden nur den giftigen Staub der brennenden Ölraffinerie und der zerbombten Häuser ins Grundwasser spülen. Wir würden ihn bald darauf im Trinkwasser und in unserem Obst und Gemüse haben.

Dabei war es doch schon schwierig genug gewesen, überhaupt wieder zurück nach Beirut zu reisen. Uwe war nach dem Waffenstillstandsabkommen Ende August für ein paar Tage nach Deutschland gekommen. Er war mit einem Hubschrauber nach Zypern gebracht worden, und wir hatten versucht, ein wenig Urlaub zu machen. Nun wollten wir zurück. Doch das Durcheinander war groß: Können wir fliegen? Wohin können wir fliegen? Wann und mit welcher Airline?

Der Beiruter Flughafen lag noch unter dem Einflussbereich der israelischen Luftblockade. Die Israelis erlaubten inzwischen zwar wieder Landungen in Beirut, aber nur für Flugzeuge, die vorher in Amman zwischengelandet waren. Es gab Gerüchte, dass die Blockade bald aufgehoben werden sollte. Wann genau, das wusste allerdings niemand. Also buchten wir unseren Flug von Frankfurt aus mit Zwischenlandungen in Paris und Amman, von dort dann weiter nach Beirut mit der Air France. Als wir in Paris ankamen, hieß es, dass wir in eine Maschine der Middle East Airline umsteigen könnten, um direkt nach Beirut zu fliegen, denn gerade eben sei die Luftblockade aufgehoben worden. Zu unserem großen Erstaunen mussten wir ein neues Flugticket kaufen, obwohl wir mit genau dem gleichen Flugzeug flogen, wie ursprünglich vorgesehen, nur ohne Zwischenstation in Amman. Wir zahlten also doppelt, damit wir zurück durften in unser zerstörtes Beirut.

Das war aber auch ein besonderer Flug! Die Crew begrüßte uns am Eingang, die berufliche Freundlichkeit hatte sich in echte Herzlichkeit verwandelt. Über allen lag eine Wolke von Wehmut, aber die Freude war echt: „Schön, dass Sie zurückkommen!" Endlich hörte ich wieder Arabisch um mich herum, die vertraute Mischung, die flirrende Energie, die sich aufbaut, wenn Libanesen zusammentreffen. Das Interesse aneinander: „Woher kommst du, was machst du, was hast du erlebt?", „Wer ist deine Familie, was ist deine Religion, zu welcher Gruppe gehörst du?", „Bist du verheiratet, hast du Kinder?". Und so weiter. Wenn ich beispielsweise sage, dass ich vier Kinder habe, ertönt fast immer der erstaunte Ausruf: „Smallah! Gott möge sie dir erhalten!"

Viele Familien saßen im Flugzeug, und ich zählte fünf Neugeborene unter den Passagieren. Die Mütter waren außer Landes geflohen, um ihre Kinder auf die Welt zu bringen, und kehrten jetzt nach Hause zurück. Am Flughafen wurden sie mit all dem empfangen, was man sonst zur Geburt in die Krankenhäuser mitbringt, große Luftballongebilde mit der Aufschrift: „It's a boy" oder „It's a girl", dazu riesige Blumensträuße. Laute Freudentriller von den weiblichen Verwandten und tränenreiche Umarmungen, das galt diesmal uns allen, als ob wir eine große Familie geworden wären, die in ihr Land zurückkehrt. Meine Schwester holte uns am Flughafen ab, sie war schon ein paar Tage vorher über Amman eingeflogen.

Auf der Fahrt nach Hause durch die Stadt wurden wir alle immer stiller. Große Plakate mit Nasrallah, der den göttlichen Sieg deklarierte, schmückten die leeren Straßen. Ein Wortspiel, denn das arabische „Nasr" heißt übersetzt „Sieg". So vereinen sich Sieg und Allah in seinem Namen. Bilder von brennenden Panzern und toten israelischen Soldaten waren zu sehen. Das getroffene israelische Kriegsschiff in allen Variationen und ein israelischer Hubschrauber im Absturz. Und dazwischen das lächelnde Gesicht des großen Führers mit der immer zum Gruß erhobenen Hand. Ekel ergriff mich, ich konnte diesen Bildern nicht entkommen. Wo immer auch meine Augen hinwanderten, schien er mir entgegenzulächeln. Wir fuhren durch die Innenstadt und durch die Hamrastraße, in der man sich sonst um diese Zeit eigentlich nur zentimeterweise hatte vorwärts bewegen können, weil sie verstopft gewesen war. Alles war menschenleer, die Läden geschlossen, die Rollläden heruntergelassen. Und das abends kurz nach Sonnenuntergang, zu einer Zeit, zu der die Menschen sonst immer aus ihren Häusern geflutet waren, in der die Stadt nach der großen Hitze wieder aufgeblüht war und bald darauf das Nachtleben begonnen hatte. Aber die Straßen waren dunkel, es gab keinen Strom. Einzelne Gestalten huschten vorüber, nur sehr wenige Autos fuhren. Es war, als ob die Angst noch in den Gassen hockte und die Stadt sich ins Dunkel duckte wie ein Tier, das noch nicht verstanden hat, dass das Gewitter vorbei ist.

Zu Hause war alles liebevoll für unsere Rückkehr vorbereitet. Blumen auf der Kommode, frisches Obst auf dem Tisch, eine Flasche frisch gepresstes Olivenöl und eine Flasche Rotwein für den ersten Abend standen bereit. Ein Aufatmen ging durch meinen Körper, das Gefühl der Erleichterung, des Ankommens wollte sich gar nicht mehr legen. Ich bin wieder da, in unserer Wohnung, ich bin wieder zu Hause! Die feuchte Schwüle des Septembers umgab mich wie eine gute alte Bekannte, bald waren wir alle wieder in Schweiß gebadet. Sogar das machte mich glücklich! Wir setzten uns raus auf den Balkon. Die weißen Balkonstühle waren zwar geputzt worden, doch man sah überall noch schwarze Spuren. Die Möbel waren schwarz gewesen, der Ruß hatte alles überzogen. Überall klebten jetzt noch Reste, das Balkongeländer konnte man nicht anfassen, ohne schwarze Hände zu bekommen. Und meine Pflanzen, die armen Pflanzen – alle Blätter waren mit einer dicken, schwarzen Schicht belegt. Am nächsten Morgen würde ich sie als erstes abwaschen, beschloss ich bei mir. Simeon war außer sich vor Freude, er entdeckte alle seine Sachen wieder, seine Lieblingstiere und die liebsten Autos, sein Bett und seine Bilderbücher. Es war ja alles noch da!

Ich sah mich um in meiner Wohnung, betrachtete all die Dinge, die mir lieb und teuer gewesen waren. Der schöne Teppich, den wir zur Hochzeit bekommen hatten. Die Kommode aus einfachem Fichtenholz, das erste Möbelstück, das wir gemeinsam in unserer Ehe gekauft hatten, nun schon ein wenig vom Holzwurm zerfressen. Sie hatte immerhin als Wickelkommode für vier Kinder gedient. Der Gemeindeesstisch und das gemütliche Sofa. Mit wie vielen Gästen hatten wir hier schon gesessen und gegessen? Die Küche: Da standen meine Lieblingsgläser aus Damaskus im Schrank, direkt vom Glasbläser gekauft, in allen Blautönen, Größen und Formen. Und die schönen, großen Tonschüsseln, in denen ich immcr den Brotteig angesetzt hatte. Ich strich über die Rundung.

Ich hatte alles aufgegeben, innerlich schon losgelassen. Vermisst, schmerzlich vermisst hätte ich die Fotos, die Kinderbilder und mein Cello. Aber ach, inzwischen weiß ich, das wäre nicht das Schlimmste gewesen. Wir alle waren wieder zusammen – und zwar körperlich unversehrt –, das allein zählte.

Am nächsten Morgen waren sie alle da, unsere Mitarbeiter mit müden, bleichen Gesichtern. Die Geschichten, die sie erlebt hatten, umgaben sie wie stumme Begleiter. Es würde Zeit brauchen, ihre Erlebnisse aus den Schattenbereichen ans Licht zu holen.

„Ja, das Haus im Süden steht noch“, sagte Gabi, sie war aber noch nicht dort gewesen. Es lagen noch viele Streubomben in der ganzen Gegend. Die Nachbarhäuser existierten nicht mehr. Hisbollah-Kämpfer hatten sich im Keller versteckt. Ihre Stimme wirkte grau, ohne Klang. Ihr Grundstück im Süden, die Orangenbäume und Avocados, die Mango und Mispeln, die Rosen und seltenen Pflanzen, jede einzelne hatte sie selbst gepflanzt, begleitet im Wachstum, umsorgt mit Dünger. Ihr Stückchen Erde, ein lebendiges Zeichen ihrer Existenz im Libanon, war zwischen die Fronten geraten …

„Den ganzen Krieg über hat eine graue bis schwarze Wolke über der Stadt gehangen“, so fängt Uwes Beschreibung des Anfangs vom Ende, vom letzten Tag vor dem Waffenstillstand, an. „Es war diese Mischung aus Rauch, Staub und Sommerdunst, die wie eine Glocke über uns hing. Blauen Himmel habe ich das erste Mal an dem Tag gesehen, an dem der Waffenstillstand beschlossen worden war. Es war ein Sonntag, ich war so froh, dachte, es sei nun vorbei. Nach dem Gottesdienst legte ich mich in die Badewanne, zum ersten Mal seit vier Wochen hatte ich das Gefühl, mich wieder ein wenig entspannen zu können. Ich glaube, ich war gerade ein wenig eingenickt, da krachte es auf einmal so laut, dass ich vor lauter Angst nackt aus der Badewanne sprang, aber ich wusste nicht wohin ich sollte. Die Israelis haben kurz vor Inkrafttreten des Waffenstillstandsabkommens

Beirut nochmals so heftig bombardiert, dass unser Haus nicht mehr aufhörte zu zittern. Sie haben Raketen von den Kriegsschiffen aus über unser Haus hinweg nach Dachieh geschossen. Die habe ich pfeifen hören, als sie an mir vorbeiflogen."

Genau das war der Tag, an dem der Südlibanon mit den teuflischen Streubomben verseucht wurde, denen noch immer Menschen zum Opfer fallen. Deshalb konnte auch der letzte Rest der Ernte nach dem Krieg nicht eingebracht werden. Die Oliven vertrockneten an den Bäumen. Die Streubomben waren überall, sie hingen im Geäst der Bäume, zwischen den Steinen auf dem Acker oder waren unter Büsche und Grasbüschel gerutscht. Sie sehen aus wie buntes Spielzeug. Kinder werden davon angelockt, doch wenn sie sie vom Boden aufheben, sind sie in Sekunden tot.

Trotz der Gefahren waren die meisten Flüchtlinge direkt mit Inkrafttreten des Waffenstillstandsabkommens in ihre zerstörten Dörfer zurückgekehrt. Über Nacht waren die Menschen aus den öffentlichen Parks, von den Bürgersteigen, auf denen sie in ihrer Not geschlafen hatten, aus den Schulen und Notunterkünften verschwunden. Die Hisbollah verteilte Geld an diejenigen, die vor Ort waren. Geldlaster kamen in die zerstörten Wohnviertel von Dachieh und in die Dörfer im Süden. Pappkartons voller Geld wurden abgeladen, der Inhalt wurde an die Menschen verteilt. Damit sollten der Wiederaufbau der Häuser und die Mieten für Übergangswohnungen bezahlt werden. Es wurden Zelte verteilt, die die Leute auf ihren Grundstücken neben den zerstörten Häusern aufbauten.

Andere Flüchtlinge, die nicht die Hilfe der Hisbollah in Anspruch nehmen wollten oder konnten, bekamen nichts, zum Beispiel eine Gruppe von Flüchtlingen aus dem Sudan. Sie hatten in Dachieh gewohnt, weil die Wohnungen dort am billigsten waren. Jedoch sind die meisten Sudanesen illegal im Libanon, da ihr Flüchtlingsstatus vom United Nations High Commissioncr for Refugees (UNHCR) nicht anerkannt wird. Sie hatten durch den Krieg alles verloren. Sie saßen in einer der Schulen in Beirut und wussten nicht, wohin sie gehen sollten. Eines Tages vertrieben Polizisten sie aus der Schule. Als Illegale fürchteten sie eine Verhaftung so sehr, dass sie sich überstürzt aufmachten. Sie kamen bei Verwandten und Freunden unter, die alle selbst schon viel zu wenig Platz hatten. Wir hörten von ihnen, weil schwere Krankheiten wie Hepatitis, Typhus und TBC aufgetreten waren. Wir konnten dem Sudanesenkomitee Spendengelder zur Verfügung stellen, die wir aus Deutschland bekommen hatten. Sie waren für einen Nothilfefonds gedacht, aus dem Krankenhausbehandlungen in Notfällen schnell bezahlt werden sollten. Der libanesische Staat hatte auch versprochen, beim Aufbau zu helfen. Aber wer diese Hilfe in Anspruch nehmen wollte, musste gültige Papiere, sein Haus angemeldet und dafür auch Steuern gezahlt haben. Doch die wenigsten erfüllten diese Bedingungen. Natürlich war die Klage über die Untätigkeit des Staates einer der stärksten Trümpfe für die Propaganda der Hisbollah.

Als ich an meinem zweiten Tag in Beirut einkaufen ging, war ich erschüttert von der Reaktion der Menschen, die mich wiedersahen. Man hatte nicht geglaubt, dass die Ausländer wiederkommen würden. Dankbarkeit strömte mir entgegen, aber in den Augen stand noch der Schrecken über das, was geschehen war. Bei allen fiel mir die graue Hautfarbe auf und die tiefen Ringe unter den Augen. Die Bewegungen der sonst so agilen jungen Frau an der Kasse im Supermarkt wirkten schwerfällig, als hingen an ihren Armen Bleigewichte. Das Weitermachen fiel schwer, doch es gab keine Alternative. Den Staub abschütteln und das Leben wieder anpacken. Für einen ganz kurzen Moment spürte ich diese urlibanesische Reaktion: Wir stehen wieder auf, wir lassen uns nicht unterkriegen. Die Stehaufmännchenkultur, so hatte ich sie während des Bürgerkriegs genannt.

Aber diesmal war es schwerer. Die Enttäuschung saß so tief, das Entsetzen war so groß. Hatte das Land nicht gerade seinen ersten Aufschwung nach dem Bürgerkrieg erlebt? Sollte das alles nun wieder vorbei sein? Wie sollte man nur weitermachen?

Die Geschichte aus der Perspektive der Hisbollah zu betrachten, war da natürlich verlockend. Denn als Gewinner aus einem solch verlustreichen Kampf hervorzugehen, hebt die Moral. Die leeren Regale im Supermarkt sind für Sieger kein Problem. Die Schulen, die erst im Oktober statt im September wieder aufmachen können. Die Kinder, die schwer geschädigt sind und sich jede Nacht einnässen. Der gestiegene Umsatz bei Beruhigungsmitteln und Antidepressiva. Die Krankheiten, die viel zu schnell um sich greifen, denn die Widerstandskräfte der Menschen sind gering. Zu erschöpft sind sie. Ein Sieger sieht das nicht, er schaut sich die Bilder von dem sinkenden israelischen Kriegsschiff und dem weinenden israelischen Soldaten an. Er fühlt sich gegrüßt, wenn Nasrallah ihm vom Plakat herab zulächelt. Was braucht er mehr, der Sieger? Schließlich hat er bewiesen, wie man gegen den Feind mit einer der stärksten Armeen der Welt ankommen kann. Doch der Anführer wollte noch mehr Anerkennung, noch mehr Macht, die Mehrheit in der Regierung. So kam es zur gefürchteten Spaltung der libanesischen Bevölkerung. Es hat sich ein tiefer Riss aufgetan, der mitten durch alle Bevölkerungsgruppen geht.

Das Gemeindeleben geht weiter

Am dritten Tag nach unserer Rückkehr hielten wir unseren ersten gemeinsamen Gottesdienst ab. Ich war sehr aufgeregt, all unsere Gemeindemitglieder wiederzusehen. Wie würden wir uns begegnen, nach all dem, was in der Zwischenzeit passiert war? Die Wiedersehensfreude war groß. Wir umarmten uns. „Hamdullilah Salameh" ist der traditionelle Gruß, wenn man sich länger nicht gesehen hat, „Allahilsalmik" lautet die Antwort darauf. „Gott sei Dank, du bist in Frieden, in Gesundheit und Sicherheit wiedergekehrt", so die freie Übersetzung. „Gott schenke auch dir Frieden" ist die Antwort. Mehr brauchte in dieser Situation gar nicht gesagt zu werden.

Ich hatte nicht erwartet, dass wir in dem Jahr nach unserer Rückkehr noch so viele Besuche von politischen und kirchlichen Delegationen erleben sollten. Politiker aller Couleur reisten an. Nie zuvor lernte ich so viele deutsche Politiker persönlich kennen. Hochachtung gewonnen habe ich damals vor den Bundespolizisten, die als Sicherheitskräfte bei der Botschaft eingesetzt werden und das Botschaftspersonal auf ihren Fahrten begleiten. Sie werden aus ihrem Alltag und ihrer Umgebung zu Hause herausgerissen und für ein paar Monate in ein völlig fremdes Land zum Schutz des Botschafters und der Botschaftsmitarbeiter geschickt. Dabei muss ihr Blick immer auf die Gefahren gerichtet bleiben, das Misstrauen ist immer in den Augenwinkeln zu sehen. Was nimmt man wohl von solchen Einsätzen mit nach Hause?

Und wir fragten uns, was im Libanon eigentlich vor sich ging. Auf einmal wurden Sicherheitshinweise gegeben. Wir Deutschen standen in der Gefahr, entführt zu werden. Wir sollten keine durchschaubaren, regelmäßigen Tagesabläufe befolgen, keine für die Öffentlichkeit ersichtlichen Lebensrhythmen. Wie sollten wir das in unserer Gemeinde schaffen? Unsere Veranstaltungen und Treffen, alles hatte seine Regelmäßigkeit, auch unser persönlicher Alltag. Am Morgen brachten wir zuerst Simeon zur Schule, dann gönnten wir uns unseren kleinen Luxus: eine halbe Stunde im Meer schwimmen. Dann fuhren wir zurück ins Büro. Jeder, der wollte, konnte unsere Programme lesen und daran erkennen, wann wir wo sein würden. Wir überlegten, ob es sinnvoll wäre, dass sich ein Soldat vor unserem Haus postiert. Schließlich hatten wir die Verantwortung für das ganze Haus, das Gemeindezentrum, 16 Mietwohnungen, die Kirche. Etwas mehr Schutz wäre uns lieb gewesen, aber was sollten wir tun?

Viele unserer Veranstaltungen fielen aus. Alles, was abends geplant war, musste abgesagt werden. Nur die Mitglieder meiner Tanztherapiegruppe trafen sich jeden Montagabend um 20:00 Uhr. Was auch passierte, sie kamen. Wir alle, auch ich, brauchten und nutzen diese zwei Stunden. Zunächst versuchten wir, durch die Bewegung unsere Spannung abzuschütteln. Wir versuchten, die Unsicherheiten wahrzunehmen, die Ängste, die unseren Körper einschnürten, zuerst zu spüren, um dann etwas dagegenzusetzen. Mit dem Atmen und dem Loslassen kehrt unsere Lebenslust zurück, mit unserer inneren Kraft stemmen wir uns gegen das Chaos von außen. Wir wollten nicht in der Destruktivität unseres Alltags aufgehen. Wir suchten nach den Quellen, die nicht versiegen, nach dem anderen Geist, der in den Kirchen der Heilige Geist heißt. Davon wollten wir uns unseren Anteil nehmen. Das Tanzen war immer wieder die beste Medizin! Wir waren ein kleines Grüppchen Menschen, das davon profitierte.

Gespräche auf allen Ebenen über die Zukunft

Im Oktober 2006 besuchten wir den Ministerpräsidenten des Libanon, Fuad Siniora. Die Gemeinde feierte zu der Zeit ihr 150-jähriges Bestehen. Der Ratsvorsitzende der Evangelischen Kirche in Deutschland (EKD) Bischof Wolfgang Huber war angereist, und mit ihm zusammen machten wir eine ganze Runde offizieller Besuche. Die Begegnung mit Fuad Siniora erschütterte mich. Ich hatte ihn während des Krieges häufig im Fernsehen gesehen, wie er verzweifelt die Kriegstoten beklagte, wie er um Unterstützung bat und den Westen immer wieder aufforderte, Druck zu machen, um einen Waffenstillstand zu erreichen. Ich war von seiner emotionalen Echtheit beeindruckt gewesen. Bei unserem Besuch hatte ich den Eindruck, dass wir einen gebrochenen Mann vor uns sahen. Zusammengesunken saß er in seinem Stuhl, ein Mundwinkel hing ein wenig herab. Es wirkte, als ob er uns, dem Besuch aus dem Westen, seine Trauer spüren lassen wollte. Die Trauer um ein Land, das auf dem Weg in die Selbständigkeit gewesen war. Ein Land, das Werte zu verteidigen hatte, die es sonst im Nahen Osten nicht gab. Sollte die Demokratie auch hier im Libanon verlorengehen?

Wir hätten auf seine Trauer eingehen sollen, doch stattdessen verlief das Gespräch auf politischer Ebene. „Wenn wenigstens das Problem der Shebaafarmen gelöst wäre. Dann hätte die Hisbollah keinen Grund mehr, sich weiter als bewaffnete Widerstandsgruppe zu definieren, die den besetzten Süden zu befreien hat", sagte Siniora zu uns. Denn die Entwaffnung der Hisbollah ist das größte innenpolitische Problem. Vom Westen her wird großer Druck auf die Regierung, und vom Iran und von Syrien aus wird Druck auf die Hisbollah ausgeübt, in keinem Fall bei der Frage der Entwaffnung nachzugeben. Andererseits sagte Siniora, dass es keine Hoffnung für den Libanon gäbe, solange der Palästinakonflikt mit Israel nicht gelöst sei: „The door of hope is closed." Die Shebaafarmen sind das letzte Stückchen Land im Südlibanon, das Israel noch nicht zurückgegeben hat. Darin liegt eine ergiebige Wasserquelle, deswegen ist es sehr begehrt. Andererseits sind die Besitzverhältnisse zwischen dem Libanon und Syrien, wem das Land eigentlich gehört, nicht geklärt. Also wäre gar nicht klar, an wen Israel es zurückgeben müsste. In der Zwischenzeit nutzt natürlich Israel diese Quelle.

Pessimismus auf höchster Ebene, Pessimismus auf allen Ebenen. Wir sprachen mit Journalisten und Wissenschaftlern, mit Wirtschaftsleuten und dem deutschen Botschafter. Wir luden zu einem vornehmen Dinner ein, saßen an festlich gedeckten Tischen mit Kerzen in hohen Leuchtern und phantasievollem Blumenschmuck, es schmeckte alles hervorragend. Alle gestanden ihre Liebe zu dem Land ein, jede und jeder hatte seine Gründe, sehr gerne hier zu leben. Eine wirkliche Chance aber wollte keiner dem Land einräumen. Vielleicht wagten wir es nicht, uns den Libanon anders vorzustellen, als wie wir ihn kannten. Vielleicht war dazu unsere Vorstellungskraft zu gering.

Einer der wichtigsten libanesischen Wirtschaftspartner, der große Mengen deutscher Waren in den Libanon importiert, meinte, dass dem Libanon nur noch eine Militärdiktatur helfen könne. Das Land bräuchte eine Führung mit starker Hand, anders seien die Probleme nicht mehr zu lösen. Siniora wehrte sich standhaft gegen diese Forderung. Er erklärte, dass die verschiedenen Gruppen im Land zueinanderfinden müssten, es gäbe keinen anderen gangbaren Weg als den Dialog. Kompromisse müssten ausgehandelt werden, sonst würden die Lösungen nicht von allen mitgetragen.

Sinioras Mannschaft, die „March-Fourteen-Bewegung", hatte sich während einer großen Friedensdemonstration am 14. März, nach der Ermordung des Ministerpräsidenten Rafik el Hariri am 14. Februar 2005 gebildet. Durch mehrfache große Demonstrationen hatte sie die syrische Regierung gezwungen, ihr Militär aus dem Libanon zurückzuziehen, das war die sogenannte Zedernrevolution. Bei der nächsten Wahl gelang es der Gruppe die Mehrheit der Stimmen zu bekommen, aber nur dadurch, dass sie die alten politischen Strukturen der herrschenden Familienclans für sich zu nutzen verstand. So sind es doch wieder viele alte Köpfe, die nur aufgrund ihres Namens in der Regierung sitzen mit all den uralten familiären Verstrickungen. Viele haben noch aus den Zeiten des Bürgerkriegs Dreck am Stecken, andere auch schon von vorher. Das Land müsste sich von diesen familiären Ansprüchen auf die Macht befreien. Es wäre schon ein großer Fortschritt, wenn endlich solche Politiker gewählt werden könnten, die ein politisches Konzept haben, die Ideen vorweisen können und Ziele formulieren.

Das Wahlsystem im Libanon ist auf einem antiquierten Proporzsystem aus den 1950er Jahren aufgebaut, allerdings entsprechen die zugrunde gelegten Daten und Fakten schon lange nicht mehr der Realität. Die Zahlen stammen aus einer Zeit, in der fast doppelt so viele Christen im Libanon lebten wie im Jahr 2006. So ist durchaus verständlich, dass die Schiiten, die schon bald die größte Bevölkerungsgruppe stellen werden, dagegen ankämpfen.

Wenn es doch nur gelingen würde, den nationalen Dialog wieder in Gang zu bringen, der vor dem Sommerkrieg intensiv geführt worden war. Aber dahin führt scheinbar kein Weg zurück. „Is the door of hope closed?" Wird Siniora tatsächlich recht behalten?

Die Ashoura-Feier

Die höchste schiitische Festzeit kündigte sich an. Ashoura, die Trauerzeit der Schiiten, eine Art Passionszeit. Das Fest wandert parallel mit den anderen moslemischen Festen durchs das Jahr. 2006 fiel es in den Spätherbst. An zehn aufeinander folgenden Abenden versammelt sich das schiitische Volk in großen, schwarzen Zelten, in den Housseiniehs, die extra für Ashoura aufgebaut werden. Die Männer sitzen vorne, die Frauen hinten oder die Männer rechts und die Frauen links.

Alle sind in Schwarz, die ganzen zehn Tage über. Zunächst werden Reden gehalten, dazu werden politische und religiöse Akteure eingeladen. Dann tauchen jugendliche Helfer auf, die Taschentücher unter den Zuhörern verteilen. Beim ersten Mal hatte ich das Ritual noch nicht verstanden. Mit den Taschentüchern wird sozusagen das Signal zur Trauer gegeben, bald schon hört man die ersten Schluchzer. Ein besonderer Scheich tritt auf, ganz in Schwarz gehüllt und mit schwarzem Turban als Zeichen dafür, dass er aus der Familie des Propheten Mohammed stammt. Umständlich wird sein Stuhl zurechtgerückt. Der Scheich zieht seine Schuhe aus, setzt sich im Schneidersitz auf den Sessel und erzählt in todtraurigem Singsang Abend für Abend die Geschichte von Ali, dem Schwiegersohn des Propheten Mohammed, der sich als dessen rechtmäßiger Nachfolger fühlte, aber vertrieben wurde. Unterbrochen wird die Erzählung nur von den Schluchzern des Scheichs. Ali geriet in einen Hinterhalt, wo er mitsamt seinen Frauen und Kindern, seiner ganzen Familie und seinen Anhängern grausam ermordet wurde. Der Scheich trägt seine Geschichte mit großer Dramatik vor. Es liegt eine so eindrückliche Trauer in den Worten, in den Gesten, in der ganzen Erscheinung des Mannes, dass selbst ich mich kaum der Tränen enthalten kann, und der gesamte Saal mit Tausenden von Menschen Abend für Abend in lautes Schluchzen ausbricht. Eine hochsensible Atmosphäre entsteht. Die Menschen könnten dabei leicht dazu angestiftet werden, ihre Trauer vermischt mit dem Elend ihres Alltags in Gewalt umzusetzen. In der Stadt herrscht Nervosität während dieser zehn Tage. Jedes Jahr seit vier Jahren hat Uwe, eingeladen von Scheich Hassan, vor einer solchen Versammlung als deutscher evangelischer Pfarrer eine Rede gehalten. Dabei ging es um Versöhnung und er rief zum Gewaltverzicht auf, das tat er auch in diesem Jahr. Scheich Hassan meinte jedoch, dass es besser sei, wenn ich zu Hause bliebe, diesmal war auch er nervös, die Lage war zu angespannt. Aber wieder war es den Veranstaltern gelungen, die Menschen in tiefe Trauer zu führen. Sie sind davor bewahrt worden, dem Rausch der Gewalt zu erliegen. Bei diesem Anlass werden Zeichen der Freundschaft, der Achtung und der Verbundenheit gesetzt. Wenn die Zielrichtung stimmt – „Gemeinsam gegen Gewalt" –, dann wachsen Brücken genau dort, wo andere nur Gräben sehen.

Teil 4

Gemeindealltag im Frühjahr 2007

Vor ein paar Tagen sind wir wieder nach Beirut zurückgekommen, und erst jetzt komme ich dazu aufzuschreiben, was uns bei unserer Ankunft erwartete. Wehmütig hatten wir unser Haus in den Bergen wieder verlassen, mühsam hatten wir das ganze Gepäck durch den Schnee gezogen. Das Schwierigste war gewesen, die Katze zum Auto zu transportieren. Wir hatten einen Wäschekorb zum Katzenkäfig umfunktioniert. Als wir sie da hineinstecken wollten, hatte sie Panik bekommen. Voller Angst, was mit ihr passieren würde, hatte sie uns gebissen und gekratzt. Aber schließlich hatte sie sich wie die Königin von Saba in ihrer Sänfte durch die verschneite Landschaft tragen lassen.

Kurze Zeit später schaukelte unser weißer Toyota-Bus voll bepackt durch die engen Kurven ins Tal hinunter. Die Straße war sehr schmal und sehr schlecht. Immer wieder kommt es vor, dass ganze Teile davon ins Tal hinunter abrutschen. Mal rechts, mal links von der Straße gähnt einem der Talgrund entgegen. Die Leute nennen dieses Gebiet das Totenkopftal.

Langsam wurde es wärmer und die Straße wurde breiter. Beirut begrüßte uns mit dem vertrauten Anblick, Stau in alle Richtungen. Ich staune immer über mein eigenes Talent, nach etwaigen Lücken Ausschau zu halten, in die ich mich hineindrängeln könnte. Mit unserem Toyota-Bus genießen wir den Respekt der anderen Autofahrer. Am Steuer eines kleinen Personenwagens hätte ich viel mehr Schwierigkeiten gehabt, mich in diesem Chaos zu behaupten.

Im Frühjahr 2006 hatte es Ansätze gegeben, Verkehrsregeln durchzusetzen. Ampelanlagen waren an großen Kreuzungen aufgestellt worden, hatten aber wenig Beachtung gefunden. Auf einmal waren auch Blitzanlagen aufgetaucht, die ein wildes Blitzlichtgewitter wie bei Pressekonferenzen hervorbrachten. Und im März 2006 hatten wir alle vom Verkehrsministerium eine SMS geschickt bekommen, dass ab sofort Verkehrsregeln gelten sollten. Wir waren aufgefordert worden, uns daran zu halten. Niemand hatte so genau gewusst, welche Regeln gemeint gewesen waren, aber an den Ampeln hatten manchmal Polizisten gestanden, die die Autofahrer zum Anhalten zwangen. Es hatte auch Berichte gegeben, wonach ab und zu Strafzettel verteilt worden waren. Und es war aufgefallen, dass sogar die Richtungen der Einbahnstraßen öfter beachtet worden waren. Mit dem ersten Tag des Sommerkriegs waren alle Verkehrsregeln schlagartig wieder vergessen und bis heute kann sich anscheinend niemand daran erinnern.

Etwas müde waren wir, als unser Auto endlich durch das große Tor aufs Gemeindegelände rollte. Bilal, der freundlichste Hausmeister, den ich je kennengelernt habe, wünschte uns ein gutes neues Jahr und half uns dann beim Entladen des Busses.

Sabrina

„Sabrina wurde wieder abgeholt." Käthi war noch ganz aufgewühlt. Sie sprach von dem Mädchen, um das sich unser Netzwerk während unserer Abwesenheit gekümmert hat. „Wir konnten nichts tun, wir mussten sie ziehen lassen." Das waren ihre ersten Worte, als wir uns im Büro zusammensetzten. Dann erklärte sie uns: „Sabrina hatte zuerst zur Polizeistation im Wohnort ihres Vaters gemusst, denn der Vater hatte sofort die Brüder seiner Frau angeklagt, Sabrina entführt zu haben." Der eigentliche Entführer beschuldigt die anderen – ein alter Trick, um von sich selber abzulenken.

Entscheidend war, wie die Polizisten reagieren würden. Niemand hatte gewusst, ob sie vielleicht geschmiert worden waren.

Oder ob sie eventuell Partei für ein unglückliches junges Mädchen ergreifen würden, das im Libanon nicht zurechtkam und zu seiner Mutter nach Deutschland zurück wollte?

„Sabrina war so froh gewesen, dass ihr endlich die Flucht geglückt war", erzählte Käthi. „Auf einmal hatte sie wieder Anschluss an ihr früheres Leben gefunden. Sie hatte mit ihrer Mutter telefoniert, die von ihrem Leben in Deutschland, von ihrer Schule und ihren Freunden erzählte.

Käthi berichtete, wie sehr Sabrina ihre Brüder vermisste und wie schrecklich ihr Leben geworden war, allein mit dem drogenabhängigen Vater. Wir erfuhren nicht alle Details, aber wir alle hatten genug Erfahrung, um uns vorzustellen, was ein junges Mädchen mit einem drogenkranken Vater durchmacht. Wie gerne hätten wir Sabrina ins Flugzeug gesetzt und nach Hause geschickt!

Die Botschaft sagte, dass nichts zu machen sei. Es gäbe keine Chance mehr, jemanden durch die Grenzkontrollen zu schleusen. Wir träumten von einem Boot, das nach Zypern fahren würde, von der grünen Grenze nach Syrien. Natürlich gab es Schlepper, aber woher sollte man das Geld nehmen, um sie zu bezahlen? Und wenn Sabrina dann in Syrien festgesessen hätte, ohne Einreisestempel im Pass, wäre sie an der Kontrolle im Flughafen direkt festgenommen worden. Die Botschaft in Damaskus riet uns in der Vergangenheit und auch jetzt immer wieder dringend von solchen Aktionen ab, die Gefängnisse in Syrien sind weiß Gott berüchtigt.

Die Angst, gepaart mit der großen Enttäuschung über den Ausgang ihrer Flucht, machte Sabrina zu einem trotzigen, kleinen Kind. Sie wollte nicht, und wollte nicht, und wollte nicht … Als sie endlich im Auto saß, schaute sie niemanden mehr an, erzählte Käthi. Wir blieben einmal mehr betroffen zurück.

Am gleichen Abend erfuhren wir, dass die Polizei das Jugendgericht einberufen ließ, es sollte die Entscheidung fällen. Sabrina konnte immerhin durchsetzen, dass sie nicht zu ihrem

Vater zurückgeschickt wurde. Wenigstens das! Sie wurde bis zum Gerichtstermin, der aber schon für einen der nächsten Tage angesetzt worden war, in einem Heim für junge Mädchen untergebracht.

Käthi fuhr direkt am nächsten Tag dorthin. Sie versuchte Sabrina zu erklären, wie sie sich vor Gericht verhalten müsste, damit sie von den Richtern ernst genommen würde. Trotzreaktionen würden ihr dort nicht helfen! Vieles hinge davon ab, ob sich der Drogenkonsum des Vaters nachweisen ließe.

Wahrscheinlich würde das Gericht die Ausreisesperre gegen Sabrina nicht aufheben können. Nach dem schiitischen Gesetz hat der Vater ein Recht darauf, seine Tochter regelmäßig zu sehen, auch wenn sie nicht bei ihm lebt. Zwar dürfen Kinder ab dem 16. Lebensjahr wählen, bei welchem Elternteil sie leben wollen, wenn die Eltern geschieden sind. Würde sie bei der Mutter in Deutschland leben, hätte der Vater sie aber nicht regelmäßig sehen können, damit war dieser Wunsch von Sabrina von vornherein nicht realisierbar.

Der Gerichtstermin rückte näher. Sollten wir Sabrina begleiten? Wäre das eine Unterstützung für sie? Wir berieten uns mit den Brüdern ihrer Mutter, die noch einmal vorbei gekommen waren. Wenn wir beim Gerichtstermin aufgetaucht wären, hätte das als Einmischung ausgelegt werden können. Auch mit der Mitarbeiterin der Botschaft sprachen wir. Dieser Fall wurde als innerlibanesische Angelegenheit angesehen. Keiner der Beteiligten hatte eine deutsche Staatsangehörigkeit. Daher wäre es besser, wenn wir uns zurückhielten, empfahl die Mitarbeiterin der Botschaft. Der Vater würde uns in seine Anklage einschließen und zudem hatten wir gegen das Gesetz verstoßen, indem wir Sabrina gegen den Willen des Vaters bei uns aufgenommen hatten. Damit hätten wir mal wieder unsere gesamte Arbeit im Libanon gefährdet.

Das Gericht fand schnell eine Lösung. Sabrina brauchte nicht länger beim Vater zu leben, aber nach Deutschland zurückkehren durfte sie auch nicht. Sie sollte bei ihrem Großvater mütterlicherseits leben. Damit war sie erst einmal zufrieden, den Großvater liebte sie sehr, und seine ganze Familie stand hinter ihr.

Wenn wir jetzt mit ihr sprechen, versichert sie uns, dass es ihr gut geht, viel besser als vorher. Aber die Sehnsucht nach ihrer Mutter ist so groß. Die Mutter sagte uns am Telefon, es sei unmöglich für sie, in den Libanon zu kommen. Dann würde ihr Exmann, von dem sie aus uns nicht bekannten Gründen noch nicht geschieden ist, auch für sie eine Ausreisesperre verhängen, und sie käme nicht mehr zurück nach Hause. Das ist bitter!

Rima

Am dem Tag, als Käthi uns von Sabrinas Abfahrt erzählte, tauchte der Vater von Rima bei uns auf. Er war aus Deutschland gekommen in der Hoffnung, seiner Tochter helfen zu können. Ich hatte Rimas Geschichte immer und immer wieder gehört. Es war für alle Beteiligten wohl eines der schrecklichsten Erlebnisse im Sommerkrieg gewesen, weil die Frage, ob wir versagt hatten und ob wir etwas von dem traurigen Geschehen hätten verhindern können, niemanden mehr losließ.

Rima hatte in der dritten Kriegswoche mit mindestens 50 anderen Menschen zusammen gesessen. Zusammen mit ihrer kleinen Tochter hätte sie evakuiert werden sollen. Die Beamten an der Deutschen Botschaft waren noch dabei gewesen, die Pässe zu kontrollieren und alle Papiere fertig zu machen, da war auf einmal ihr Mann aufgetaucht. Als er seine Frau und das Baby auf ihrem Schoß gesehen hatte, hatte er ihr das Kind aus dem Arm gerissen und war verschwunden.

Die kleine Mariam war zu dem Zeitpunkt sechs Monate alt gewesen und noch von ihrer Mutter gestillt worden. Rima hatte daraufhin den Konvoi verlassen, die Flüchtenden waren gerade dabei gewesen, in den Bus zu steigen, der auch sie über die

Grenze gebracht hätte. Voller Verzweiflung hatte sie sich auf die Suche nach ihrem Kind gemacht.

Auch unser Team hatte alle Hebel in Bewegung gesetzt, um das Kind zu finden. Scheich Hassan hatte schließlich über Kontaktleute in der Hisbollah Druck auf den Ehemann ausgeübt, sodass dieser das Kind nach etwa einem halben Jahr zurückgebracht hatte – es war stark unterernährt gewesen. Rima hatte aber wieder bei ihrem Mann einziehen müssen und war seinen Schikanen seitdem hilflos ausgesetzt. Er sperrte sie ein. Sie konnte nicht mal ihre Tochter an die frische Luft bringen. Beschwerte sie sich, wurde sie geschlagen. Ihre Angst vor den unvorhersehbaren Gewaltausbrüchen des Mannes hielt sie so in Anspannung, dass sie selber kaum mehr essen konnte. Ab und zu gelang es ihr zu telefonieren. Noch einmal nutzte Scheich Hassan seine Kontakte zu Hisbollah-Leuten. Vor ihnen hat zurzeit fast jeder Respekt im Libanon. Sie haben feste Werte und moralische Richtlinien, an die man sich zu halten hat. Darauf sind sie stolz, und eigentlich hat niemand das Recht, davon abzuweichen. Sie gelten als unbestechlich und verlässlich.

Aisha hatte mir zum Beispiel erzählt, dass sich Hisbollah-Kämpfer in der Zeit des Krieges Lebensmittel aus dem Dorfladen genommen hätten. Sie hätten alles genau aufgeschrieben und seien dann nach dem Krieg gekommen und hätten alles bezahlt. So etwas löst Erstaunen aus in unserem Land!

Jedenfalls setzten die Hisbollah-Leute Rimas Ehemann noch einmal unter Druck. Schließlich hat eine Ehefrau das Recht auf Bewegungsfreiheit, auf eine gewisse Selbständigkeit und auf eigenes Geld, um damit hauszuhalten. So auch Rima, sagten sie.

Dann saßen wir mit Rimas Vater zusammen, einem großen, starken Mann. Er war Bäcker und hatte einen guten Job in Deutschland. Das Elend seiner Tochter nahm ihn sichtlich mit. Wir nahmen ihn in unser Notfallzimmer auf. Das war das erste Mal, dass ein Mann dieses Zimmer bewohnte. Immer wieder sprachen wir alle Möglichkeiten durch, Rima mit Mariam aus dem Land zu bringen. Der Vater hatte gedacht, er könne sie einfach mitnehmen. Aber wir drehten uns im Kreis. Solange Rimas Mann die Ausreisesperre nicht aufhebt und die Erlaubnis erteilt, dass Rima mit ihrer Tochter ausreisen darf, gibt es keinen Ausweg. Wie könnte man diesen Mann wohl dazu bewegen? Rimas Vater reiste deprimiert und unverrichteter Dinge wieder ab.

So war es, als wir wieder in Beirut ankamen, wir kannten das ja schon. Wenn wir Ferien machen, werden wir danach mit Anforderungen überrollt, aber dass es so kommen würde, konnten wir nicht ahnen. Im Grunde bewegen wir uns mit jedem einzelnen Notfall am Rand der Legalität, am Limit unserer Kapazitäten und oft auch unserer Kräfte. Diesmal kommt wirklich alles zusammen. Hier zeigt es sich wieder, wie wertvoll Gemeindestrukturen sind, wir sind eben kein Amt, sondern eine ganze Gruppe von engagierten haupt- und ehrenamtlichen Mitarbeitern.

Unsere eigentliche Arbeit kommt noch hinzu: die vielfältigen Gemeindeaktivitäten, die Gruppen, Frauen- und Kindertreffs, die offenen Abende, die vorbereitet werden wollen, die Besuche bei Gemeindegliedern, die Treffen in Tripoli im Norden Libanons; die Gottesdienste in Syrien, in Damaskus einmal im Monat und in Aleppo jeden zweiten Monat. Und natürlich halten wir jeden Sonntag unsere Gottesdienste in Beirut ab. Die viele Verwaltungsarbeit, die eine Pfarrstelle, eine Gemeinde und ein Mietobjekt, von dem die Gemeinde die Besitzerin ist, mit sich bringt. Die Gemeinde hat nämlich ein Haus gebaut, in dem sowohl das Gemeindezentrum als auch das Therapiezentrum und 16 Mietwohnungen untergebracht sind.

Zu Anfang eines neuen Jahres fällt immer ein großer Berg Extraarbeit an: Wir erstellen die Bilanz des vergangenen Jahres und die Haushaltspläne für die kommenden zwei Jahre. Nach unserer Rückkehr aus den Bergen war dies eigentlich der Plan, wir wollten alles fertig buchen und ausrechnen und zueinander in Bezug setzen, damit die neuen Haushaltspläne auch der Realität entsprechen. Doch wir kamen nicht sehr weit damit.

Maha

Wir waren innerlich noch mit Sabrina und mit Rima beschäftigt, als uns ein Anruf von der Botschaft erreichte: Eine junge Frau hatte sich in der Nacht dorthin geflüchtet. Man sagte uns, sie sei übel zugerichtet, blutige Striemen am ganzen Körper. Sie wolle unbedingt so schnell wie möglich nach Deutschland zurück. Ihrer Familie sei alles zuzutrauen, man müsse also auch mit „Ehrenmord" rechnen. Man könne sie aber nicht so schnell nach Deutschland zurückschicken, da sie keinen Pass habe. Und außerdem sei sie keine deutsche Staatsangehörige, sondern sie habe lediglich eine Aufenthaltsgenehmigung für Deutschland. Im Klartext, die Botschaft konnte nichts tun! Aber auch wir hatten keinen Platz für sie, die Gästezimmer waren belegt, im Notfallzimmer hielt sich zu dem Zeitpunkt noch Rimas Vater auf.

Wir erfuhren, dass das Mädchen überaus ängstlich war und das Alleinsein im Hotel kaum ertragen konnte. So fuhr unsere Ärztin Sabine Sayegh-Jodehl erst mal zu ihr, um sich die Verletzungen anzusehen. Sie nahm sie gleich mit zum gerichtsmedizinischen Gutachter, um im Falle eines Falles wenigstens etwas in der Hand zu haben. Wir versprachen Maha, sie am nächsten Tag zu uns zu holen, dann würde ein Gästezimmer frei. Wir waren höchstalarmiert, weil ein „Ehrenmord" drohte. Da Maha von zu Hause weggelaufen war und eine Nacht außer Haus verbracht hatte, war dieser Tatbestand gegeben, ein junges Mädchen hat bereits nach einer Nacht außer Haus die Familienehre verspielt. Ob sie bei uns sicher war? Wie lange würde die Familie brauchen, um herauszufinden, dass es uns gab? Und wo wir waren? Und wieder die bange Frage: Würden wir Maha schützen können?

Sie kam mit einem Taxi zu uns. Es war, als ob ein Wirbelwind mit ihr zusammen ins Büro wehte. Maha: eine kleine Person mit blond gefärbten, langen Haaren in engen, weißen Hosen und einem hellen Strickpullover, der ihre Weiblichkeit unterstrich. Blutige Narben im Gesicht. Ein lebhaftes Gesicht mit ausdrucksvoller Nase und sehr selbstbewusstem Blick. Ihre Geschichte sprudelt aus ihr heraus, wild und verzweifelt, und gleichzeitig spürte ich eine kaum zu bändigende Lebensenergie. Ich nenne dies die „Katzenkraft". Ich erlebe sie immer wieder bei diesen jungen Frauen, die es wagen, aus ihrer verzweifelten Lebenssituation auszubrechen.

Wie viele andere Frauen gibt es wohl, die sich in ihr Schicksal ergeben, weil sie wissen, dass sie keine Chance haben? Vielleicht finden auch sie Wege, sich selbst zu bewahren, setzen die jahrhundertealte Frauentaktik ein, Macht auszuüben, obwohl man ihnen keine offensichtlichen Gestaltungsräume zugesteht? Ich habe wahre Meisterinnen dieser hohen Kunst kennengelernt. Frauen, die ihre Rolle akzeptiert, die ihren Platz in den Familien eingenommen haben, die mit Lust und Geschick die Menschen in ihrer Nähe lenken, ohne dass diese es so richtig bemerken.

Frauen, die von der Katzenkraft angetrieben werden, können das nicht, sie müssen ihr Leben selbst in die Hand nehmen. Sie wollen sich nicht kleinkriegen lassen und trotzen den Gefahren, weil sie leben und lieben wollen. Sie nehmen auch einen gewaltsamen Tod in Kauf, weil sie wissen, unbewusst erkennen, dass sie seelisch eingingen, wenn sie sich den für sie vorgesehenen Lebensstrukturen unterwerfen würden.

Auch bei Maha war das so. Ich brauchte eine Weile, bis ich mir Stück für Stück die Reihenfolge der vielen Einzelereignisse in ihrer Geschichte zurechtgelegt hatte. Eigentlich gelang mir das erst nach mehreren therapeutischen Sitzungen. Bis heute weiß ich nicht, was von all dem, was sie mir erzählt hat, Dichtung und was Wahrheit ist. Aber dass sie in großer Not war, dass sie von der Angst vor ihrer Familie getrieben war, das wurde überdeutlich.

Sie sprach von ihrer leiblichen Mutter, die keine Deutsche war. Bei ihr hatte sie bis zu ihrem neunten Lebensjahr im Libanon gelebt, getrennt von ihrem Vater. Als sie neun Jahre alt wurde, war ihr Vater, den sie bis dahin noch nie gesehen hatte, gekommen und hatte sie in seine Familie nach Deutschland geholt. Ihre leibliche Mutter hatte sie nie wieder gesehen. „Das war eine Entführung!", sagte ich, sie nickte traurig. Der Vater hatte noch einmal geheiratet und mehrere neue Kinder. Aufgewachsen war Maha dann in Beziehungslosigkeit, wie in einem Vakuum zwischen Vernachlässigung und Verwöhntwerden. Ihr Vater hatte ihr wohl nur schwer einen Wunsch abschlagen können, sodass sie daran gewöhnt war zu bekommen, was sie wollte. Das hatte den Neid ihrer Halbgeschwister geweckt.

Zu ihrer Stiefmutter hat sie nie ein gutes Verhältnis aufbauen können. Jedenfalls war sie schon öfter von zu Hause weggelaufen, weil sie sich ein eigenständiges Leben aufbauen und mit einer Freundin zusammen eine Boutique eröffnen wollte … bis heute ist das ihr Traum. Das möchte Maha machen, wenn sie es schafft, nach Deutschland zurückzukehren.

Doch trotz ihrer Ausbrüche war sie immer wieder nach Hause zurückgegangen, obwohl sie gewusst hatte, wie angespannt das Verhältnis gewesen war und wie sehr sie gegen die Sitten der libanesischen Großfamilie verstoßen hatte. Sie hing an dieser Familie, in der sie das schwarze Schaf war, es war eben doch ihr einziges Zuhause in einer ihr immer noch fremden Welt. Auch wenn sie den libanesischen Lebensstil ihrer Familie ablehnte, sich selbst nicht in der für sie vorgesehenen Rolle als gute Ehefrau eines Mannes, den die Familie für sie ausgesucht hat, sehen konnte.

Doch auch in der deutschen Gesellschaft war Maha nie wirklich akzeptiert worden, sie hatte immer sehr genau gespürt, dass sie als Mensch zweiter Klasse galt. Mit ihrer frischen, temperamentvollen, lebenslustigen Art war sie oft ausgenutzt worden. Wiederholt hatte sie gedacht, sie hätte einen Mann gefunden, der sie liebte und mit seiner Zärtlichkeit ihre Person meinte – doch es war meist nur ihr Körper benutzt worden. Sie suchte immer verzweifelter nach Liebe und verstrickte sich immer tiefer in den Abgrund, der sich auftat, weil sie angesichts des Ehrenkodex ihrer libanesischen Familie untragbar geworden war. Für eine libanesische Frau, völlig unabhängig davon, ob sie Christin oder Muslima ist, wird der Sex vor der Ehe, falls er stattfindet, das bestgehütete Geheimnis ihres Lebens bleiben. Von Männern dagegen wird erwartet, dass sie sich beweisen, indem sie mit möglichst vielen Frauen Erfahrungen sammeln. Aber die Frau, die sie dann heiraten, soll garantiert als Jungfrau in die Ehe gehen. Kein Wunder also, dass die Praxen der Ärzte, die das Jungfernhäutchen flicken können, sehr erfolgreich sind.

In Mahas Geschichte gibt es einen Teil, der mir vollkommen unwahrscheinlich erscheint. Denn wenn das stimmt, was sie erzählte, wäre sie als schlafende Passagierin durch alle Passkontrollen von Deutschland in den Libanon geschleust worden. Sie berichtete mir: Im August 2006 hätte sie nach einem ihrer Ausbrüche von zu Hause wieder dort vorbeischauen wollen. Von dem Zeitpunkt an, als sie dort angekommen war, wisse sie nicht mehr, was mit ihr passiert sei. Sie war erst wieder aufgewacht, als sie auf dem Flughafen in Damaskus angekommen war. Der Beiruter Flughafen war noch von den Israelis gesperrt gewesen.

Auf meine ungläubigen Fragen hin erwiderte sie, dass ihre Familie überall Beziehungen hätte, auch am Flughafen, und die würden so etwas schon hinkriegen. Auf jeden Fall war sie gegen ihren Willen in den Libanon gebracht worden. Damals war gerade erst das Waffenstillstandsabkommen mit Israel in Kraft getreten, kein Flugzeug und kein Schiff waren direkt in den Libanon gekommen. Deshalb hatten sie alle zusammen, ihre Stiefmutter und mehrere ihrer Brüder, über Syrien einreisen müssen. Ich habe nie herausgefunden, wie viele Brüder, Stiefbrüder und Cousins Maha genau hat.

Mahas Familie stammte ursprünglich aus einem kleinen Ort in der Nähe von Baalbeck. Dort hatte sie ein Haus, in dem Maha in den folgenden Wochen und Monaten eingesperrt gewesen war. Bis zu jenem Tag im Januar, als ihre Brüder den aus ihrer Sicht geeigneten Ehemann für sie gefunden und Maha den Vorschlag gemacht hatten, diesen Mann zu heiraten. Da sei sie ausgeflippt, sagte sie, sie hätte um sich geschlagen und gebrüllt wie ein Stier. Daraufhin hätten ihre Brüder sie verprügelt und wieder in ihr Zimmer eingesperrt. In der Nacht sei sie dann aus dem Fenster geklettert, barfuß mit den Stiefeln in der Hand, damit niemand sie hören konnte. Dann sei sie die Straße entlanggelaufen, bis ein Autofahrer angehalten und sie mitgenommen habe. Sie habe sich bis zur deutschen Botschaft durchgeschlagen. Nachts um drei sei sie dort angekommen und habe mit dem Wachpersonal angebändelt, bis die ersten Botschaftsmitarbeiter eingetrudelt seien.

Nachdem Maha drei Tage bei uns war, bekamen wir abends um 21:00 Uhr von einer ungünstigen Entwicklung Wind: Die Brüder hatten herausgefunden, in welchem Hotel Maha übernachtet hatte, und sie wussten, dass sie von dort mit dem Taxi weggefahren war. Wenn sie den Taxifahrer gefunden hätten, wäre es nur noch eine Frage der Zeit, bis sie erfahren würden, wo er Maha hingebracht hatte. Das war am Sonntagabend. Freitagnachmittag war Maha bei uns eingetroffen und inzwischen war sie sehr vertraut mit uns geworden. Jetzt musste sie fort, ganz schnell, aber wohin?

Besonders schwierig war die Situation, weil wir an diesem Sonntag von einem weiteren Notfall überrascht wurden. Gerade als wir den Sonntagsgottesdienst vorbereiteten, die Blumen in die Kirche stellten und die Gesangbuchliederzahlen steckten, klingelte das Handy. Eine verzweifelte Frauenstimme sagte: „Meine Kinder sind unterwegs zu ihnen. Die Kinder kommen mit einem Bekannten."

Wir integrierten die Beiden erstmal in den Kindergottesdienst, ein etwa 14-jähriges Mädchen und ihre kleine Schwester. Sie saßen ganz friedlich zwischen den anderen Kindern und malten große Bilder mit Wachsmalstiften. Später zogen wir uns dann ins Therapiezentrum zurück.

Zunächst stellten wir ganz viele Fragen, wir wussten ja gar nichts von dieser Familie. Auch in dieser Situation brauchten wir eine Weile, bis wir aus den Bruchstücken, die uns die aufgeregten Menschen erzählten, eine Geschichte zusammenfügen konnten. Eine kleine Heldin, saß da bei uns, die Arme, sie war noch ganz blass um die Nase. Die Nacht ohne Schlaf, die sie hinter sich hatten, sah man ihnen an. Sie hatte so ein liebes Gesicht, weich und empfindsam. Und jetzt war sie sehr stolz auf sich, wie sie das alles hingekriegt hatte. Immer wieder huschte ein Lächeln über ihr Gesicht, oft wurde es kurz darauf von Angst und Sorge vertrieben.

Ihre Mutter würde am nächsten Tag aus der Schweiz kommen um sie beide nach Hause zu holen. Inzwischen hatte sie ausführlicher mit uns gesprochen.

Gleichzeitig suchten wir verzweifelt eine neue sichere Unterkunft für Maha, kein leichtes Unterfangen. Wir hatten Glück, eine ältere Dame erklärte sich bereit, Maha bis auf weiteres aufzunehmen. Uns fiel ein Stein vom Herzen. Mein Mann fuhr sie dorthin, in einen Vorort von Beirut, und ich brachte die Kinder zu Bett. Die kleine Heldin war inzwischen aufgetaut und erzählte wie ein Wasserfall davon, was sie erlebt hatten. Die beiden Geschwister konnten vor lauter Aufregung nicht einschlafen. Ich kochte einen Schlaftee für sie und versuchte sie zu beruhigen. „Ihr habt es ja jetzt geschafft! Jetzt ist es erst mal gut! Das Schwierigste liegt hinter euch, morgen kommt eure Mutter, und ihr werdet zurück in die Schweiz reisen, alle zusammen."

Nachdem die Kinder glücklich abgereist waren und wir damit eines der Probleme gelöst hatten, stand gleich das nächste an: Auch Mahas Situation war inzwischen wieder brenzlig geworden.

In einem Beratungsgespräch hatte Maha mir von einem Mann erzählt, der vielleicht auf ihrer Seite stand. Als sie noch zu Hause in ihrem Dorf gewesen war, hatte sie es geschafft, den Besitzer eines kleinen Obstladens kennenzulernen. Dessen Geschäft hatte direkt gegenüber von ihrem Haus gelegen. Vom Balkon aus hatte sie Kontakt mit ihm geknüpft, da sie eingesperrt gewesen war und ansonsten unter ständiger Beobachtung gestanden hatte.

Maha und ich wussten nicht so recht, ob man ihm wohl trauen konnte. Würde er zu ihr oder zur Familie halten? Und wenn er zu ihr hielt, würde er dem Druck der Familie standhalten? Schließlich gab ich Maha mein Handy und sie rief diesen Mann an. Sie war sehr glücklich, schüttete ihm ihr Herz aus – und kurze Zeit später begann für mich der Telefonterror. Das Handy des Ladeninhabers musste jemandem von der Familie in die Hände gefallen sein. So war meine Nummer entdeckt worden, und von da an wurde ich mit Anrufen bombardiert.

Mahas Verwandte riefen mich mit verstellten Stimmen und unter falschen Namen an. Es kam ein Anruf angeblich von einem besorgten Polizisten aus Mahas Wohnort, der das verschollene Mädchen suchte, ich erhielt Drohanrufe, man hätte sehr einflussreiche Verwandte und wir würden die Konsequenzen unseres Handelns schon noch zu spüren bekommen. Einmal nahm ich den Hörer ab und hörte eine Männerstimme, die ganz besorgt klang: Seine Schwester Maha hätte eine schwere psychische Krankheit. „Oh", sagte ich und tat interessiert, „Was hat sie denn?" „So eine Krankheit", sagte der Anrufer, „ich weiß auch nicht, wie sie heißt. Die ist sehr schlimm, da ist alles, was man sagt, gelogen." „Na, diese Krankheit scheint die ganze Familie befallen zu haben", antwortete ich und legte auf, weil ich mein Lachen nicht mehr zurückhalten konnte.

Mahas Familienangehörige kamen immer näher an uns heran. Sogar bei dem kleinen Metzgerladen in unserer Nachbarschaft waren sie schon gewesen. Der Inhaber grillt seine Fleischspieße immer auf einem Holzkohlengrill auf dem schmalen Bürgersteig und sitzt die meiste Zeit draußen. So weiß er immer, was in der Nachbarschaft vor sich geht. Ausgerechnet bei ihm hatten Mahas Verwandte nach der deutschen Gemeinde gefragt. Der Metzger hatte unserem Hausmeister am nächsten Tag erzählt, dass drei merkwürdige Typen bei ihm gewesen wären, die nach der deutschen Gemeinde gefragt hatten. Da sie ihm sehr verdächtig vorgekommen waren, hatte er nur gesagt: „Deutsche Gemeinde? So etwas gibt es hier nicht." Darauf seien die Männer in ihr Auto gestiegen und wieder weggefahren. Nur ein paar Schritte weiter steht unser Haus, am Zaun zur Straße hin hängt sogar ein Schaukasten, in dem wir unser Programm ankündigen. Hätten die Männer ein wenig aufmerksamer geguckt, wären sie direkt bei uns gewesen.

Zum Glück war Maha zu dem Zeitpunkt schon fort. Nach langem Hin und Her hatten wir endlich auch für sie einen Platz in einem Kloster in den Bergen gefunden. Zuerst hatte sie sich mit Händen und Füßen gewehrt und gesagt, dass so etwas nichts für sie sei. Sie wollte wieder zu uns zurück, sah aber auch ein, wie gefährlich das für sie werden könnte. „Nein, ich will nicht sterben", sagte sie mit Panik in den Augen, als sie erfuhr, wie nahe ihre Brüder schon an uns dran gewesen waren. „Die sind zu allem fähig!" Da war sie sich ganz sicher. Bei der alten Dame, die Maha zuerst aufgenommen hatte, konnte sie nicht länger bleiben. Maha war einfach eine zu anstrengende Hausgenossin, weil sie keine Ruhe aushalten konnte. Entweder musste sie selbst lautstark erzählen, und zwar mit der Dramatik einer expressiven Schauspielerin, oder sie musste sich mit Filmen und lauter Musik ablenken. Also holte ich sie wieder ab.

Inzwischen war es noch schwieriger geworden, durch Beirut zu fahren. Erneut hatte es einen Bombenanschlag gegeben, immer wieder flammten Schlägereien in verschiedenen Stadtvierteln auf, manchmal kam es auch zu Schießereien. Die Hisbollah drohte, mit ihrem Generalstreik die gesamte Stadt zu blockieren, sogar den Flughafen lahmzulegen. Morgens wusste man nicht, was der Tag bringen würde, wohin man gerade fahren konnte und wohin nicht.

Aber es half nichts, ich musste einmal quer durch die ganze Stadt fahren, um Maha abzuholen. Und dann wieder in die entgegengesetzte Richtung zu dem Büro einer maronitischen Kirche, wo wir eine Sozialarbeiterin, Soeur Mariana, trafen. Sie kam von dem Kloster, das sich bereit erklärt hatte, Maha aufzunehmen. Wir saßen zu dritt in einem öden Raum mit Kreuzen über den Türen auf alten, wackeligen Plastikstühlen. Ich konnte sehen, wie die Angst vor der Enge des Klosterlebens in Maha aufstieg. Die Sozialarbeiterin war zum Glück eine sehr erfahrene, freundliche junge Frau, die Mahas Ängste wahrnahm. Sie erklärte ihr erst einmal die Regeln des gemeinsamen Lebens. Sie sagte, Maha müsse sich bereit erklären, die Regeln des Gemeinschaftslebens zu akzeptieren, sonst könnte sie nicht mitkommen.

Das war schwierig für Maha. Es gab im Kloster keinen Fernseher, nur ein Radio. Und was die Musikwahl anging, musste man sich mit den Mitbewohnerinnen abstimmen. Es gab gemeinsame Mahlzeiten und das Essen wurde auch von allen zusammen vorbereitet. „Wenn man etwas nicht mag, lässt man es stehen", sagte Soeur Mariana. „Es gibt keine Extrawürste – auch nicht für verwöhnte Mädchen aus Deutschland." Sie sagte das mit einem breiten Lächeln im Gesicht, sodass man annehmen konnte, dass sie durchaus auch einmal mit sich verhandeln ließ. Aber Maha fühlte sich schon so in die Enge getrieben, dass sie das gar nicht bemerkte. Die Regeln schienen ein großes Problem für sie zu sein. „Mit dem Essen bin ich schwierig!", sagt sie mir ganz verzweifelt auf Deutsch. Aber noch schlimmer erschien es ihr, mit einer anderen Frau zusammen im Zimmer schlafen zu müssen. Wieder sprach sie auf Deutsch, sodass Soeur Mariana nichts verstand: „Weißt du, wenn mir jemand blöd kommt, dann flippe ich aus, da kann ich für nichts mehr garantieren!"

Soeur Mariana merkte, was für eine schwierige junge Frau sie da vor sich hatte, gleichzeitig erklärte ich ihr, dass wir Maha auf keinen Fall wieder in der Gemeinde unterbringen konnten. Das wäre einfach zu gefährlich. So machte sie Maha das Angebot, erstmal für eine Woche mitzukommen, um das Klosterleben auszuprobieren, und dann würde man weitersehen. Als die beiden endlich gemeinsam aufbrachen, hätte ich am liebsten drei Kreuze geschlagen. „Ob das wohl gut geht?", dachte ich. Aber ich war zu erleichtert, um länger darüber nachzudenken, und machte mich schnell auf den Heimweg, so lange alle Straßen noch offen waren.

Mit Maha blieben wir in ständigem telefonischen Kontakt: Mal beschwerte sie sich lautstark über die Zumutungen des Klosterlebens, dann besprachen wir die Lage mit den Schwestern. Sie brachten immer wieder Verständnis für diese junge Frau auf, stießen aber auch öfter an die Grenzen ihrer Geduld. Eines Tages waren wohl beide Seiten nicht länger bereit, den andauernden Kampf durchzuhalten. Ich sollte kommen und Maha abholen. Die Schwestern gaben uns eine Adresse, wo wir versuchen sollten, Maha unterzubringen.

Diesmal brachen Käthi und ich zusammen auf. Wir durften Maha direkt aus dem Kloster abholen, dessen Adresse bis dahin unbekannt für uns gewesen war. Die Schwestern dort zeigten uns die ganze Unterkunft, in der 13 Frauen zusammenlebten. Darunter waren drei junge Mütter, die ihre Kinder gegen den Willen der Familie bekommen hatten, eine junge Hausangestellte aus Sri Lanka mit einem kleinen Jungen und eine geistig behinderte Frau. Die übrigen Frauen waren geflohen, um der Verheiratung mit einem durch die Familie ausgewählten Mann zu entkommen oder um einem „Ehrenmord" zu entgehen, der drohte, weil sie sich in einen Mann verliebt hatten und mit ihm zusammen erwischt worden waren. Die Frauen stammten aus allen Teilen des Landes, hier wohnten Christinnen und Muslimas zusammen. Die Wohnung war klein und hatte eine gemütliche Wohnküche in der Mitte. Nur der Wohnbereich für die Schwestern lag ein wenig abgetrennt. Dazwischen befand sich eine kleine Kapelle, ein sehr persönlich und ansprechend gestalteter Andachtsraum mit Bastmatten ausgelegt und Sitzkissen, vielen Kerzenständern und noch mehr Marienbildern.

Wir verabschiedeten uns herzlich und fuhren mit Maha dann zu der anderen Adresse. Unterwegs hielten wir an, um Passbilder machen zu lassen, denn die Botschaft versuchte ein Ersatzdokument für Maha auszustellen, mit dem sie wieder nach Deutschland einreisen konnte. Inzwischen gab es jedoch auch eine Ausreisesperre gegen sie. Eigentlich galt sie nicht, denn Maha war ja schon 21 Jahre alt und noch nicht verheiratet, da brauchte sie keine Erlaubnis, um auszureisen. Die Familie drohte aber damit, dass sie ein psychiatrisches Attest bekommen hätte. Darin stünde, dass Maha unzurechnungsfähig sei und gemeingefährlich werden könnte – deswegen würde sie an der Grenze direkt festgenommen werden. Außerdem erklärten uns Mahas Brüder, sie hätten am Flughafen genügend Leute, die für sie arbeiten würden. Maha hätte keine Chance, unbemerkt in ein Flugzeug zu gelangen.

Gegenüber Maha hielt ich standhaft die Hoffnung hoch, dass wir bald so weit seien, während in mir immer mehr Zweifel wuchsen, ob sie jemals wieder nach Deutschland reisen könnte. Vielleicht wollte ich es auch einfach noch gar nicht so ganz wahrhaben? Schließlich gab es andere Möglichkeiten, außer Landes zu kommen, als über den Flugplatz, wenn sie erstmal ihre Reisepapiere bekommen hatte.

Doch zunächst fuhren wir zu Mahas neuer Unterkunft, einer völlig leeren Wohnung. Eine Sozialarbeiterin, die hochschwanger war und eigentlich gerade gehen wollte, als wir ankamen, zeigte uns die Zimmer, die kleine Küche und den großen gemütlichen Aufenthaltsraum. Aber dort war niemand. Es gab keine Mitarbeiterin, die bei den Frauen wohnte, keine 24-Stunden-Betreuung, und diejenige, die jetzt noch da war, würde nächste Woche in Mutterschutz gehen. Sie erzählte, dass sie verzweifelt nach einer Nachfolgerin suche, aber noch hätte sich niemand gefunden.

Eine merkwürdige Atmosphäre herrschte in der Wohnung: Ein paar verstaubte Plüschtiere gab es und eine blinkende Weihnachtsdekoration, obwohl dieses Fest nun doch schon eineinhalb Monate vorbei war, auch hier Marienbilder in jeder Ecke. Maha war es unheimlich, sie konnte ja nicht alleine sein. Und was würde geschehen, wenn ihre Familie hier auftauchte und keine Mitarbeiterin da wäre?

„Warum ist die Wohnung leer?", fragten wir. Die Mitarbeiterin sagte, dass die Frauen im Krieg zu ihren Familien zurückgegangen und bisher noch nicht wiedergekommen seien. Sie hätten eher das Leiden dort wieder auf sich genommen, als ihre Angehörigen in dieser schwierigen Zeit allein zu lassen. Diese Erklärung war einerseits sinnvoll, andererseits war seit dem Krieg ein deutlicher Anstieg häuslicher Gewalt zu verzeichnen. Bei uns häuften sich die Notfälle und auch die Frauen von „Kafa" erzählten uns, sie hätten etwa ein Drittel mehr Anrufe bei ihrer Hotline und auch ungefähr ein Drittel mehr Fälle, die sie seit dem Krieg im Sommer betreuen würden.

Maha wollte am Ende doch wieder zurück ins Kloster. Also brachten wir sie dorthin und fragten uns, was wohl auf uns zukommen würde. Wir wurden sehr herzlich empfangen. Ob die Freude der Mitarbeiterinnen wohl echt war oder ob sie sich so gut beherrschen konnten? Ihre Herzlichkeit war auf jeden Fall ermutigend, und so beschloss Maha, sich mehr um Anpassung zu bemühen. Eigentlich hatte sie ja auch keine Alternative. Jetzt endlich entschlossen sich die Schwestern, ihr Konzept, ihr übliches Vorgehen auch in Mahas Fall zu versuchen. Wir hatten zuvor sehr gezögert, ob wir diesen Ideen zustimmen konnten. Die Schwestern arbeiten immer darauf hin, eine Annäherung zwischen den Familienangehörigen zu erreichen und eine Aussöhnung der Zerstrittenen zu begleiten. Das kann lange dauern, sagen sie, aber es gibt keine andere Wahl, denn letztendlich kann niemand dem anderen entkommen. Wirklichen Schutz kann niemand gewährleisten, schon gar nicht im Libanon. Eine Feindschaft aufrechtzuerhalten ist viel zu gefährlich.

Wir konnten uns einen Schritt in diese Richtung mit Mahas Familie zunächst wirklich nicht vorstellen. Fidaa's Geschichte war uns eine Warnung, auch sie war in ihre Familie zurückgekehrt und zwölf Wochen später tot gewesen. Wir führten mit den Schwestern intensive Gespräche, auch ihnen war die Gefahr bewusst. Aber sie beharrten darauf, dass eine Flucht unmöglich wäre. Die Familie würde über kurz oder lang herausfinden, wo sich Maha aufhielt. Auch wenn sie in Deutschland lebte, wären schließlich ihr Vater und andere Familienmitglieder dort. Die Schwestern bezweifelten, ob Maha in Deutschland wirklich dem Bedürfnis ihrer Verwandten, die Familienehre wiederherzustellen, entgehen könnte. Sie hatten wohl Recht! Und sie sprachen aus Erfahrung. Die Polizeistation in ihrem Wohnort unterstütze sie, ebenso der maronitische Bischof, sagten uns die Schwestern. Wir bräuchten keine Angst zu haben.

Und so beobachteten wir gespannt, wie sie den Prozess der Annäherung bewerkstelligten. Zuerst fand ein Treffen an einem neutralen Ort in Begleitung einer Schwester statt, es gab eine erste Aussprache. Die Schwestern waren entsetzt über die Gefühlskälte ganz besonders der Stiefmutter. Als nächster Schritt führten die Schwestern ohne Maha ein intensives Gespräch mit der Familie. Dann folgten noch mehrere begleitete Treffen, später traf Maha ihre Familie dann allein. Nach drei Monaten ging sie zum ersten Mal wieder nach Hause zurück – dorthin, von wo sie geflohen war.

Wir konnten erst wieder aufatmen, als wir erfuhren, dass sie wohlbehalten zurückgekehrt war. Die Schwestern hatten den Kontakt zur Polizeistation in Mahas Wohnort aufgenommen und waren noch einmal ausdrücklich vor der Gewaltbereitschaft dieser Familie gewarnt worden. Sie sei bekannt dafür, dass die Mitglieder ihre Drohungen nicht nur aussprechen, sondern auch wahr machen würden. Aber die Schwestern sagten, sie hätten mit den Brüdern Abmachungen getroffen und ihr Ehrenwort erhalten, dass sie Maha nichts antun würden. Und sie hielten sich daran. Einen Monat später bekamen wir die Nachricht, dass Maha nach Hause zurückgekehrt war. Sie würde heiraten, und zwar den Besitzer des Lädchens, mit dem sie schon vom Balkon aus angebändelt hatte.

Das schien die beste Lösung zu sein! So konnte Maha auch selber einen Pass beantragen und ganz normal nach Deutschland einreisen, um ihre Aufenthaltsgenehmigung aufrechtzuerhalten. Leider haben wir seitdem nichts mehr von Maha gehört. Wir hoffen sehr, dass es ihr gut geht!

Generalstreik in Beirut

Doch nicht nur die Arbeit mit den Frauen wurde immer mehr, uns belastete auch die politische Entwicklung. Immer wieder kündigte die Hisbollah an, sie werde einen Generalstreik ausrufen, um die ganze Stadt lahmzulegen. Niemand wusste, wann das passieren sollte.

Als ich eines Morgens Anfang März auf den Balkon hinaustrat, dachte ich zuerst, es wäre neblig. Nebel in Beirut! Das hatte ich noch nie erlebt, Nebel kannte ich hier nur in den Bergen. Dann bemerkte ich, dass es gar kein Nebel war, was ich sah, sondern Rauchschwaden. Ganz Beirut lag unter einer dichten Rauchwolke. Alle Straßen waren über Nacht mit alten Reifen und den großen, grünen Mülltonnen zugestellt worden und diese Barrikaden brannten nun!

In der Stadt sollte niemand zur Arbeit gehen konnen. Das war ein erzwungener Streik gegen den Willen großer Teile der Bevölkerung. Wir ließen das Radio laufen, um alles mitzubekommen, unsere Tagespläne waren komplett umgeworfen worden. Es kam zu wilden Ausschreitungen und am Abend wurde eine

Ausgangssperre ausgerufen. Wir saßen mit unseren Mitarbeitern und einigen Hausbewohnern zusammen. War das der Anfang des gefürchteten nächsten Bürgerkriegs? Die Straße zum Flughafen war schon wieder blockiert, es würde schwierig sein, jetzt außer Landes zu kommen. Ich wollte nicht schon wieder fliehen!

Alle politischen und religiösen Führer hielten am Abend große Reden, jeder von ihnen hat seinen eigenen Fernsehsender. Allen gemeinsam war, dass sie zur Ruhe aufriefen, jeder pfiff seine Leute zurück. Erstaunlicherweise hörten die Menschen auf ihre Anführer. Eigentlich wollte niemand Krieg. Aber dennoch: Bereithalten mussten sich alle. Falls es nötig werden sollte, würden sie kämpfen, die Waffen waren verteilt. Und heute wurde wieder einmal bewiesen, wie mächtig die Hisbollah war und wie abhängig das ganze libanesische System von ihrer Kooperation.

Der ekelhafte Rauch, der entsteht, wenn Gummi verbrennt und Plastik verschmort, hat sich am Abend als schwarzer Staub überall niedergelassen. Wieder kämpfen wir in den Wohnungen mit dieser klebrigen, giftigen Schicht, die sich auf alle Möbel, Pflanzen, Vasen, Töpfe und Decken gelegt hat.

Predigt in Damaskus

Zum Weltgebetstagsgottesdienst der Frauen fahre ich mit Uwe immer auch nach Damaskus. Dann haben wir in Beirut schon dreimal den Weltgebetstag gefeiert: einmal auf Englisch am ersten Freitag im März, einmal auf Arabisch und einmal auf Deutsch in unserer Kirche. Die Gemeinde in Damaskus, die wir von Beirut aus mitbetreuen, freut sich jedes Jahr auf diesen besonderen Gottesdienst. Die Weltgebetstagsbewegung ist eine basisökumenische Bewegung, in der sich Frauen aus allen Kirchen in fast allen Ländern der Welt zusammentun, um einmal im Jahr gemeinsam einen Gottesdienst zu feiern. Jedes Jahr wird er in einem anderen Land der Welt vorbereitet. Die Texte werden in 172 Sprachen übersetzt und mit sehr ausführlichen Informationen zum entsprechenden Land und besonders zur dortigen Situation der Frauen in alle Welt verschickt.

Wir Frauen im Libanon hatten den Gottesdienst für das Jahr 2003 vorbereitet, und beinahe hätte der Ausbruch des Irakkriegs im März dieses Jahres die Feiern verhindert. Die Christen im Libanon hatten damals große Angst, dass der Hass der moslemischen Bevölkerung wegen der aggressiven Politik Amerikas sich in Form von Anschlägen gegen Christen entladen könnte. Daher hatten wir es nicht gewagt, viel Werbung für unseren denkwürdigen Gottesdienst zu machen. Wir haben in aller Stille gefeiert – in der Vorstellung, dass überall auf der Welt an diesem Tag mit uns unser Gottesdienst gefeiert würde.

Für das Jahr 2007 kam die Liturgie aus Paraguay. Zugrunde lag der schöne Bibeltext über Abraham und Sara im Hain Mamre. Er beschreibt den Besuch von drei Männern, die vielleicht doch Engel sind und Sara und Abraham den ersehnten Sohn verheißen. Die kluge alte Sara lacht über diese Anmaßung, ihr noch einen Sohn zu verheißen, wo es ihr doch schon gar nicht mehr „nach Art der Frauen geht". Dafür wird sie von den Engeln gerügt und sie stellen ihr die große Frage: „Ist denn bei Gott irgendein Ding unmöglich?"

Im Weltgebetstagskomitee hatten wir beschlossen, mit den Spenden aus den Gottesdiensten in diesem Jahr Familien aus dem Dorf Rmeisch, das direkt an der Grenze zu Israel liegt, zu unterstützen. Es ist ein großes christliches Dorf mit vier Schulen, die von Kindern aus der ganzen Umgebung besucht werden. Dort werden moslemische und christliche Kinder gemeinsam unterrichtet. Das Dorf hatte in der Zeit des Krieges schwer gelitten, und nun konnten viele Familien in diesem Jahr das Schulgeld für ihre Kinder nicht mehr bezahlen.

An diesem schönen Frühlingsmorgen war ich also mit Uwe unterwegs, wir genossen es, aus der Stadt herauszufahren. Es ging über den Pass auf dem Kamm des Libanongebirges durch die Hochebene des Bekaa-Tals über die Grenze hinüber nach Syrien, wo wir noch einmal den Antilibanon überqueren mussten. Überall blühten die Frühlingsblumen, die zarten Alpenveilchen in dicken Büscheln, die Felder und Terrassen waren rot von Anemonen und wie mit lilagelben Teppichen aus kleinblütigen Kräutern überdeckt, die Obst- und Mandelbäume blühten. Prachtvolle Ausblicke, abhängig davon, auf welcher Höhe wir uns gerade befanden. Die Menschen schwärmten aus auf den Berghängen, um Kräuter zu sammeln, viele sammelten Sata. Sie ernteten Distelwurzeln und wilden Fenchel, wilde Salatkräutchen und wilde Spinatpflanzen. Säckeweise wurden alle diese Pflanzen an den Straßenrändern zum Verkauf angeboten.

Es gibt kaum etwas Schöneres für mich, als mit meinen libanesischen Freunden im Frühling zum Kräutersammeln zu gehen. Das wilde Wachstum, das uns auf den Berghängen und Terrassen umgibt, die Düfte und Blüten. Viele Disteln zwar und all das kratzige Buschwerk. Aber wenn alle Taschen gefüllt sind, setzt man sich zum Picknick zusammen. Auf einem kleinen Feuerchen wird Kaffee gekocht, und dann werden Geschichten ausgetauscht: Weißt du schon, wer mit wem? Und welche Kinder wo sind, in welchem Land sie leben und was sie alles geleistet haben? ...

Wir erreichten Damaskus schnell. Im Kloster Mar Elias, wo wir immer ein Zimmer bekommen, luden wir unsere Taschen ab und bereiteten uns für die Fahrt zur Kirche vor, einmal quer durch die Stadt. Eine schöne Stadt, finde ich immer wieder, wenn ich aus Beirut komme, jedenfalls die Altstadt. Die Häuser sind aus Lehm und Holz gebaut, keine störenden Hochhäuser stehen dazwischen. Es ist eine uralte Stadtanlage, deren Straßenführung noch der römische Stadtplan zugrunde liegt. Der alte Tempel, der erst christliche Basilika und dann zur Moschee wurde, liegt mitten in der Stadt.

In der Predigt erzählte ich dann von meiner Fahrt in den zerstörten Süden des Libanon. Die Beziehung zu Rmeisch war durch zwei maronitische Frauen zustande gekommen, die in diesem Grenzort gelebt und dem libanesischen Weltgebetstagskomitee angehört hatten. Schon lange hatten sie nicht mehr zu unseren Sitzungen nach Beirut kommen können. In einem Brief hatten sie uns ihre verzweifelte Lage geschildert. Ihr Dorf hatte den ganzen Sommerkrieg über zwischen den Fronten gelegen, auf der einen Seite hatten die Hisbollah-Kämpfer gestanden, und von der anderen Seite hatten die Israelis geschossen. Die Menschen waren komplett eingeschlossen gewesen, niemand war mehr herausgekommen. Ab und zu hatten noch andere Flüchtlinge Rmeisch erreicht, denn als christliches Dorf war es nicht direkt Angriffsziel der Israelis. Dennoch waren hin und wieder Granaten im Dorf heruntergekommen, einige Menschen waren getötet oder verletzt worden. Außerdem waren ihnen sowohl die Nahrungsmittel als auch das Wasser ausgegangen.

Mein Mann konnte sich daran erinnern, dass sich auch aus Rmeisch Menschen mit deutschen Pässen gemeldet und um Evakuierung gebeten hatten, aber für dieses Dorf hatte es keinen Verhandlungsspielraum für eine Feuerpause gegeben. Überall sonst war es gelungen, in einem solchen Fall wenigstens eine Feuerpause von 15 bis 20 Minuten zu erwirken. Diese Zeit hatte ganz knapp gereicht, um zu den Häusern zu fahren, die Menschen einzuladen und den Ort so schnell wie möglich zu verlassen. Spezialisten mit großer Erfahrung und Umsicht haben diese selbstmörderischen Touren durchgeführt.

Die Klage der Frauen war gewesen, dass sie sich nach dem Krieg vergessen fühlten. Ihr Dorf war ja nicht wirklich zerstört worden, und so waren die Hilfsgelder an ihnen vorbeigegangen. Und das, obwohl auch sie ihre Ernte verloren hatten, ihre kleinen Betriebe zerstört worden waren und auch alle Tiere der Hühnerfarm im Dorf die Zeiten nicht überlebt hatten. Als wir davon erfahren hatten, waren wir mit einer kleinen Delegation unseres Weltgebetstagskomitees hingefahren – erst einmal nur, um Anteil zu nehmen und zu sehen, wo die Not am größten ist, und ein zweites Mal würden wir dorthin fahren, um den Menschen die Kollekte zu überreichen.

Ich beschrieb in meiner Predigt das ungläubige Erstaunen unserer Freundinnen aus dem Weltgebetstagskomitee, als wir tatsächlich in Rmeisch ankamen. Wir erreichten das Dorf erschöpft und erschüttert von all der Zerstörung, die wir unterwegs gesehen hatten. Für uns waren die Geschichten aus dem Krieg von den großen Bombardements, den verschütteten Menschen, den Häuserkämpfen, den Waffendepots der Hisbollah wieder lebendig geworden.

Aber jetzt war wieder Frühjahr, die Menschen saßen auf ihrer geschundenen Erde, sie zupften Unkraut zwischen den gerade aufgehenden Sämlingen und gruben Löcher für die Tomatensetzlinge. Überall wurde gebaut, wieder aufgebaut, Stein für Stein. Ein Mandelbaum stand in der Mitte eines völlig zerstörten Anwesens zwischen lauter Trümmern – wahrscheinlich war hier einmal ein Innenhof gewesen –, er stand in voller Blüte. Dieser Mandelbaum und die Menschen auf ihren Feldern ließen das Lachen der Sara in mir entstehen, und ich versuchte den Satz hoffend für mich in Anspruch zu nehmen: „Ist denn für Gott irgendein Ding unmöglich?" Wird es doch einmal Frieden geben in dieser Region? „Lass die Menschen ihre Tomaten dieses Jahr in Frieden ernten", so betete ich.

Im Anschluss an den Gottesdienst in Damaskus gingen wir in die Wohnung einer der Damaskusfrauen. Die meisten sind ebenso wie die Beirutfrauen durch Heirat in die jeweilige Stadt gekommen. Sie leben zum Teil schon seit Jahrzehnten hier. Wir saßen lange zusammen, und die Gespräche wanderten hin und her zwischen Kochrezepten mit Trüffeln, denn die waren gerade reif, und den Schauergeschichten über junge Mädchen, zum Teil sind es auch kleine Kinder, die als Hausmädchen in die reichen Familien „verkauft" werden. Die Frauen sprechen wie nebenher über diese Geschehnisse, die in ihrer Alltäglichkcit noch schockierender wirken.

In solchen Situationen komme ich mir oft unzulänglich vor. Wovon sprechen wir eigentlich? Wie steht es mit der eigenen häufig ja sehr eingeengten Lebensmöglichkeit als Frau, als deutsche Frau, in den alteingesessenen, oft sehr traditionellen syrischen Familien? Aber sich untereinander zu beklagen, ist ein Tabu. Dennoch spüre ich immer einen großen Erwartungsdruck auf mir liegen, als könnten wir gemeinsam dem Leben eine Wendung geben, wenn wir nur, wenn … ja, was? Das hängt in der Luft.

Meine schmerzliche Bilanz

Als ich am Morgen nach unserem Gottesdienst im klösterlichen Bett erwachte, befiel mich auf einmal Einsamkeit, sie schlich sich an wie eine Katze durch die Hintertür. Einsamkeit geboren aus einer ununterbrochenen Überforderung und dem Gefühl, eigentlich niemandem wirklich gerecht werden zu können. Mir war, als ob mich alle Frauen anschauten, die Damaskus- und Beirutfrauen, die Frauen aus Rmeisch, die Frauen auf den Feldern, ich hatte allen mein Gesicht in Freundlichkeit zugewandt und auf einmal spürte ich, dass dies alles über meine Kraft ging.

Was brauchen sie denn alle von mir? Die Freundlichkeit, das innere große: „Ja, ich bin für euch da"? Ich weiß, dass ich das auf jeden Fall versuchen will – so weit es in meiner Macht steht. Ich erinnere mich: Als ich im Krieg hier in Damaskus ankam, standen die Menschen mit offenen Armen da, und ich fühlte mich geborgen wie in einer Großfamilie. Wo ist dieses Gefühl geblieben?

Warum gewinnen die Unzufriedenheiten wieder Oberwasser? Da müssen all die Kleinigkeiten herhalten, es ist, als ob sich daran die ganze Zukunftsangst festbeißt. Zum Beispiel können wir uns beinahe nicht einig werden, in welcher Kirche in Damaskus unser Gottesdienst stattfinden soll. Ich spüre Bitterkeit, beinahe verdrängt sie die Herzlichkeit im Umgang miteinander.

Woran liegt das? Haben wir die Erwartungen der Frauen enttäuscht? Wir werden ja wieder gehen, während sie bleiben werden. Ein leiser Vorwurf trifft mich. Nehme ich sie denn ernst genug in ihrer Situation? Konnten wir Solidarität vermitteln? Ein ständiges Ringen. Mein eher therapeutischer Ansatz wird abgelehnt. Nein, zu tief darf man nicht schürfen im Kontakt, zu schwer ist zu verkraften, was unter der Oberfläche verborgen liegt. Sind wir denn irgendwie miteinander weitergekommen?

In angespannten Situationen reagiere ich mit Freundlichkeit. Bin ich damit noch glaubwürdig? Aber freundlich sein ist für mich auch ein Stück Arbeit, vielleicht sogar harte Arbeit. Sie bedeutet eine Entscheidung, eine Hinwendung zum anderen. Ist das mein Beruf? Wann kann Geben und Nehmen gelingen? Doch nur in Momenten, die über die Freundlichkeit hinausgehen, in Momenten wirklicher Begegnung. Erwarte ich das überhaupt noch? Ja, es wird mir doch immer wieder geschenkt! Die Lebenskraft ist ja da wie bei der alten Sara, die aus der Unfruchtbarkeit herausgerissen wird und noch einmal Leben gebiert.

In Krisen wie dieser spüre ich den immer gleichen Schmerz: zu wenig Zeit gehabt zu haben für meine großen Kinder. Wie gut tut es mir, wenn ich meine Nachmittage mit Simeon verbringen kann. Damals schlüpfte ich schnell zu Uwe ins Bett. Wir lieben uns, Gott sei Dank!

Schwarzer Dienstag

Am Montag kamen Uwe und ich aus Damaskus zurück, Dienstag war dann gleich unser Frauentag in Beirut. Der läuft immer gleich ab: Zuerst kommen die Brotautos und bringen schwäbische Laugenbrezeln aus der Backstube der Schneller-Schule, die in der Bekaa-Ebene liegt, oder Roggenvollkornbrot aus dem

Mosan Day Care Center in Tyros. Das Mosancenter ist eine Schule für Behinderte, die von der Stiftung „Brot gegen Not" eine vollständig eingerichtete Backstube gestiftet bekommen hat. Pensionierte Bäckermeister, die ihre Arbeitskraft über den Seniorendienst angeboten haben, kommen für drei Monate nach Tyros, um den behinderten Jugendlichen eine Kurzausbildung in deutscher Backkunst zu vermitteln. So können wir jeden Dienstag Brote und Brötchen, Teilchen und Kuchen „wie zu Hause" bei uns im Gemeindezentrum erwerben.

Und dann kommen die Frauen. Einzeln oder in Grüppchen verteilen sie sich langsam über das ganze Gemeindezentrum. Bald sind alle Stühle besetzt, man steht herum mit der Kaffeetasse in der Hand. Im Büro herrscht Hochbetrieb, denn viele haben ein Anliegen, das sie mit einer Sozialarbeiterin, Uwe oder mir besprechen wollen. Keine kann warten, alles soll auf einmal erledigt werden. Der Geräuschpegel steigt, Aufregung liegt in der Luft, jede will erzählen, sich mitteilen, sich austauschen. Libanesische Temperamente in deutscher Sprache. Hat eine der Frauen Geburtstag, bringt sie etwas zu essen mit. Meistens gibt es eine dieser tollen Torten mit viel Creme und bunter Obstverzierung. Es wird gefeiert, wir singen, gratulieren und halten kurze Besprechungen ab. In dieser Runde ist es fast unmöglich, alle gleichzeitig zum Zuhören zu bewegen, eine latente Unruhe bleibt immer bestehen.

Doch an dem besagten Dienstag wurde es plötzlich still. Per SMS erfuhren wir, dass es Schießereien in der Stadt gab, an verschiedenen Orten in verschiedenen Stadtteilen. Warnungen kamen an: Geht nicht auf die Straße. Ganz schnell leerte sich unser Saal. Das alte Bürgerkriegsverhalten war noch eingeübt: Wenn es brenzlig wird, nichts wie ab nach Hause. Ohne jede Diskussionen, ohne Wenn und Aber, solange es noch geht, schnell heimgehen. Andere blieben, sie mussten abwarten, weil die Lage in ihrer Wohngegend eskaliert war. Erst um 19:00 Uhr verließen die letzten Frauen das Gemeindezentrum. Als von ihnen die Anrufe kamen – „Ich bin gut zu Hause angekommen" –, atmeten wir erleichtert auf.

Wir hatten schon am Nachmittag erfahren, was sich ereignet hatte: In der Mensa der libanesischen Universität waren Studenten der Hisbollah und der March-Fourteen-Bewegung aneinandergeraten. Sofort waren bewaffnete Anhänger beider Gruppen zur Stelle gewesen, und es war zu heftigen Auseinandersetzungen gekommen, die sich über die ganze Stadt ausgebreitet hatten. Wieder hielten am Abend alle großen Führer beruhigende Reden, wieder wurde eine Ausgangssperre verhängt. Am nächsten Tag wurden alle Universitäten und Schulen geschlossen. Daraufhin kamen die erhitzten Gemüter zur Besinnung und die befürchtete Eskalation war noch einmal ausgeblieben.

An solch merkwürdigen Tagen, an denen das ganze Leben stillzustehen scheint, werde ich sehr eifrig. Ich fange an zu backen und die Wohnung zu putzen. Ich versuche meine kleine Welt in Ordnung zu bringen, als ob es dann mehr Chancen für die große Welt da draußen gäbe. „Wenigstens für die Kinder …", denke ich.

Ostern im Jahr 2007

Am Morgen des Gründonnerstags wusste ich, dass ein anstrengender Tag vor mir lag. Zwei Klientinnen würden zu mir in die Therapie kommen. Die Osterbesuche bei unseren alten Gemeindemitgliedern standen an. Und am Abend sollte unsere Agapefeier stattfinden. Wir setzen uns jedes Jahr am Vorabend des Passahfestes in unserer kleinen Kirche zusammen, und erinnern uns an den Abend, an dem Jesus zum letzten Mal mit seinen Jüngern und Jüngerinnen und seinen Freunden zusammen beim Essen gesessen hat. An dem Abend, an dem er von Judas verraten worden war, hatte er Wein und Brot gesegnet. Er hatte versucht, seine Freunde auf seinen bevorstehenden Tod vorzubereiten, und ihnen mit den Symbolen von Wein und Brot die

Möglichkeit gegeben, sich an ihn und an die Kraft, die von ihm ausging, zu erinnern. Die Gemeinschaft mit ihm konnte so über seinen Tod hinweg aufrechterhalten bleiben.

Bei uns wird aus diesem Anlass immer die ganze Kirche umgebaut. Wir schieben die Bänke ohne Lehnen in die Mitte, darauf kommen weiße Tischdecken, und die Bänke mit Lehnen werden drum herum gruppiert, sodass alle, die mit uns feiern, an einer langen Tafel sitzen können. Viele helfende Hände rücken die Tische und stellen die Bänke, bittere Kräuter werden geputzt und im Raum verteilt und Kerzen in Ständern befestigt. Eine ganze Schüssel voller rotgefärbter Eier steht bereit. Sata und Öl werden auf den Tischen verteilt, das arabische Fladenbrot geschnitten, der Käse auf Tellerchen angerichtet. Die Kirche sieht verwandelt aus. Unsere Gemeinde freut sich auf dieses Fest!

Das Wetter schien wunderschön zu werden, ich konnte kein Wölkchen am Himmel sehen. Die Berge hatten scharfe Konturen, gerade stieg die Sonne dahinter auf. Aber es lag etwas in der Luft, irgendetwas biss in der Nase beim Einatmen, ein merkwürdiger unsichtbarer Rauch. Sofort kamen die Erinnerungen an den Generalstreik in mir hoch. Aber es waren keine Rauchschwaden zu sehen. Wehte der Geruch von den brennenden Müllbergen herüber? Dort liegt der ganze Schutt und Schrott aus den zerstörten Stadtteilen, den zerbombten Häusern in Dachieh und Shiach. Alles wurde dort an den Strand gekippt, halb ins Meer – eine Umweltverseuchung ohnegleichen, die der Ölkatastrophe vom Sommer wahrscheinlich in nichts nachsteht. Die Zerstörung geht immer weiter: eine grausige Erkenntnis, die mich stets aufs Neue einholt. Wie Wellen setzt sich Zerstörung unaufhaltsam fort, so scheint es. Wie Schallwellen, einmal angestoßen, den Laut in die Welt verbreiten, bis er irgendwann verebbt.

Aber dieser Konflikt verebbt nicht. Immer wieder, auf immer anderen Ebenen wird er erneut angestoßen. Da entführen Nasrallahs Leute israelische Soldaten, daraufhin werfen die Israelis Bomben. Stadtteile und Dörfer werden in Schutt und Asche gelegt. Opfer und Täter, die Täter waren irgendwann einmal selber Opfer, die Opfer werden wieder Täter.

Eigentlich sitzen alle in einem Boot, die Beteiligten sind so eng miteinander verflochten, dass jede Bewegung des einen auch den anderen betrifft. Den, der eigentlich der Feind ist und so ganz weit weg zu sein scheint. Den, dessen Namen man gar nicht ausspricht, von dessen Kultur und Geschichte man nichts wissen darf. Dessen Lieder man nicht singen und auch nicht hören darf. Und doch hängt man voneinander viel stärker ab, als von sonst jemandem.

Während ich darüber nachdenke, fällt mir wieder der Film ein, den ich neulich mit Uwe im Fernsehen angeschaut habe. Ein Schauspieler spricht seine Lebensgeschichte in ein Diktiergerät hinein. Er ist Jude und lebt in Deutschland. Den ganzen Film über wehrt sich dieser Mann dagegen, dass dies etwas Besonderes sei. Er war von einem Lehrer angeschrieben worden, ob er nicht mal in seine Klasse kommen könne. Seine Schüler sollten einmal einen „echten Juden" kennenlernen.

Die Antwort an den Lehrer sprach er in das besagte Diktiergerät. Er könne das nicht machen. Er erklärte, dass er selber immer wieder daran gescheitert sei und bis heute daran scheitere, ein ganz gewöhnlicher Jude zu sein. Sein Leben drohe an dem Widerspruch zu zerbrechen, dass er ein jüdischer Deutscher ist – was kein Widerspruch sein dürfte, aber einer ist.

Der geschichtliche Ort, Tatort Deutschland: Ich kann nicht anders, ich fühle die Verknüpfung bis hierher in den Nahen Osten, so eng, so unlösbar und so tragisch. Die Geschichte, von der wir uns in Deutschland so gerne lösen würden, setzt sich fort. Die Wellen der Zerstörung werden nicht aufgehalten. Ständig werden mehr Menschen zu Opfern in Israel, in Palästina, im Libanon. Überlegungen aus politischem Kalkül wandern über Schreibtische und werden in Strategien umgewandelt, doch am

142

Ende kommen zerstörte Häuser, Schutt, der das Meer verseucht, und verletzte Seelen, die die Zerstörung immer weiter tragen, heraus.

Ein ganz gewöhnlicher deutscher Jude wollte der Mensch im Film sein. Er lehnte es ab, sich irgendwie mitverantwortlich dafür zu fühlen, was in Israel geschieht. Er sei nicht mehr dafür zuständig als jeder andere Deutsche heutzutage. „Aber auch nicht weniger!", denke ich. Die deutsche Geschichte des Holocaust wirkt bis in die Alltagspolitik der arabischen Staaten hinein. Die Ausweglosigkeit der ganzen Situation im Nahen Osten dürfte ruhig auch mal die Herzen der Deutschen ein wenig beunruhigen. Das Leid setzt sich fort. Nicht nur im Leben des Juden in Deutschland, sondern in der ganzen Region des Nahen Ostens.

Ich als Deutsche hier im Libanon spüre diese Verknüpfung beinahe alltäglich: Leid gebiert Leid und Unrecht führt zu Unrecht. Wer kann die Welle der Gewalt stoppen? Wo ist ihr Ursprung? Woher bekommt sie immer wieder neue Kraft? Ob man an die Quelle vordringen könnte, nur dann könnte man versuchen zu verhindern, dass neue Wellen der Gewalt ausgesandt werden.

Der deutsche Jude in dem Film ging schließlich doch in die Schulklasse. Er hat es probiert.

Wenn einer mal hierher käme in die Schulklassen?

Wenn einmal Schulklassen sich begegnen könnten, Schüler aus Israel, Schüler aus dem Libanon?

Während ich hier sitze und meine Gedanken aufschreibe, höre ich das Brummen der israelischen Aufklärungsflugzeuge über mir. Der Tag ist so klar, da müssen sie natürlich fliegen …

Gründonnerstag, Agapemahl, der Sederabend vor dem großen Passahfest. Könnten nicht hier die Wellen des Unrechts und der Zerstörung anbranden, aufgefangen werden, umgewandelt werden? Ich wünschte mir, dass hier im Kraftfeld der Religionen eine andere Realität entstehen könnte: die Überwindung der Gewalt, die Überwindung der Verknüpfung von Opfer und Täter, die Überwindung des Rachegedankens, sodass jeder einzelne frei sein könnte für die Vergebung! Welch ungenützte Chance liegt in der Passionsgeschichte verborgen! Eine Geschichte, in der es um Verrat und politischen Mord geht und die uns doch darauf hinweist, dass die Vergebung die eigentliche Kraft ist, aus der die tiefgreifendsten Veränderungen entstehen können, sowohl in unserem privaten Umfeld als auch auf dem großen politischen Spielfeld. Da sitzen wir uns dann alle gegenüber beim Agapemahl, tunken das Brot ins Sata und Olivenöl, spucken die Olivenkerne aus und reichen die roten Eier weiter. Wie ist das mit der Vergebung in unserem kleinen Kreis?, frage ich mich. Sind wir dazu in der Lage? Werden nicht mit Vorliebe all die alten Geschichten aufrechterhalten, die alten Feindschaften und Empörungen, wann hat wer mich wie verletzt?

Und dennoch, wir sitzen zusammen, vereint in der Sehnsucht nach Frieden, einem Frieden, der unsere Herzen und Sinne erreicht, der uns von der Angst befreit, irgendwann einmal irgendjemandes Feind sein zu müssen. Wir üben uns im friedlichen Umgang miteinander und teilen die Erfahrung dieser Gemeinschaft im engeren und im weiteren Sinne.

Inzwischen haben wir Ostern gefeiert, am Samstagabend brannten mir die Augen vor Müdigkeit. Es war das erste Jahr, in dem ich es nicht geschafft hatte, ein Osterlamm zu backen. Vielleicht hätte ich mich am Abend noch zwingen können? Nein, ich konnte nicht mehr. Es war einfach zu viel: Am Nachmittag hatte noch eine große Ostereiermalaktion mit vielen Kindern stattgefunden, die meisten ausgeblasenen Eier sind dabei leider kaputt gegangen! Danach mussten wir alles für Sonntag schmücken. Ganz früh bei Sonnenaufgang sollte der erste Gottesdienst beginnen und im Anschluss daran findet immer ein schönes Osterfrühstück im Gemeindezentrum statt.

Käthi kam mit Eimern voller grüner, frischer Zweige und allen Arten von wilden Blumen, würziger Duft umgab sie. Ihr freundliches, braungebranntes Gesicht eingerahmt von Grün, das passte zu ihr. Wir füllten die Vasen, für jeden Tisch eine, und schmückten große Blumensträuße mit den ausgeblasenen Eiern. Die stellten wir an die Eingänge des Gemeindezentrums und der Kirche. In den Altarraum brachten wir eine große Bodenvase, rechts und links auf den Altar stellten wir schöne bunte Sträuße. Sogar den Ständer mit der Osterkerze schmückten wir mit grünen Zweigen. Alles wollte österlich geschmückt sein für das Lebens- und Auferstehungsfest. Wir gaben uns große Mühe: Wir wollten, dass einen das Leben übers Auge und über die Sinne quasi anspringt. Trotz unserer so verqueren Lebenssituation an Ostern 2007 im Libanon sollte dieses Fest Lebensfreude verbreiten.

Und so machten wir uns am Ostermorgen schon um 4:30 Uhr auf zum Gottesdienst. Wie im Halbschlaf stiegen wir aus den Betten. Ein wenig ängstlich tapste ich im dunklen Zimmer umher. Würde unser Ostern gelingen, würden die Menschen kommen, würde ich genügend Kraft haben, um die Auferstehungsbotschaft glaubwürdig zu verkündigen?

Und, ich glaube, es ist uns gelungen, die Feier war so schön. Im Dunkeln standen wir vor der Kirche, man hörte nur die Schritte, wenn wieder jemand kam, bis man im Dämmerlicht erkannte, wer es war. Käthi gab jedem ein Kerzlein in die Hand, aus der dunklen Kirche ertönte sehr leise Orgelmusik – die Melodie von „Bleibet hier und wachet mit mir, wachet und betet …". Man ahnte nur die Menschen, die auf den Bänken saßen, die Blumen verströmten ihren starken Duft. Die Osterkerze stand unangezündet in der Mitte der Kirche.

Ich begann in die Dunkelheit hinein von den Frauen zu erzählen, den Jüngerinnen Jesu, die sich am frühen Morgen aufgemacht hatten wie wir, noch in der Nacht. Sie hatten zum Grab gewollt, um Abschied zu nehmen von Jesus. Jesu Körper, seinen Leichnam hatten sie einsalben und ölen und mit Binden umwickeln wollen. Deshalb waren sie unterwegs gewesen – voller Trauer um den, den sie geliebt hatten.

Wir zündeten erst nur eine einzige Kerze als Lichtquelle an, die Lesung begann. Die Frauen hatten das leere Grab entdeckt: ihr Staunen, das Nichtverstehen. Dann breiteten wir das weiße Tuch aus – wie die Leichentücher aus den Evangelientexten –, aber es war das weiße Ostertuch. Wir legten es über das Schwarz des Karfreitags und das Rot des Gründonnerstags. Die Orgel improvisierte zu dem Lied „Christ ist erstanden", noch immer lag alles im Dunkeln.

Darauf folgten die Auferstehungsberichte bis zum Bericht aus dem Johannesevangelium. „Maria von Magdala ging und verkündete es den Jüngern: Ich habe den Herrn gesehen …" Damit breitete sich das Licht in der Kirche aus. „Christus ist auferstanden, er ist wahrhaftig auferstanden!" Hin und her ging der Ostergruß. Wir entzündeten die Osterkerze und verteilten Licht in der ganzen Kirche. Alle standen auf und sangen „Christ ist erstanden". Langsam wurden die Stimmen freier und Klang erfüllte die Kirche. Das Kerzenlicht umgab uns mit Wärme. Bis wir die Kirche verließen, nahmen wir davon so viel auf wie möglich, mit hinein in den Tag, in die Freude, ins neue Leben. Solche Momente tragen mich mehr durch alle Anstrengung hindurch als alles andere, Momente der Gemeinschaft, der Freude, der Lebenszuversicht.

Die Feierlichkeiten zum Osterfest gingen auch am Ostermontag weiter. Wir fuhren mit Simeon nach Damaskus. Diesmal hielten wir den Gottesdienst in der Ananiaskapelle. Um dorthin zu gelangen, steigt man hinunter in ein uraltes Gemäuer, das soll das Haus des Ananias gewesen sein. Er hatte Paulus bei sich aufgenommen, als dieser geblendet vom Pferd gefallen und nach Damaskus gebracht worden war. Ananias hatte Paulus, der eigentlich nach Damaskus unterwegs gewesen war, um die Christen zu verfolgen, nicht nur unterrichtet, sondern schließlich auch getauft. Von hier aus brach Paulus dann auf, um das große theologische Gebäude zu bauen, an dem sich die neu gegründeten christlichen Gemeinden orientieren konnten.

Dort unten ist es immer warm. Hunderte von Menschen steigen Tag für Tag hinab, Touristenströme, die Damaskus bereisen. Was ist das für ein Leben verglichen mit dem in unserem belagerten Beirut! Touristen, die kommen und einkaufen, essen und Kaffee trinken. Sie bringen Leben mit, Austausch und natürlich Geld.

Es war wunderschön, in der Ananiaskapelle einen Gottesdienst zu feiern. Wir saßen eng beieinander, wir deutschsprachigen Christen, die Touristen strömten hinter unserem Rücken weiter. Ich gab ihnen Zeichen, leise zu sein. Erstaunlicherweise reagierten sie sofort, schreckten zurück und versuchten sich ganz vorsichtig in die hintere Kammer hineinzubewegen, in der die Lebensgeschichte des Paulus mit Bildern wie aus einem großen Bilderbuch dargestellt ist.

Osterdienstag feierten wir dann noch einmal einen Ostergottesdienst, diesmal in Aleppo. Simeon war dabei, er spielte mit seinen Autos auf dem Kirchenboden, baute Staus und zweispurige Straßen. Am Schluss des Gottesdienstes entdeckte er die große Tafel im Eingangsbereich der Kirche. Er kam zu mir und bat mich: „Mama, schreib mal was auf!"

„Was soll ich denn schreiben?"

„Der Gott steht auf!"

Ein Tag voller Leben in Aphamia

Von Aleppo aus fuhren wir zurück nach Beirut. Der Weg führte durch den Gharb, einen fruchtbaren Teil des Grabenbruchs, der sich vom Jordangraben aus in die Bekaa-Ebene und dann bis Syrien hin fortsetzt. Dunkle, fast schwarze Erde, das frische Grün leuchtete wie Smaragd, an den Hängen Blumen im Überfluss, der gelbe Ginster, blaue Lupinen, dazwischen wie Spitzendeckchen die weißen, wilden Möhren. Überall waren Kinder zu sehen, Menschenkinder und Tierkinder, Lämmchen, Kälbchen und Eselsfohlen. Die alten matriarchalen Kulturen haben zur gleichen Zeit wie wir diese Wachstumskraft gefeiert, die große lebensspendende Muttergöttin, die sich wieder so sehr verausgabt hat. Ist es die gleiche Freude, die Freude an der Auferstehung, am Neubeginn, die Freude über die Überwindung von Tod und Gewalt? In meinem nachpaulinischen Glaubensgebäude feiere ich diesen Neubeginn des Lebens in all seinen anrührenden Formen wieder und wieder. Und ich möchte einstimmen in den Jubel, der sich in der Natur auszubreiten scheint.

Wir besichtigten die Überreste der riesigen Ruinenstadt Aphamia, so weit das Auge reichte, waren nur Ruinen zu sehen. Die große Stadt aus der hellenistischen Epoche hat ihre Blütezeit unter seleukidischer Herrschaft etwa 300 nach Christus erlebt. Die alte Prachtstraße lag vor uns, rechts und links davon die Tempel und Kirchenruinen, die Bäder, Paläste und Häuser, das Theater und der bedeutende Bischofssitz. Wie hat das Christentum zu jener Zeit wohl ausgesehen? Welche Auseinandersetzungen hatte es zu bewältigen, bevor der Islam aufgetaucht war? Bis heute sind die dogmatischen Streitigkeiten aus dieser Zeit nicht ausgeräumt, die orientalischen Kirchenfamilien bewahren immer noch ihr eigenes uraltes Verständnis. Entweder betonen sie die Menschlichkeit Jesu in besonderer Weise oder seine Göttlichkeit. Sie haben sich eigene Riten und Gesänge bewahrt und die aramäische Sprache, die zu Lebzeiten Jesu gesprochen wurde, ist ihre Liturgiesprache geblieben. Wie mag es wohl damals im Bischofssitz von Aphamia zugegangen sein?

In einem Museum sind die Mosaike zu besichtigen, die in der Ruinenstadt gefunden wurden. Dieses Gebäude befindet sich in einer mittelalterlichen Karawanserei. Als wir ankamen, rief der Mann am Eingang: „Wir machen gerade zu, Sie können nicht mehr reinkommen!" Ich begann zu betteln: „Ach, nur ganz schnell, nur ganz kurz mal reinschauen, fünf Minuten…" „Nein, nein, nein!" Plötzlich tauchte ein Mann mit einem klimpernden Schlüsselbund in der Hand auf. Auf sein Zeichen hin durften wir doch noch Eintritt zahlen. Er nahm uns mit und lud uns erstmal zum Tee ein, so wurde aus den fünf Minuten eine halbe Stunde in einer der kleinen Kammern in der Karawanserei. Um den Innenhof herum lagen ansonsten sehr große Räume, in denen Tier und Mensch gemeinsam untergebracht worden waren, pro Schlafplatz eine Feuerstelle mit Kamin nach außen. Wir süffelten den süßen Tee und ließen uns Geschichten erzählen. Der Schlüsselmann erzählte, er habe nur eine kleine Familie, nur acht Kinder.

Wir schauten uns die Mosaike an, die meisten waren Fußbodenmosaike aus den vielen Kirchen in Aphamia. Wenn ich die Motive nicht gekannt hätte, wäre ich nicht darauf gekommen, dass sie christlich geprägt sein könnten. Es waren alle Arten von Tieren zu sehen, wie von Kindern gemalt: Enten, Vögel, Hasen, Tiger und Löwen, Hirsche und Gazellen, Jagdszenen: Löwen fressen Gazellen, Hunde jagen Hasen. Alle diese Tiere waren von einer Weinrebe mit großen Trauben umgeben. „Ich bin der Weinstock, ihr seid die Reben", dieser Vers aus dem Johannesevangelium fiel mir ein. Konnte das der Hintergrund sein? Aber was bedeuteten dann all die Tiere? Sollte die ganze Schöpfung eingefangen werden, die Tiere am Boden, die Menschen im Raum? Hatten die ersten Christen versucht, den Reichtum der Schöpfung, die Umwelt, die lebensspendende Kraft der Mutter Erde in den Kirchenbau mit einzubeziehen? Wir genossen es, die Bilder ausführlich zu betrachten. Und es gab noch einige Mosaike aus den römischen Villen zu sehen: viel feiner, viel kunstvoller als die Kirchenmosaike. Auf einem Mosaik sieht man Aphrodite im Geburtsprozess, gerade entschlüpft ihrem Schoß ein rosiges Kind direkt in die ausgestreckten Arme einer Hebamme …

Und wieder eine Nacht voller Angst

Es war die Nacht nach unserer Rückkehr aus Aleppo. Es muss zwischen 3:00 und 4:00 Uhr morgens gewesen sein. Der Muezzin hatte noch nicht gesungen, da hörte ich Flugzeuge und ein lautes Krachen. Ich war sofort hellwach, voller Angst und Schrecken. Ich lauschte angestrengt, ob ich orten konnte, was und wo etwas passiert war. Aber ich hörte nur noch das Müllauto, das unbeirrt die Mülltonnen hydraulisch hob.

Ich war fast sicher, dass ein israelischer Jäger irgendeinen gezielten Angriff auf eine Person geflogen hatte. Auf eine Führergestalt der Hisbollah vielleicht? Die israelischen Piloten waren so trainiert, dass sie ihren Treffer gezielt in einem Hochhaus in ein einzelnes Schlafzimmer oder in ein Büro setzen konnten.

Wir lagen im Bett im achten Stock, ganz oben in unserem Gemeindehochhaus. Das Flugzeuggeräusch war jetzt sehr hoch über uns, waren es einfach Kontrollflüge? Hatte ein Flugzeug die Schallmauer durchbrochen, und ich hatte das für einen Granateneinschlag gehalten? Ein Auto fuhr laut hupend durch unsere Straße, aber sonst gab es keine Reaktionen, keine Polizei, keine Krankenwagen.

Simeon wachte weinend auf, kam zu mir und sagte, er hätte schlecht geträumt. Ich brachte ihn wieder in sein Bett, da verkündete er: „Am besten, ich schlafe gar nicht mehr ein!" „Warum denn?", fragte ich. „Dann kommen keine bösen Träume!" Nach langem Hin und Her und viel Streicheln schlief er dann aber doch wieder ein. Inzwischen hatte ich mich auch beruhigt und der Muezzin hatte sein Morgengebet in den Himmel geschickt. Und am nächsten Morgen waren die Ängste schon fast wieder verflogen. Ich wartete, ob irgendjemand etwas erzählte. Hatte außer mir denn niemand etwas gehört? „Ja, die Flugzeuge sind heute Nacht wieder geflogen …"

Immer wieder fliegt die israelische Luftwaffe Scheinangriffe auf Beirut. Vor einigen Jahren war bei einem solchen Scheinangriff eine Dame aus unserer Gemeinde voller Panik aus dem Bett gesprungen und dabei gestolpert. Wochenlang war sie mit einem Gipsarm herumgelaufen, weil sie sich einen komplizierten Bruch zugezogen hatte.

Mit dieser Anspannung leben wir. In der Erwartung, dass etwas passieren wird. Niemand weiß, was und wie, aber es werden weitere schlimme Dinge geschehen, daran gibt es eigentlich keine Zweifel. Schon als Kind habe ich immer wieder den Albtraum gehabt, dass die Israelis kommen. Ich träumte, sie kämen vom Meer her, auf Booten, und würden unser Haus beschießen.

Eines der schrecklichsten Bilder, die ich in mir trage, ist das von Bomben, die auf palästinensische Lager fallen. Das muss im Frühjahr 1974 gewesen sein. Ich stand auf unserem Balkon, sah die israelischen Flugzeuge kommen und die Bomben, die wie schwarze Säcke herunterfielen. Ich wusste, dass dadurch Menschen sterben würden. Im Radio hörten wir die Berichte, wie viele Tote, wie viele Verletzte es gegeben hatte. Und es waren Aufrufe zum Blutspenden auf allen Sendern zu hören.

Wir selbst waren sicher in unserer Wohnung auf dem Campus der Amerikanischen Universität. Die Sonne schien wie immer, um uns herum grünte alles wie eh und je. Wir kochten und aßen und versuchten, unsere Hausaufgaben zu machen. Schule hatten wir nur selten in jenen Tagen, meistens kam der Schulbus nicht, wenn wir morgens pro forma an der Haltestelle standen und warteten. In diesen Tagen war jedoch Ausgangssperre. Unsere Lehrer hatten uns viele Aufgaben gegeben, die wir selbständig erarbeiten mussten. Ich hatte ein Referat über die Pädagogik von Paulo Freire vorzubereiten. Ich weiß noch, dass es mich in jenen Tagen glücklich gemacht hat, seine Bücher zu lesen. Darin ging es um Erziehung zur Freiheit und Verantwortung füreinander. Eine Utopie, die mir Hoffnung machte. Menschen können ihre Gesellschaft gestalten, wenn sie zur Freiheit erzogen werden. Ich ahnte, dass es Auswege gibt aus dem scheinbaren Zwang Kriege führen zu müssen.

Damals habe ich verstanden, dass man mitten im Krieg leben kann, ohne betroffen zu sein. Erst wenn wir selber getroffen werden, ist der Krieg da. Erst wenn ich selber fliehen muss, wenn die Flüchtlinge in unser Haus kommen oder Wasser, Strom, Nahrung und Benzin knapp werden. Das ist völlig verrückt und schwer zu ertragen, eigentlich mitten im Kriegsgebiet zu leben, ohne noch wirklich betroffen zu sein. Es entstehen Risse im Kopf, man tut so, als ob alles normal wäre, und zwei Kilometer weiter ist die Hölle los. Was bleibt sind die Albträume.

Teil 5

Als Frau im Libanon – der Blick vom Balkon

1971 bezogen wir eine Wohnung auf dem Campus der Amerikanischen Universität. Neben unserem Haus war der große Kinderspielplatz, der einzige, den es in ganz Beirut gab. Auch mit 14 liebte ich noch die Schaukeln, große hohe Schaukelgestelle mit Sitzbrettern an langen Ketten. Ich konnte stundenlang träumen in der lauen Luft der Nachmittage, wenn die größte Hitze nachließ. Der Campus war ein Stück erhaltene Mittelmeerlandschaft mit Oleander und Hibiskushecken, hohen Palmen und blau blühenden Jacarandabäumen. Das dunkle Grün der Zypressen vor dem Blau des Meeres war ein Anblick, an dem ich mich nicht satt sehen konnte. Orangen- und Zitronenbäume verströmten ihre Düfte. Jedes Jahr zu Weihnachten wurde der Campus grün, die Sommerhitze war vorbei und die ersten Regen brachten neues Wachstum mit sich. Die ersten Alpenveilchen kamen aus ihren Mauerlöchern, und die kleinen blauen Anemonen zeigten uns ihre zarten Gesichter. Direkt vor dem Fenster meines Zimmers stand eine hohe Palme, dahinter schaute ich über die Uferstraße hinweg auf das Meer.

Wir hatten einen großen Balkon, auf dem sich unser Leben hauptsächlich abspielte. Meine Mutter hatte dort eine Hollywoodschaukel aufgestellt. Auch sie liebte das Schaukeln. Es scheint ein Teil dieses Lebensgefühls gewesen zu sein, das Schweben zwischen Himmel und Erde, die Weite bis zum Horizont, die Heimatlosigkeit:

> Frage / Antwort,
> da sein / dort sein,
> ja / nein,

verstehen/nicht verstehen,
ablehnen/annehmen.
Wo bin ich?
Wer bin ich?
Wer liebt mich?
Wen liebe ich?

Alleine ans Meer zu gehen war nicht möglich für mich, obwohl ich mich immer danach sehnte. Ich wollte auf die Felsen klettern und einfach nur sein. Dort sitzen, die Gischt auf der Haut spüren, die unterschiedlichen Färbungen der Strömungen beobachten, die Sonnenuntergänge erwarten.

Aber jedes Mal, wenn ich das wagte, tauchte in Sekundenschnelle ein männliches Wesen auf, wie aus dem Boden geschossen, und meinte, mich aus meiner Einsamkeit erlösen zu müssen. Das war nicht nur lästig, sondern auch gefährlich. Es kam zu Handgreiflichkeiten, wenn ich mich gegen grobes Angrapschen zur Wehr setzte. Europäerinnen galten als Freiwild, eine Frau, die sich alleine außerhalb ihres Hauses aufhielt, bot sich den Männern an. Die Männer fühlten sich im Recht.

Was blieb, war der Blick vom Balkon. Der Balkon scheint der ideale Lebensort der Frau im Orient zu sein. Wenn ich heute aus den Fenstern unserer Wohnung blicke oder von unserem Balkon herunterschaue, dann sehe ich sie, die Frauen. Von ihren Balkons aus beobachten sie die Straße. Wer geht wann wohin und mit wem?

Man braucht sich nicht zu wundern, dass in der libanesischen Gesellschaft Geheimnisse nicht für längere Zeit geheim zu halten sind. Man beobachtet sich gegenseitig. So ausgefeilt ist das System und anscheinend durch alle gesellschaftlichen Schichten hindurch aufs Feinste trainiert, dass nichts verborgen bleiben kann. Da hängen sie über den Balkongeländern, um genau zu sehen, was sich unter ihnen abspielt. Die Ehre der jungen Mädchen zieht alle Aufmerksamkeit der Beobachterinnen auf sich.

Das am stärksten gefährdete Gut einer angesehenen Familie ist die Ehrbarkeit ihrer Töchter. Kein Risiko wird da eingegangen. Allein geht eine Tochter nicht aus, nirgendwohin. Sie sitzt nicht mit einem Mann allein im Auto, sie darf nirgendwo anders übernachten. Nur mit Familienangehörigen im Schlepptau kann sie sich bewegen. Ihre Heirat wird möglichst arrangiert, am besten mit jemandem aus dem gleichen Clan. Auf jeden Fall sollte es ein Mann mit der gleichen Religion sein. Wenn es sich gar nicht verhindern lässt, wird – wenn die Tochter Glück hat – auch einer Liebesheirat zugestimmt. Diese engen moralischen Grenzen um das Leben der jungen Mädchen sind nicht etwa nur moslemische Lebensart, christliche Familien unterliegen einem ganz ähnlichen Druck.

So ist der Balkon ein sicherer Ort. Da spielt sich das Leben vor unseren Augen ab, ohne dass wir selbst hineingezogen werden. Die Gefahren des wahren Lebens liegen irgendwo im Nebel einer anderen Zeit.

Die verborgenen Schleier

Wir Europäerinnen fallen durch alle Löcher der moralischen Netze. Wir genießen andere Freiheiten, aber der Preis dafür ist hoch. Als Freiwild zu gelten ist wenig erfreulich. Ich habe als Jugendliche eine Abscheu vor Männern entwickelt. Ängste und Ekelgefühle blockierten lange Jahre mein Bedürfnis, eine normale Beziehung zu einem Mann aufzubauen. Ich hatte das Gefühl, mich selbst mit Schleiern schützen zu müssen. Ich hätte mich vielleicht oft besser gefühlt, hätte ich wirklich einen Schleier überwerfen konnen. Nicht auffallen, Teil der Menge sein, dabei sein, ohne gesehen zu werden, mein weiblicher Körper den lüsternen Blicken entzogen. Mit viel Geduld half Uwe mir Jahre später, mich aus all meinen Schutzschichten wieder herauszuschälen.

Dennoch ist das erotische Kribbeln ein Teil meiner libanesischen Existenz, es gehört zur Meeresluft und zum hellen Sonnenlicht. Frau sein, begehrenswert sein, Mutter sein, besonders sein, schön sein – Frau zu sein hat etwas von der Fülle des Lebens an sich. Im Kreis der Freundinnen die Sinnlichkeit, meine Körperlichkeit entdecken und leben lernen. Heute genieße ich es, hier im Libanon als Frau die Blicke auf mich zu ziehen, angesehen zu werden. Auch im beruflichen Kontext als Pfarrerin bin ich kein neutrales Wesen, ich bin Frau. Mit allen Facetten der Erotik, der Bewunderung und durchaus der Ehrfurcht. Dabei ist der Beruf einer Pfarrerin etwas absolut Ungewöhnliches im Orient. Ich bin die einzige Pfarrerin im Libanon. Keine der anderen Kirchen ordiniert Frauen, nicht einmal die arabischen protestantischen Kirchen können sich dazu entschließen. Die Gesellschaft sei nicht bereit dazu, lautet das immer wieder gehörte Argument. Als Außenseiterin fache ich wohl immer wieder die Diskussion um die Frauenordination an, aber dabei bleibt es. Man braucht ja nur abzuwarten, bis ich wieder gehe.

Immer wieder bewundere ich die natürliche Würde der libanesischen Frauen, besonders der Frauen aus den ärmeren Schichten. Ob christlich oder moslemisch, ob verschleiert oder nicht, sie stellen sich hin und sprechen vor großen Versammlungen, frei und ohne Scheu. Sie beten oder singen vor der ganzen Gemeinde. Laut, frei und langsam zu sprechen brauchen die Frauen hier nicht zu üben. Sind es doch die Schleier, die das Gefühl der Würde verstärken, selbst wenn sie manchmal unsichtbar bleiben? Vermittelt die große Sorge um die Unversehrtheit der jungen Mädchen vielleicht auch das Gefühl von besonderer Wertschätzung? Und woher kommt die Lebensfreude? Dieser ständig fließende Überschuss an Lebensfreude, das immer wache Interesse am anderen, die große gefühlvolle Aneilnahme am Schicksal des Nächsten. Dahinter verbergen sich große Kraftreserven dieser Gesellschaft, deren Wert nicht hoch genug eingeschätzt werden kann.

156

„Mich hat niemand gefragt!"

Eine junge Frau ist bei mir in Therapie. Sie spricht gut Deutsch, denn sie hat lange in Deutschland gelebt. Nun ist sie mit einem Mann zusammen, der sie schlägt, missbraucht und ihr auch noch die vier Kinder weggenommen hat. Beim ersten Mal, als wir uns trafen, sah ich nur ihr Elend.

„Wie kommt es, dass du diesen Mann geheiratet hast?", fragte ich sie. „Ich war 15 Jahre alt", erzählte sie, „wir waren abends bei meiner Tante gewesen. Als wir wieder nach Hause gingen, stand eine Gruppe von jungen Männern auf der Straße. Wir gingen dran vorbei. Einer von denen ist mein Mann geworden. Er hat mich gesehen und fragte einen Cousin von mir, zu welcher Familie ich gehörte. Da kam er sofort in derselben Nacht mit seinen Eltern zu uns nach Hause, um bei meinen Eltern um meine Hand anzuhalten. Daraufhin wurde zwischen den beiden Familien meine Heirat mit ihm beschlossen. Ich wurde nicht einmal gefragt!"

„Ich wollte so gerne weiter auf die Schule gehen", fügte sie ein wenig später hinzu, „etwas lernen. Ich war die Beste in meiner Klasse."

Neulich hat sie es gewagt, mit ihrem Vater darüber zu sprechen: „Wenn du mich gefragt hättest, Papa, dann hätte ich dir gesagt, dass ich erstmal etwas lernen will. Warum hast du mich nicht gefragt?"

„Heute ist das nicht mehr so", sagt sie, die inzwischen 28 Jahre alt ist, zu mir. „Die Mädchen heute wehren sich." Sie jedenfalls hat langsam gelernt, dass sie ein Recht darauf hat, gefragt zu werden. Und sie hat sich gegen den Willen ihrer Eltern dazu entschieden, vor Gericht um das Sorgerecht für ihre Kinder zu kämpfen. Die Angst ist noch groß. Wegen der Gewalttätigkeit ihres Mannes und weil sie ungehorsam gegenüber ihrem Vater war. Aber sie ist voller Kraft. „Es sind meine Kinder, die neun Monate unter meinem Herzen gelebt haben!" Für diese Kinder ist sie jetzt endlich bereit, die gesellschaftlichen Grenzen zu durchbrechen.

Eine andere Frau, die zu mir in die Therapie kommt, ist mit ihrem libanesischen Ehemann aus Deutschland nach Beirut gezogen. Sie hat sich extrem angepasst, ist eine gute Muslima geworden, tief verschleiert. Das Paar hat fünf Kinder. Nach ein paar Jahren Ehe hatte sie erfahren, dass ihr Ehemann wieder heiraten wollte. Er hatte das Recht dazu, eine Zweitfrau zu haben, ganz offiziell. Sie wurde nicht gefragt, hatte nichts dazu zu sagen. Er wollte das und er tat es. Er hat wieder eine Hochzeit gefeiert und auch Kinder mit der Zweitfrau. Er wohnt mal hier und mal da.

Meine Klientin ist zutiefst gekränkt. Sie hat nichts davon geahnt. Zu sehr war sie mit der Versorgung der fünf Kinder beschäftigt. Ihr Selbstwertgefühl ist zusammengebrochen. „Wer bin ich denn, wer wird mich noch achten?" Wir holen uns Hilfe bei anderen Frauen, die das Gleiche durchgemacht haben. „Du bist und bleibst immer die Erste!", sagen sie alle übereinstimmend. Deine Stellung als erste Frau kann dir niemand mehr nehmen. Gemeinsam arbeiten wir an einem neuen Selbstwertgefühl, nicht die Frau von … zu sein, sondern Frau zu sein, sie selbst zu sein, Mutter zu sein. Die Loslösung aus der emotionalen Abhängigkeit steht an, denn finanziell bleibt sie optimal versorgt. Wie überstehen das die Kinder? Nachdem die Mutter nun nicht mehr so furchtbar leidet, geht es auch den Kindern besser, sie sind mal hier, mal da. Sie lieben ihren Papa, der bald schon ein Baby von seiner neuen jungen Frau im Arm hält. Das ist am schwierigsten für meine Klientin, diesen stolzen Vater zu sehen, der das Baby zu ihr mitbringt. „Das arme Wesen kann doch nichts dafür", sagt sie sich, aber sie kann dem Kind keine Wärme entgegenbringen.

Enge Grenzen: der Alltag der Frauen

Ich saß bei meiner Freundin Zeina. Sie war meine Arabischlehrerin gewesen, als wir 1999 in den Libanon zurückgekehrt waren. Zwischen uns hat sich eine enge Freundschaft entwickelt. Zeina stammt aus einer großen sunnitischen Familie in einem Dorf im Südlibanon. Sie hat viele gesellschaftliche Grenzen überschritten, indem sie sich ihr Leben als alleinstehende Frau aufgebaut hat und es wagt, alleine in einer Wohnung zu leben. Gemeinsam mit Freunden hat sie eine Begegnungsstätte aufgebaut, in der zum einen Reisegruppen ein anspruchsvolles Programm geboten bekommen, zum anderen Seminare und Arabischkurse stattfinden können. Hier treffen sich Menschen, die sich im Bürgerkrieg gegenseitig bekämpft haben, und beginnen, oft zum ersten Mal, über eine gemeinsame Zukunft in diesem Land nachzudenken. Wir waren gebeten worden, ein großes Poster für eine Dialogkonferenz vorzubereiten, Zeina sollte die Versöhnungsarbeit der Begegnungsstätte darstellen und ich die Arbeit der Gemeinde. Aber zuerst tranken wir einen Kaffee zusammen, es gab so viel zu erzählen. Ein Neffe kam zu Besuch, der gerade in der Nähe war, wieder kochten wir Kaffee. Dann sagte Zeina: „Meine Schwester hat uns zum Essen eingeladen." So verbrachten wir den ganzen Nachmittag mit lebhafter Unterhaltung im großen Familienkreis. Immer wieder kamen andere Familienangehörige und Freunde dazu, der Kreis wurde immer größer. Irgendwann fragte ich mich, wann wir denn unser Poster machen sollten. Würden wir Zeinas Familie beleidigen, wenn wir einfach wieder gingen? Wir waren müde, es war schon dunkel, und ich hatte noch die ganze Strecke nach Beirut zu fahren. Aber wann sollten wir dieses Poster fertig stellen, einen anderen Zeitpunkt dafür würden wir nicht finden. Also setzten wir uns notgedrungen in der Nacht hin. Seufzend stellte ich mal wieder fest, dass unsere Lebensrhythmen nicht zusammenpassen.

Immer wieder fallen wir als Deutsche, als Europäerinnen oder als westlich erzogene Frauen aus dem Rhythmus der libanesischen Gesellschaft heraus. Das geschieht, wenn wir uns den freundlichen Einladungen entziehen, den nächsten Kaffee ablehnen und die ausgedehnten Essen abkürzen. Unser Alltag ist strukturiert und durchgeplant, wir müssen diesen Planungen folgen, sonst kommen wir durcheinander. Wir vergeben feste Termine und halten Bürozeiten ein. Wir beachten Abgabetermine und Anmeldefristen. Das ist für viele Libanesen fast unmöglich, besonders für die Frauen. In unseren beruflichen Alltag können wir diese Rhythmen oft nicht integrieren. Auch die berufstätigen Frauen im Libanon können die alten Rituale nicht aufrechterhalten, aber sie werden es dennoch versuchen.

Über den Tag verteilt gibt es einige Fixpunkte. Um uns herum treffen sich die Frauen zum „Sabhiyye", das ist die Kaffeerunde morgens gegen 10:00 Uhr. Die Nachbarinnen kommen zusammen, nachdem sie früh am Morgen die Hausarbeiten erledigt haben. Bei arabischem Kaffee werden die neuesten Gerüchte ausgetauscht, die schönsten Klatschgeschichten machen die Runde, aber man nimmt auch gegenseitig Anteil am Leben der anderen. Abends kommt man dann oft zum Wasserpfeiferauchen wieder zusammen, die Männer sitzen hier, die Frauen da. Man verbringt sehr viel mehr Zeit mit Freunden und Familien, als wir das gewohnt sind. Anlässe gibt es immer. Will jemand verreisen, geht man hin, um sich zu verabschieden. Kommt jemand von einer Reise zurück, begrüßt man ihn. Ist jemand krank, besucht man ihn, ist er wieder gesund auch. Wenn jemand gestorben ist, sitzt man eine ganze Woche zusammen. Man trifft sich 40 Tage danach, ein Jahr danach und immer wieder an den Jahrestagen. Dafür gehen die Menschen selten an die Gräber. Wird ein Kind geboren, gibt es große Besucherrunden.

Immer und immer wieder gibt es mehr oder weniger zwingende Gründe, um zusammenzukommen. Und die meisten Familien sind sehr groß! Viele meiner Freundinnen klagen darüber, denn sie können unter diesen Zwängen kaum ein Eigenleben entwickeln. Wer all diese Anlässe oder einige davon auslässt, für den kann es sehr schwierig werden. Denn er wird auf Dauer aus dem Familienzusammenhalt herausfallen – und dann gilt man als verloren. In der Wüste überlebt man nur in der Gemeinschaft. Daran hat sich anscheinend in der hoch differenzierten arabischen Gesellschaft noch nicht viel geändert, denn es steht letztendlich niemand anders für den Einzelnen ein. Der Staat ist so gut wie nicht existent, wenn es um die Nöte der Menschen geht, es gibt kein soziales Netz außerhalb der Familie – und wehe dem, der diese Verbindung zerschlagen hat.

Wir als Gemeinde übernehmen oft die Funktion einer Großfamilie, wenn eines unserer Mitglieder aus seinem Familienverband herausgefallen ist. Das passiert zum Beispiel bei einer Scheidung: Der Mann schickt die Frau in ihre Herkunftsfamilie zurück. Die Kinder bleiben in der Regel in der Familie des Vaters, die Mutter darf sie dort besuchen. Dann übernimmt die Herkunftsfamilie einerseits die Aufgabe, der Frau zu ihren Rechten zu verhelfen, andererseits wird sie dort finanziell aufgefangen und versorgt. Stirbt der Ehemann, steht die Frau, die vielleicht 30 Jahre mit ihm in seinem Land und mit seiner Familie gelebt hat, nicht selten vor einer ähnlichen Situation. Traditionellerweise wird sie dann ebenfalls in ihre Herkunftsfamilie zurückgeschickt, und der Besitz geht auf die Familie des Mannes über, solange dieser in einem Testament nichts anderes bestimmt hat. So kann es sein, dass eine Frau am Ende ihres Lebens quasi mittellos auf der Straße sitzt. Und wenn dann keine Kinder da sind, die ihre Mutter unterstützen können, muss dies die Gemeinde tun.

Hibba und die Teufel

Zeina und ich waren im Juni 2007 gemeinsam als Sunnitin und Christin eingeladen worden, eine Bibelarbeit im Rahmen des evangelischen Kirchentags zu gestalten. Aus diesem Grund fragte ich Zeina nach der Gestalt des Teufels im Koran. Daraufhin besuchten wir Hibba, Zeinas Schwester, die sich im Koran bestens auskennt. Hibba ist eine große, schlanke Frau, sehr blass, sehr schmal im Gesicht, ihre Hände zittern leicht. Sie hat Kummer, Zeina hatte mir immer wieder von dem schweren Schicksalsschlag erzählt.

Hibbas älteste Tochter ist von zu Hause weggelaufen, mit einem Mann! Inzwischen hat sie ihn geheiratet. Vielleicht wäre sie heute sonst nicht mehr am Leben. Sie ist erst 17 Jahre alt! „Sie war sehr begabt", erzählte Zeina. „Sie sollte studieren, jetzt ist sie schwanger." Die Mutter spricht nicht mehr mit ihr.

Die anderen drei Kinder sind sehr bemüht, Hibba nicht noch mehr Kummer zu machen. Bei unserem Besuch brachte der eine Sohn ihr den Koran, der andere den weißen Gebetsumhang. Die jüngste Tochter setzte sich vorsichtig dazu. Im Alltag verschleiert Hibba sich nicht, nur zum Gebet und wenn sie den Koran liest.

Das Wort „Teufel", „Sheitan", ist an sich schon gefährlich. Wenn man es in den Mund nimmt, muss man einen bestimmten Satz sagen, der vor der Macht der Teufel schützt: „Aousou Billah min al sheitan arrajim." Das bedeutet so viel wie: „Gott, der Erhabene, schütze uns vor der Macht des gesteinigten Teufels." Der Teufel ist eine sehr reale Größe für Hibba. Und sie weiß, dass ein Mensch umso gefährdeter ist, desto frommer er ist. Denn die Teufel mit ihrer Macht treten in vielerlei Gestalt auf. Gerade die gläubigen Menschen wollen sie in Versuchung bringen. Ihre Kräfte sind allgegenwärtig, sie zerstören, sie bedrohen die Beziehungen zwischen den Menschen und zu Gott. Es ist das tägliche Bemühen einer guten Muslima, ihr Leben in der

Beziehung zu Gott zu gestalten. Die Teufel versuchen, diesen Frieden zu stören. Zudem treten die Teufel als innere Stimme „Karinn" in Erscheinung. Sie flüstern den Menschen ihre Versuchungen zu, sogar während des Gebets.

„Aber Gott ist stärker", sagte Hibba zu uns. „Wenn ich mich an Gott wende, schenkt er mir seine Kraft." Während sie das sagte, hatte sie etwas Durchscheinendes.

„Nur die Propheten waren vor den Angriffen des Teufels geschützt. Gott hat sie wie mit einem Zaun umgeben, da haben die Teufel keinen Zugang. Auch Jesus war so geschützt und sogar Maria, als sie noch im Bauch ihrer Mutter war, wurde vor den Mächten des Teufels für ihr ganzes Leben unter Schutz gestellt", erklärte mir Zeina.

„Teufel können die Menschen krank machen", sagte Hibba mit ihrem traurigen Gesicht. Wir alle kennen genügend Geschichten, von Scheichs, die die Tinte, mit der Korantexte geschrieben wurden, in Wasser auflösen und Menschen zu trinken geben, als Heilmittel gegen die Teufelsmacht oder als Zaubertrank. Ein junges Mädchen zum Beispiel hatte voller Verzweiflung ihre gesamten Ersparnisse für einen Liebeszauber ausgegeben, weil derjenige, den sie liebte, ihre Liebe nicht erwiderte. Am verwunderlichsten fand ich die Reaktion des jungen Mannes, als er von dem Zauber erfuhr. Ich kannte ihn eigentlich als sehr vernünftigen Menschen, aber von panischer Angst getrieben versuchte er, sich in dieser Situation mit Gegenzaubern vor der Verzauberung zu schützen.

Junge Frauen erzählen mir auch immer wieder, sie müssten sich verschleiern, wenn sie auf die Straße gingen, denn dann hätte der Teufel nicht so leichten Zugriff auf sie.

„Aber wir können die Teufelskräfte auch verwandeln", erzählte mir Hibba, „wie Suleiman, Salomon, er konnte die verschiedenen Geistwesen, die Djinnen, zu dienstbaren Geistern machen, sie gehorchten ihm. Weil er stärker war als sie!"

„Wir sind gefährdet, sei also vorsichtig!", warnt Hibba mich.

Sie ist sich nicht ganz sicher, ob ich als Christin wirklich vor den Mächten des Teufels geschützt bin. „Inshallah! So Gott will", antworte ich ihr, und wir umarmen uns herzlich.

Simeons Ankunft und der Aufbau unserer Gemeinde

Meine Mutter schwärmte immer davon, wie gut alles für sie gelaufen war, als sie 1964 ihr fünftes Kind in Beirut zur Welt gebracht hatte. Immerhin hatte sie reichlich Erfahrung mit ihren sechs Kindern. Das fiel mir ein, als Simeon sich Anfang des Jahres 2001 ankündigte. Ich war sehr überrascht, denn ich hatte gedacht, dass ich mit 43 Jahren zu alt zum Kinderkriegen sei. Voller Sorge gingen Uwe und ich zum Frauenarzt, wir hatten das Gefühl, dass diese Schwangerschaft nicht mehr gut gehen könnte. Aber für den Arzt schien das gar nicht außergewöhnlich zu sein. Viele libanesische Frauen würden in dem Alter noch schwanger, sagte er uns. Es sei alles ganz normal, ich könne unbesorgt sein. Den neuen Zustand, den ich wieder sehr aufregend fand, hielt ich möglichst lange geheim. Einerseits traute ich der Schwangerschaft noch nicht so ganz, andererseits kämpfte ich mit meiner Scham. Meine deutschen Freunde würden mich für verrückt erklären. Jetzt hatte ich endlich meine drei älteren Kinder aus dem Gröbsten heraus, und dann begann ich wieder von vorne?

Hinzu kam, dass sich die Arbeit in der Gemeinde in einer sehr schwierigen Phase befand und wir unsere gesamten Kräfte brauchten, um diese große Aufgabe zu bewältigen. Es ging darum, einen neunstöckigen Neubau auf den Grundmauern des alten Gemeindehauses zu errichten. Um die finanzielle Situation der Gemeinde zu verbessern, sollten Mietwohnungen gebaut werden – kleine Wohnungen, die es sonst auf dem Beiruter Markt nicht gibt. Das liegt daran, dass das Konzept „Single" in der arabischen Gesellschaft nicht existiert. Allerdings hat sich die Vermutung, dass es dennoch Bedarf an solchen Wohnungen gibt, in den letzten Jahren mehr als bestätigt. Wir haben ständig eine Warteliste mit etwa 20 Leuten, die gerne in einem Studio mit Schlafzimmer und Wohnküche leben wollen.

Für den Umbau musste das alte Gemeindezentrum leer geräumt werden. Wir lagerten unsere Veranstaltungen aus, und erst nachdem wir wieder eingezogen waren, habe ich verstanden, wie wichtig das Gemeindehaus für unsere Gemeindemitglieder wirklich ist. Das ist ihr Stückchen Heimat, das sie sich in der Fremde bewahren konnten. Daher war der Aufbau eines offenen Gemeindelebens in dieser Phase besonders schwierig. Überall schienen Hemmschwellen zu sein, die ich zuerst gar nicht erkennen konnte.

Unsere Gemeinde besteht aus einem überschaubaren Grüppchen von Menschen. Die Gruppe, die das Gemeindeleben am stärksten prägt, sind die im Libanon verheirateten deutschsprachigen Frauen – gebrannte Kinder in vielerlei Hinsicht. Nach dem luxuriösen Leben in Wohlstand, das viele von ihnen in den 1960er und 1970er Jahren hier hatten, brachte der Bürgerkrieg einige von ihnen an den Rand der Armut. Sie hatten keinerlei Chance auf Unterstützung aus Deutschland. Auch nicht, wenn sie im Krieg nach Deutschland geflohen waren. Kam ein Libanese im Krieg dorthin, wurde er als Asylbewerber aufgefangen und wenigstens mit dem Allernötigsten, was man zum Leben braucht, versorgt. Die deutschen Frauen, die mit ihren Kindern aus den Kriegsgebieten flohen und keine Verwandtschaft in Deutschland hatten, standen hingegen vor dem Nichts. Der nächste Schlag war die Abschaffung der Auslandssozialhilfe. Die meisten Menschen, die ihr Leben im Libanon verbracht haben, haben keine Wurzeln mehr in ihrer ehemaligen Heimat. Geraten sie in finanzielle Not, ist es für sie nicht vorstellbar, wieder zurückzukehren. Aber nur dann hätten sie eine Chance, Sozialhilfe zu bekommen.

Meist sind Frauen betroffen, deren große Lebensleistung selten gesehen und so gut wie nie anerkannt wird. Sie haben sich in eine fremde Welt eingelebt, religiöse und kulturelle Unterschiede überbrückt und oft drei verschiedene Sprachen gelernt: Englisch, Französisch, Arabisch. Sie haben unter schwierigsten Bedingungen ihre Kinder aufgezogen. Jahrelang begleitete sie die Frage, ob man trotz der Unruhen bleiben sollte oder nicht. Gibt man um der Sicherheit willen alles auf, was man sich im Libanon aufgebaut hat? Einigen ist das Schrecklichste passiert, sie haben ihre Kinder verloren, andere haben schwer gezeichnet, psychisch und physisch verletzt, die Kriegszeiten überstanden. Ein Ehepaar aus unserer Gemeinde zum Beispiel hat zwei Töchter durch eine Granate verloren. Sie waren auf dem Weg zur Uni gewesen, als die Granate ihr Auto traf. Ich kannte die Mädchen noch aus meiner Schulzeit. Sie waren in meiner Schule gewesen, zwei Klassen unter mir. Jedes Mal, wenn die Mutter mich sieht, muss es ihr einen Stich ins Herz geben.

Die Frauen, die hier leben, sind mit Männern aus den unterschiedlichsten Schichten und allen gegensätzlichen Gruppen der libanesischen Bevölkerung verheiratet. Manche dieser Gruppen sind untereinander verfeindet, sie haben zum Teil sogar im Bürgerkrieg gegeneinander gekämpft. Man muss sich vorstellen, dass sich die Söhne dieser Frauen an den Fronten des Bürgerkriegs als Feinde gegenübergestanden sind. Wenn wir Frauen zusammenkommen, spricht man nicht darüber. Es ist eine hohe Kunst und braucht lange Übung, alle heiklen Themen zu vermeiden, um die Gemeinschaft aufrechterhalten zu können. Ich wusste lange nicht, ob ich mich in dieser Kunst auch üben möchte, aber es hat sich als sehr nützlich erwiesen, sie zumindest zu beherrschen.

Als ich 2001 schwanger wurde, merkte ich, dass sich in unserem Verhältnis etwas änderte. Vorher war ich ihre Pfarrerin gewesen, ein Wesen, das in kein Bild so richtig passen wollte. Konnte man mir trauen? War ich eine von ihnen oder nicht?

War ich wieder jemand, der sie nicht ernst nehmen oder nur vorübergehend Interesse zeigen würde? Würde auch ich mich lieber der anderen sozialen Schicht in der Gemeinde zuwenden? Damit ist die Gruppe der entsandten Deutschsprachigen gemeint, die Botschaftsangehörigen und die Wirtschaftsleute, einige wenige Lehrer und einzelne Wissenschaftler. Alles in allem eine interessante Gruppe von Menschen. Diese beiden Gruppen stehen anscheinend in einer alten Konkurrenz, die typisch ist für die soziale Struktur in Auslandsgemeinden.

Die Entsandten bemerken diese Konkurrenz gar nicht, sie sind nur vorübergehend da und ziehen durch die Welt. Die anderen, die vor Ort leben, müssen sich ganz anders auf ein Land einlassen. Sie sind viel abhängiger von der Gemeinde und brauchen sie ganz existentiell. Darüber hinaus sind sie diejenigen, die die Kontinuität in einer Gemeinde garantieren. Denn sie bleiben und kennen die Geschichten aller Pfarrergenerationen. Natürlich sind sie traditionell und haben Angst vor Veränderungen. Das ist verständlich, das letzte bisschen Halt an Gewohntem, das sie haben, wollen sie nicht verlieren. Und dann haben wir ihr Gemeindehaus abgerissen!

Vielleicht konnte ein solcher Riss nur durch meine Schwangerschaft geflickt werden? Auf einmal war ich einfach eine Frau in einer nachvollziehbaren Situation. Eine Frau, der es morgens schlecht wurde und die ständig müde war. Eine Frau, die Angst hatte vor dem, was auf sie zukam. Und eine Frau, mit der man sich freuen konnte, weil sie noch einmal ein Kind bekam, nachdem ihre anderen Kinder schon so groß waren, dass sie bald aus dem Haus gehen würden. Dass ein Haus ohne Kinder leer ist, dass man da noch mal was Kleines braucht, wurde mir wieder und wieder bestätigt. Ich spürte darin die schmerzliche Lebenserfahrung der Frauen und die heimliche Frage, welchen Sinn das Leben einer Frau noch hat, wenn die Kinder aus dem Haus sind.

So wandelten sich die Rollen, ich war diejenige, um die man sich kümmern durfte, ich wurde mit Ratschlägen überhäuft, ich wurde begleitet. Gleichzeitig blieb ich jedoch in der Rolle der Seelsorgerin und Pfarrerin. Je näher ich den anderen Menschen kam, desto mehr vertrauten sie mir von sich an. Die Gottesdienste gewannen eine besondere Intensität, als ob die großen Lebensfragen sich um meine Gestalt, um meinen Körper, in dem das Kindlein wuchs, rankten. Und in den Gebeten vereinigten sich die Sorgen und Bedürfnisse vieler Mütter. Der Bau und die damit verknüpften Verlustängste konnten wieder ein wenig in den Hintergrund rücken.

Als wir endlich das große Fest der Einweihung vorbereiteten, saß ich vornüber gebeugt auf dem Boden und gestaltete große Plakate, die die Geschichte der Gemeinde erzählten. Sofort kam Susanne, ein Frau aus der Gemeinde, zu mir: „So darfst du nicht sitzen! Da kann das Blut nicht fließen!" Jeder Bissen, den ich mir in den Mund schob, wurde diskutiert. Aber mir wurden auch Leckerbissen zugesteckt und Kräutertees mitgebracht. Die eine hatte noch Reste, die aus Deutschland stammten, die andere brachte selbst gesammelte Kräuter von hier. Das Orangenblütenwasser mit seinem süßen Blumenduft wurde mir gegen das Bauchweh empfohlen, das Rosenblütenwasser für eine morgendliche Waschung gegen die Übelkeit. Meine libanesischen Freundinnen studierten eifrig den Kaffeesatz und entdeckten immer neue verheißungsvolle Zukunftsaussichten für das Kind. Hüten sollte ich mich aber vor dem bösen Blick, am besten wäre es, irgendwo eine kleine blaue Perle zu tragen, um mich dagegen zu schützen. Der böse Blick entsteht aus Neid und kann alles Übel der Welt über einen bringen – natürlich auch die Rückenschmerzen, die mich plagten. Zum Glück kannten meine Freundinnen die richtigen Massagegriffe. Sobald ich ein bisschen laufen wollte, hörte ich Entsetzensschreie. Das dürfe ich erst wieder ab dem neunten Monat, wenn die Geburt kurz bevorstehe. Ab und zu schafften Uwe und ich es, uns ins Berghaus zurückzuziehen und ausgedehnte Wanderungen zu machen.

Am schönsten für mich war das Schwimmen im Meer. Das sommerwarme Meerwasser, das die Schwere aus dem Körper nimmt. Im Heben und Senken der Brandungswellen verloren sich alle Muskelverspannungen. Die große Tiefe unter mir, verheißungsvoll und immer ein Geheimnis. Das waren die Bilder, die mich im Geburtsprozess durch die Wehen trugen und mir und dem kleinen Simeon eine sanfte Geburt bescherten. Der Arzt und das ganze Krankenhausteam waren beeindruckt, eine Geburt ohne Panik und Wehgeschrei. Wieder lag ich wie in einer Blase aus Glück, das Neugeborene im Arm. Die großen Kinder umgaben mich und schauten erstaunt. So geht das also, war das auch so, als wir geboren wurden? Unsere großen Jungen, 14 und 15 Jahre alt, wurden ganz sanft und zärtlich, unsere Tochter, die schon 18 Jahre alt war und mitten im Schulabschluss steckte, entwickelte sich mit mir zusammen zu einer Fachfrau in Sachen Schwangerschaft, Geburt und Babypflege.

Am zweiten Tag nach der Geburt wird man schon nach Hause entlassen, denn der Aufenthalt im Krankenhaus ist teuer und die wenigsten Leute sind krankenversichert. Ich kenne viele Frauen, die ab dem Tag, an dem sie von ihrer Schwangerschaft erfahren, mühsam jeden Pfennig sparen, um sich neun Monate später eine Krankenhausgeburt leisten zu können. Wer das Geld nicht hat, geht zur Geburt in eine Arztpraxis und gleich danach nach Hause. Meist sind die ambulanten Geburten unfreiwillig. Was würden die Frauen darum geben, sich wenigstens zwei Tage lang ausruhen zu dürfen. Leider gibt es hier keine Hebammen, die nach Hause kommen und die Mütter beraten und unterstützen. Denn es wird davon ausgegangen, dass eine Mutter in die Großfamilie zurückkehrt, wo die anderen Frauen mit all ihrer Erfahrung schon auf sie warten.

In den Mittelstands- und Oberschichtsfamilien legt sich die Mutter in ein Prachtbett, sobald sie wieder zu Hause ist. Mit vielen Rüschenkissen wird es ihr bequem gemacht. Dort thront sie dann in Erwartung des Besucherstroms. In der Küche stehen die Schüsselchen mit Mighlie bereit, das ist der spezielle Pudding, der den Besuchern anlässlich einer Geburt angeboten wird. Es handelt sich um ein sehr nahrhaftes Gemisch aus Reismehl mit viel Zimt und Nüssen. Ist das Neugeborene ein Mädchen, kommen weniger Nüsse hinein, bei einem kleinen Jungen wird noch eine dicke Schicht Nüsse obendrauf gestreut. Und man muss für jeden Besucher ein kleines Geschenk bereithalten. Im Libanon ist die Herstellung dieser Geschenkchen ein florierendes Gewerbe. Auch bei Hochzeiten bekommt jeder Gast noch eine kleine Erinnerung. Es werden zum Beispiel kleine Porzellanbärchen oder -püppchen auf eine Wiese gestellt, auf der sich noch eine Süßigkeit befestigen lässt. Oder es werden winzig kleine Jäckchen oder Lätzchen genäht und an ein bunt eingepacktes Schokoladenpäckchen angeklebt. Früher hatte es einfach immer ein Säckchen mit Zuckermandeln zu diesen Anlässen gegeben.

Nach Hause zu kommen ist für alle Mütter ein bewegender Moment. Wir hatten in dieser Zeit eine Putzhilfe, eine alte Sri Lankesin mit Namen Sandra, eine Frau, die ihr Leben lang herumgeschubst und missbraucht worden war. Ihre Kinder hatte sie in Sri Lanka zurückgelassen, um im Libanon Geld zu verdienen. Inzwischen waren auch die schon verheiratet und hatten wieder Kinder. Die Familie hatte sie seit Jahren nicht mehr gesehen, der Flug war zu teuer. Sandra schien ein Mensch ohne eigenen Willen zu sein. Sie hatte das Eigene so weit nach hinten geschoben, dass sie selbst fast gar nicht mehr existierte. Als ich mit dem Neugeborenen nach Hause kam, war Sandra da, sie lächelte scheu, als sie uns die Tür öffnete. Dienstbeflissen nahm sie mir das kleine Bündel Mensch ab. Da huschte ein unbewusstes Babylächeln über Simeons Gesichtchen. „Wenn ein Neugeborenes lächelt, sieht es die Engel im Himmel", verkündete Sandra mit großem Ernst. Von dem Tag an wurde sie wieder selbständig, zunächst in ihrer Fürsorge für uns. Sie kochte srilankische Gerichte für uns, behielt den Überblick, wann was wo zu tun war, und drei Monate später hatte sie den Entschluss gefasst, nach Sri Lanka zu ihren eigenen Kindern zurückzukehren.

Auf den Besucheransturm nach der Geburt war ich leider gar nicht vorbereitet. Simeon kam drei Wochen zu früh und ich hatte mir wenig Gedanken um die Zeit danach gemacht. Ich hatte noch keine Windeln und keine Baby-Unterwäsche, keine Badewanne und keine Süßigkeiten. Die großen Kinder zogen los und besorgten alles, was notwendig war. Unmengen von arabischem Kaffee mussten gekocht, täglich musste der Schokoladenvorrat aufgefüllt werden. Wir versanken bald in Strampelhöschen und Kuscheltieren. Ich saß mit der kleinen Hauptperson auf dem Schoß auf unserem Sofa und freute mich über jeden Besuch. Denn das war ja nur eine Erweiterung, eine Verstärkung meiner eigenen großen Freude, meines unablässigen Staunens über dieses Wunder Mensch, das da in meinem Schoß lag.

Simeon kam Anfang Oktober zur Welt, Ende November sollte der große Weihnachtsmarkt in unserer Gemeinde stattfinden. In der Endphase vor dem Basar liefen die Vorbereitungen auf Hochtouren. So nahm ich also das kleine Kerlchen mit. Wir Frauen saßen ganze Nachmittage da und bastelten Engelchen und Nikoläuse. Es war noch immer sommerlich warm, denn sogar im November hatte es in dem Jahr noch nicht den erlösenden ersten Regen gegeben. Wir fertigten Transparente an und zerkleinerten kiloweise Trockenfrüchte für die Badewanne voll Früchtebrot, das ich jedes Jahr backen muss.

In der letzten Woche vor dem Basar lag der ganze Hof voller Grünzeug, Zypressen und Pinien, ab und zu mal war ein Zedernzweig dazwischen. Daraus wurden Adventskränze gebunden und Gestecke gemacht. Ein großer Kreis von Frauen saß von morgens bis abends zusammen und arbeitete mühsam die Berge von grünen Zweigen ab. Ich half nach Leibeskräften. Außerdem musste das Team ja auch versorgt werden: mit Kaffee und Kuchen, mit warmer Suppe und Käsebroten. Ich geriet ein wenig außer Atem mit all den Aufgaben und dem Baby an der Brust. So setzte ich mich zu den Frauen und nahm mir eine Schale, um ein Gesteck zu gestalten. In diesem Moment fragte mich die Frau neben mir ganz freundlich: „Und wann fängst du wieder an zu arbeiten?" Aufgrund meiner etwas erstaunten Reaktion erklärte sie, dass sie die eigentliche Pfarrerinnenarbeit meine. Wann würde ich wieder mal einen Gottesdienst halten? Das konnte ich ihr direkt sagen, denn ich hatte den Gottesdienst am ersten Advent übernommen, der am Tag nach dem Basar stattfinden würde. Und auch der musste noch vorbereitet werden. Das ging nur noch nachts, wenn ich Glück hatte und das Baby schlief.

Ich wollte darüber predigen, wie schutzlos Gott sich uns Menschen in Gestalt seines Sohnes ausgeliefert hat. Wie sehr Gott damit immer wieder unsere Fähigkeit, Liebe zu üben, herausfordert. Der Krieg der Amerikaner in Afghanistan hatte gerade erst begonnen. Ich hatte ein Fernsehbild von einer afghanischen Frau vor Augen, die mit einem Säugling auf dem Arm aus ihrer Stadt floh. Das Elend dieser Frau ging mir im Gottesdienst auf einmal so nah, und meine Erschöpfung war so groß, dass es mir während meiner eigenen Predigt die Sprache verschlug. Zum Glück war Uwe da, er konnte einspringen und den Gottesdienst zu Ende führen.

Die Kindergruppe

Bald schon wuchs – natürlich auch mit Simeons Hilfe – ein neuer Zweig der Gemeindearbeit heran, der vorher nur sehr klein gewesen war: die Arbeit mit Kindern. Simeons Anwesenheit brachte da etwas in Gang. Wir erklärten den Freitagnachmittag zum Kindernachmittag, der für alle Altersstufen offen sein sollte. So wie der Dienstagvormittag den Frauen gehörte, ob sie nun moslemisch oder christlich waren.

Und schon kamen die Familien mit ihren Kindern. Die meisten von ihnen hatten deutsche oder schweizerische Mütter und libanesische Väter. Oder deutsche Großmütter oder die Eltern hatten jahrelang als Libanesen in Deutschland oder in der Schweiz gelebt. Alle suchten den Zugang zu dem, was sie mit deutscher Kultur verbanden. Die meisten Väter waren moslemisch, sodass die Kinder auch moslemisch erzogen wurden. Diese Hürde musste zuerst überwunden werden, denn die Väter prüften, ob wir ihre Kinder missionieren wollten. Nachdem wir diesen Test bestanden hatten, stand dem Kindernachmittag nichts mehr im Wege. Die Kinder und auch die Mütter waren begeistert von den Spielen, den deutschen Liedern und Märchen, den Bastel- und Malangeboten, den kreativen Gestaltungsmöglichkeiten. Die Kinder haben ein großes Bewegungsbedürfnis. In den Schulen wird sehr viel von ihnen verlangt, sie müssen viel lernen aber auf die Entwicklung der kleinen Körper wird nur wenig geachtet. Also sorgen wir immer für Tobephasen, machen Geschicklichkeitsspiele und üben Purzelbäume oder Radschlagen. Einmal haben wir einen Zirkus vorbereitet, mit Zauberern und Clowns, Akrobaten und Seiltänzerinnen, mit wilden Tieren und vielen Pferden! Ein andermal erarbeiteten wir zusammen mit allen Müttern ein Singspiel, das sich an das Bilderbuch „Die Wurzelkinder" anlehnte. Alle Jahreszeiten wurden mit den schönen deutschen Volksliedern besungen, und die ganze Gemeinde konnte mitsingen. 2007, mitten in der Angst vor Bombenanschlägen, in einer Phase, in der wir wieder drei Familien verabschieden mussten, weil sie nicht mehr im Libanon bleiben wollten oder konnten, haben wir Dornröschen als Tanztheater aufgeführt.

Und wir feiern unsere Feste mit all ihren unterschiedlichen Traditionen. Wir basteln Laternen und ziehen am Sankt-Martins-Tag hinunter zum Meer, wo wir die schöne Geschichte vom römischen Soldaten, der kein Soldat mehr sein wollte, auf Deutsch und Arabisch am Feuer erzählen und selbstgebackene Weckmänner verzehren. Wir üben ein Krippenspiel für Weihnachten mit allen Kindern, die dabei mitmachen dürfen. Oft sind die moslemischen Kinder in der Mehrheit. Die Geschichte von Jesus aus dem Koran bekommt immer einen Ehrenplatz. Darin hält sich Maria während ihrer Wehen am Stamm einer Palme fest und wird durch die herunterfallenden Datteln für die Geburt gestärkt. Und es wird darin beschrieben, wie der neugeborene Jesus Maria schon vor den geifernden Dorfbewohnern verteidigt, die seine Mutter der Unzucht bezichtigen wollen.

Margret war mit vier Kindern aus einem gänzlich unreligiösen Alltag in Deutschland gekommen und im Libanon mit einem auf die moslemische Religion ausgerichteten Leben konfrontiert worden. Sie entdeckte, dass sie eigentlich nichts über ihre eigene Religion wusste. So manche Stunde habe ich mit ihr im Gespräch verbracht, habe versucht, das Christliche zu erklären, speziell das Protestantische. Anschließend machten wir uns auf die Suche nach dem Eigenen, dem Unverzichtbaren, weil es zur Identität von Margret gehörte. Was ist nur äußerlich? Der Weihnachtsschmuck? Kann ich darauf verzichten? Was steckt eigentlich dahinter? Was geschieht, wenn ich konvertiere, wenn ich Muslima werde? Was gebe ich damit auf? Das war Religionsunterricht der ganz besonderen Art!

Für mich selbst sind – schon als ich Kind war – die biblischen Geschichten mit den Orten verwachsen, mit der Landschaft hier im Libanon. Wir haben als Kinder Hirten und Nomaden in ihren Zelten kennengelernt und sogar einen Nomadenstamm besucht, der mit Kamelen aus dem Sinai handelte. Wir haben die Brunnen gesehen, aus denen man das Wasser schöpfen musste, und unter den einzelnen großen Bäumen gesessen, die an den Quellen wuchsen.

Wir haben das Wasser aus der Quelle, die Honig heißt, getrunken und sind hinüber zu der anderen großen Quelle gewandert, die ganz oben am Berg entspringt und Milch heißt. Wir haben am Strand in Jiyyeh gestanden und eine Moschee besucht, die einmal eine kleine byzantinische Kirche gewesen war. Hier, so hat man uns erzählt, soll der Prophet Jona, der von einem Walfisch verschluckt wurde, auf den Strand gespuckt worden sein. Von hier aus war er dann weiter nach Ninive gewandert, eine Stadt in der Nähe des heutigen Bagdad. So weit ist das alles gar nicht weg …

Und jedes Mal, wenn wir auf dem Weg in den Südlibanon durch Sarafant kommen, muss ich an die Geschichte von dem Propheten Elia denken, der am Ende seiner langen Wanderung hier in Sarafant zu dem Haus einer Witwe kam. Es war eine Zeit größter Trockenheit und die Menschen litten Hunger. Die Witwe bereitete sich mit ihrem Sohn auf den Hungertod vor, als Elia an ihre Tür klopfte und sie bat, ihr letztes Mehl und ihr letztes Öl mit ihm zu teilen. Als sie nach dem gemeinsamen Mahl am nächsten Morgen erwachten, war der eine Tonkrug voller Mehl und der andere voller Öl und nie wieder mussten die beiden Hunger leiden. Im Sommer 2006, als die Israelis den Libanon bombardierten, gab es wieder nichts mehr zu essen in Sarafant. Die Straßen waren unpassierbar geworden. Und die Ölkrüge und die Tonkrüge hatten sich nicht von allein aufgefüllt.

Im Judentum wartet man auf die Wiederkehr des Propheten Elia. Von den Maroniten wird Elia hoch verehrt, aber eher wegen seiner kämpferischen Erscheinung. Von ihm wird berichtet, er habe nach dem großen Wettbeten um Regen, nachdem sein Gebet erhört worden war, einhundert Baalspriester ermordet. So wird er hier häufig mit dem Schwert in der Hand dargestellt. Ich habe in einigen Kirchen Bilder von Elia gesehen, mitten in Aktion, noch einen blutenden Baalspriesterkopf in der Hand. Ich jedenfalls hoffe, dass er – wenn er wirklich wiederkäme – nicht in dieser Gestalt erscheint, der gute alte Elia, der ja mit einem feurigen Wagen in den Himmel entrückt wurde. Wurde er es heute wohl schaffen, die Völker über Grenzen hinweg zu versöhnen und die Tonkrüge wieder aufzufüllen?

Teil 6

Perspektivenwechsel

Ende April 2007 standen wir am Flughafen. Wir waren auf dem Weg nach Kairo zur Nahostkonferenz der deutschsprachigen Auslandsgemeinden. Jedes Jahr treffen sich die Pfarrer, und haupt- und ehrenamtliche Mitarbeiter der deutschsprachigen Gemeinden im Mittleren Osten an einem anderen Ort. 2006 hatte die Konferenz Ende April in Beirut stattgefunden, niemand hatte damals geahnt, dass zwei Monate später der Krieg ausbrechen würde. Ich war gespannt, nach dieser so einschneidenden Erfahrung unsere Freunde und Kollegen wiederzusehen.

Zwei Housemaids aus Sri Lanka

Als wir am Flughafen ankamen, gingen mit uns zwei Frauen aus Sri Lanka, wahrscheinlich Housemaids, die nach Hause fliegen wollten, durch die große Eingangstür zur Abflughalle. Sie umklammerten den Griff ihres Gepäckwagens. Die eine fuhr mit ihrem Kofferwägelchen erst mich und dann Simeon über den Haufen, aber das registrierte sie gar nicht. Beide stolperten wie verloren durch die große Abflughalle. Vor der Passkontrolle kam ein Beamter auf die beiden zu und wies ihnen einen Platz an. Sie sollten warten. Er winkte alle anderen, die sich dort aufhielten, an den beiden Frauen vorbei.

Da standen sie mit ihren langen wehenden Röcken, der Stoff war so leicht, dass er sich im kleinsten Luftzug bewegte. Sie hatten lange Zöpfe aus schwarzem, glänzendem Haar, trugen hässliche dicke Lederjacken und ausgetretene Plastiklatschen an den Füßen. Als Handgepäck trugen sie Plastikspielzeug mit sich. Sie flogen wohl zu ihren Kindern, die sie zurückgelassen hatten, um gegen Geld andere Kinder zu versorgen. Was sie verdienen, schicken sie nach Hause, damit dort jemand ihre Kinder versorgen kann. Diese Frauen werden von großen Agenturen angeworben, die sie in den Libanon bringen und an ihre Arbeitgeber „vermieten"! Sie haben keinerlei Rechte, oft nicht einmal einen freien Tag pro Woche. Sie leben in den Familien ihrer Arbeitgeber. Ihr Schlafplatz ist in den meisten Wohnungen der Raum, der entsteht, wenn in die Küche eine doppelte Decke eingezogen wird. Dort hinein kriechen die Frauen zum Schlafen, ansonsten haben sie keinen Platz für sich. Viele der Arbeitgeber schließen ihre Housemaids ein, wenn sie das Haus verlassen. Die Frauen werden als Menschen zweiter Klasse behandelt, wo immer sie auch sind. Ihre Rechtlosigkeit führt in vielen Fällen dazu, dass sie in allen denkbaren Bereichen missbraucht werden. Es sollen etwa eine Millionen Housemaids im Libanon angestellt sein. Ein Leben ohne sie scheint für die meisten Familien wohl unvorstellbar zu sein.

Wir waren längst durch die Passkontrolle durch. Ich ärgerte mich, dass ich mich dem Beamten nicht widersetzt hatte, als er auch uns an den Frauen vorbei gewunken hatte. Warum hatte ich mich nicht einfach hinter die Frauen aus Sri Lanka gestellt? Wir kauften Zeitungen, suchten die Toiletten auf, und als wir wieder an den Passkontrollhäuschen vorbeikamen, standen die beiden immer noch da und mussten alle anderen vorbeilassen. Der Beamte hatte sich in seiner ganzen Größe vor den zwei Frauen mit den kindlichen Gesichtern aufgebaut. Ich stellte mich daraufhin auch ganz aufrecht hin, auf der anderen Seite vom Kontrollhäuschen, und schaute zu der Gruppe hinüber – da endlich nickte der Beamte gnädig mit dem Kopf und ließ die beiden auch zur Passkontrolle weitergehen. Eine gute Reise wollte ich ihnen wünschen, aber sie sahen mich nicht.

„Hier war kein Krieg!"

An unserem ersten Nachmittag in Kairo, wir saßen im Taxi und hatten schon mehrere große Staus hinter uns gebracht, da meinte Simeon auf einmal: „Kairo ist schöner als Beirut!" Wir waren etwas erstaunt und fragten: „Warum denn?" „Hier war kein Krieg!"

Wir waren in einer friedlichen Stadt! Man spürte den Unterschied. Es standen keine Panzer an jeder Straßenecke, es gab keine Stacheldrahtzäune und Checkpoints und keine offenen Jeeps mit sechs bis acht Soldaten darin, die auf Patrouille waren. Hier lebten die Menschen ihren Alltag, und mochte der noch so schwierig sein, er war jedenfalls friedlich. Hier in Kairo, aus der Distanz, bemerkte ich ganz deutlich, unter welcher Anspannung wir in Beirut stehen.

Unsere Konferenz begann mit einer Morgenandacht bei den Pyramiden, mit einem Reisebus fuhren wir dorthin. Ich saß im Bus neben einem Konferenzteilnehmer aus Jerusalem. Er regte sich über den Irrsinn der israelischen Politik auf. „Mit einer solch aggressiven Politik gefährden sie den Fortbestand des Staates Israel." „Es ist eine kollektive Psychose", schimpfte er, „die ein überlegtes Handeln verhindert und den Aufbau von Vertrauen und jegliche Friedensarbeit ins Absurde verkehrt." Er beschrieb die Machtgefühle der jungen Soldaten, die an den Straßensperren stehen, wo sie die Leute abweisen oder durchlassen können, sie kontrollieren und schikanieren …

Endlich waren wir am Ziel, einem Golfplatz, angekommen, alle stiegen aus. Wir standen vor einem riesigen grünen Areal mit großen, alten Bäumen, das von Wüstensand umgeben war. Eine Pyramide war durch die Bäume hindurch zu sehen, sie ragte weit in den Himmel hinein. Wir wurden auf eine Terrasse geführt, dort fanden sich weiß gedeckte Tische sowie ein kleines Saft- und Kaffeebüfett. Alles war sehr vornehm, ich kam mir vor wie in einem Film aus der Kolonialzeit.

„Zieh die Schuhe aus, denn der Ort, darauf du stehst, ist heilig", las das Kairoer Pfarrerehepaar aus der Geschichte des Mose am brennenden Dornbusch vor. Ein heiliger Ort … ich dachte an unseren Zedernwald im Libanon. Ich konnte es nicht verhindern, mir traten Tränen in die Augen. Die heiligen Orte, diese wunderbaren Orte überall, in Jerusalem, in Bethlehem, in Tyros, alles ist zertreten worden, was den Menschen heilig ist. Die abgehackten Olivenbäume, der Tempelberg, die Klagemauer, verseuchter Boden im Südlibanon. Die große Trauer holt mich immer wieder ein, das Wissen, dass die Völker, mit denen wir leben, sich gegenseitig bekämpfen. Sie führen einen Krieg, der unendlich grausam ist und so aussichtslos. Wie weit haben wir uns von der Möglichkeit entfernt, in Frieden miteinander zu leben?

Unser Ausflug zu den koptischen Klöstern

Nach der Konferenz fuhren wir mit Freunden noch ins Wadi Natroun, um uns dort die koptischen Klöster anzusehen. Bevor man eine koptische Kirche betritt, zieht man die Schuhe aus. Wie vor den Moscheen standen auch hier Schuhregale im Eingangsbereich. Ich fragte mich, ob das wohl eine alte christliche Sitte ist, die Schuhe auszuziehen, bevor man den sakralen Raum betritt. Ein christliches Erbe vielleicht, das im Islam weiterlebt?

Man ging in dem mit Teppichen ausgelegten Kirchenraum ohne Schuhe viel achtsamer, spürte den kalten Boden, die unebenen Stellen und die dicken Teppiche. Es gab keine Bestuhlung, keine Bänke, die Betenden berührten mit der Stirn den Boden. Als wir den Kirchenraum betraten, hörten wir Gesang. Eine Gruppe Pilger war da, betete zu dem Heiligen dieses Klosters, indem sie uralte Melodien sang. Die Pilger begleiteten ihren Gesang mit Zimbeln. Zum Abschluss küssten sie alle sein Bildnis, eine schöne alte Ikone. Die koptischen Bilder haben etwas Anrührendes, sowohl die Wandfresken als auch die Ikonen.

Die Heiligen schauen mit großen, unschuldigen Augen in die Welt. Ein wenig erinnern sie mich an die heidnischen Beter, Figuren aus dem Stadtstaat Mari am Euphrat gelegen. Die sind allerdings mindesten 6000 Jahre alt. Vogelmenschen in Federn gehüllt, die mit großen Augen aus Lapislazuli die Welt bestaunen. In der Kultur der Menschen aus Mari soll es eine Phase gegeben haben, in der Krieg unbekannt gewesen ist.

Mittlerweile haben die koptischen Christen einen Kitsch produziert, der alles übertrifft, was ich bisher auf diesem Gebiet gesehen habe. Ich dachte immer, die Maroniten im Libanon seien die Großmeister in Sachen Kitsch! In den koptischen Kirchen haben wir den Auferstandenen in den unterschiedlichsten Variationen gesehen. In einer zum Beispiel hing ein großes, weißes Tuch von der Decke des Chors herab. Darauf war der Auferstandene überlebensgroß zu sehen, wie er in den Himmel emporschwebte, die Szene war umgeben von elektrischen Glitzerlämpchen, die ununterbrochen blinkten.

„Wie leben die anderen neunzehneinhalb Millionen?"

Am nächsten Morgen gingen wir gleich früh morgens zum Schwimmen in einen Sportclub, der mitten in die Wüste hinein gebaut worden war – mit Rasenplätzen, Spielplatz, Basketball- und Fußballfeldern. Die ganze Anlage war aus dem Wüstensand gezaubert worden. Die Stadt wächst für die Millionen von Menschen, die irgendwo leben müssen, immer weiter in die Wüste hinein. Nach dem erfrischenden Bad sagte ich zu unserem Kairoer Kollegen: „Jetzt kann ich mir vorstellen, wie man es in Kairo aushalten kann!" „Ja", antwortete er mir, „aber ich frage mich immer, wie es die restlichen neunzehneinhalb Millionen aushalten, die sich das nicht leisten können?"

„Unser Leben ist sehr privilegiert", musste ich zugeben. Wenn wir uns in Beirut für teures Geld unsere Mitgliedskarte für einen Beachclub kaufen, direkt am Meer, sodass wir einmal am Tag schnell ins Wasser springen und uns in der manchmal fast unerträglich klebrigen Hitze erfrischen können, habe ich ähnliche Gedanken. Ich weiß nicht, wie wir den Sommer sonst überstehen würden. Aber wie machen das all die anderen, die sich keine Karten für den Beachclub leisten können? Und: Wir wissen genau, warum die Eintrittskarten so teuer sind. Nicht etwa, weil uns im Club Luxus erwartet – eher das Gegenteil ist der Fall. Alles ist ein wenig schmuddelig und vergammelt und wird jeden Winter von den Wellen fast weggespült. Die Karten kosten extra so viel, damit sich nur eine bestimmte Gesellschaftsschicht dort trifft. Wir Ausländer gehören im Libanon dazu.

Mittags flogen wir wieder zurück nach Beirut. Als wir im Flieger saßen und zur Startbahn rollten, sah ich zwei Männer auf dem Rollfeld knien, ihre orangeroten Sicherheitswesten leuchteten auf dem schwarzen Asphalt; sie beteten.

Zurück aus Kairo

Und wieder stand der Libanon unter Schock. Zwei junge Männer waren entführt und ermordet worden. Das war ein Racheakt. Es war das erste Mal nach all den vielen Morden, die wir seit dem Attentat auf Rafik el Hariri am 14. Februar 2005 erlebt hatten, dass einer der Toten gerächt worden war. Wir waren immer dankbar gewesen, dass bisher keine der Familien von Ermordeten zu Racheakten aufgerufen hatte. Vielmehr hatten die Väter und Mütter, die Frauen, die Söhne und Töchter der Ermordeten in ihrer Trauer immer an das Volk appelliert, sich doch wieder zu einigen und das ständige Blutvergießen zu beenden. Hariri war, kurz nachdem er als Ministerpräsident zurückgetreten war, wegen einer Auseinandersetzung um die Einmischung Syriens in die libanesische Politik von einer ricsigen Autobombe getötet worden. Mit ihm wurden 22 weitere Menschen in den Tod gerissen. Daraufhin waren große Demonstrationen veranstaltet worden, Friedensdemonstrationen, Menschenketten und Mahnwachen, bei denen sich auf einmal das libanesische Volk vereinigte – bis auf die syrientreuen Gruppen.

Damals war das syrientreue Parlament gestürzt und die syrische Armee gezwungen worden, aus dem Libanon abzuziehen. Damals war uns zum ersten Mal klar geworden, dass sich zwei große, wahrscheinlich beinahe gleichgroße Lager als deutlich abgegrenzte und unvereinbare Gruppen gegenüberstanden: auf der einen Seite die syrientreuen Libanesen und auf der anderen Seite die westlich orientierten und für einen unabhängigen Libanon kämpfenden Menschen. Die Hisbollah führt die Gruppe der syrientreuen Gefolgschaft an.

Bisher sind neun der demokratischen Führergestalten dieses Landes, die Vordenker für einen freien unabhängigen Libanon waren, ermordet worden. Einige davon waren Minister und gehörten zur Siniora-Fraktion. Sie waren Vertreter der gewählten Regierung, die von der Hisbollah boykottiert wird. Es sieht so aus, als sollten so viele Minister getötet werden, dass die Hisbollah die Mehrheit in der Ministerrunde hat. Dann müssten noch zwei der Minister sterben. Politik ist ein schmutziges Geschäft, aber so schmutzig?

Doch diesmal war der Tod eines Studenten gerächt worden, der der Hisbollah angehört hatte. Die Gruppe der hisbollahtreuen Studenten hatte die Kämpfe mit den Hariri-treuen Studenten an der libanesischen Universität initiiert und dieser Student war bei den Ausschreitungen nach dem erzwungenen Generalstreik umgekommen. Um den Tod dieses jungen Mannes zu rächen, waren wahllos zwei andere junge Männer gegriffen worden, die zur gegnerischen Partei gehörten. Diesmal waren es Anhänger der sozialistischen Partei des Drusenführers Kamal Joumblat gewesen. Einer der beiden Getöteten war 20 Jahre, der andere erst zwölf Jahre alt gewesen. Beide waren nicht an den Auseinandersetzungen beteiligt gewesen.

Die jungen Männer hatten einige Tage lang als vermisst gegolten, dann waren sie mit Folterspuren am Körper gefunden worden. Als die Beerdigung stattfand, kochte der Zorn in der Bevölkerung hoch, und wieder rückte das Schreckgespenst Bürgerkrieg ganz nahe. Wutentbrannte Massen ergossen sich in Beiruts Straßen, die anderen Bürger blieben verängstigt zu Hause. Joumblat rief die Menschen zur Ruhe auf und hat es geschafft, die Wütenden wieder nach Hause zu schicken, bevor sie weiteres Unheil anrichten konnten.

Julia, die Mutter von Simeons Freund, begrüßte uns am Sonntag vor dem Gottesdienst mit den Worten: „Ich bin froh und dankbar für jeden Tag, den wir noch Frieden haben." Es sind immer wieder Schockwellen, die durch die ganze Bevölkerung laufen. Aber wenn man nicht direkt vor Ort ist, kriegt man beinahe gar nichts mit. Ich hatte durch eine SMS, die in Kairo angekommen war, erfahren, dass am Freitag wieder alle Schulen in Beirut geschlossen bleiben sollten. Aber ich hatte nicht gewusst, warum. Natürlich waren wir beunruhigt gewesen und hatten bei allen unseren Bekannten in Kairo nachgefragt, ob sie Nachrichten gehört hätten und wüssten was los sei? Niemand hatte Genaueres sagen können, deshalb war ich ganz beruhigt gewesen und davon ausgegangen, dass es dann ja nicht so schlimm sein konnte. Die Menschen in Kairo brauchte das nicht zu beunruhigen, aber im Libanon war wieder ein Tag voller Furcht und Zittern vergangen.

Teil 7

Dicke Luft

In den nächsten Tagen war es auf einmal sehr heiß geworden, 37 Grad Celsius in den Bergen. Man hatte den Eindruck, das Meer würde sich in Luft auflösen, ein solcher Dampf stieg auf. Alle Gerüche hielten sich, wie schön, wenn es Wohlgerüche gewesen wären – so wie damals, als Beirut noch ein Villenort gewesen war, eine Gartenstadt. Der Duft von Jasmin, Gardenien und Orangenbäumen, es muss betörend gewesen sein. Doch jetzt roch man das Meer, der Geruch vermischte sich mit Abgasen und Müllgestank, grau waberte Meerluft über der Stadt. Ein großes Schiff fuhr vorbei aus dem Hafen heraus, so nah, als ob es sich auf der Straße bewegen würde.

Wir waren endlich mal wieder im Meer schwimmen, morgens ganz früh, nachdem wir Simeon zur Schule gebracht hatten. Mein geliebtes Meer wiegte mich und schwappte über mich, es brannte in Mund und Nase. Zeina sagte: „Im Sommer, wenn sich das Meer erwärmt, kommt das Öl wieder hoch, das sich auf dem Meeresboden abgelagert hat."

Viele von den Behältern, in denen das am Strand gesammelte Öl gelagert wird, liegen noch im Sand. Diese Behälter lösen sich langsam auf, sie werden durch die Sonneneinstrahlung porös …

Am Sonntag Rogate, dem Sonntag, der dem Gebet gewidmet ist, legte ich jedem Gottesdienstbesucher eine Blüte in die Hand, jede Blüte ein Wunderwerk. Heute kann ich eine Blüte nur noch wie ein kleines Überbleibsel aus einer Welt sehen, die einst so wunderbar geschaffen worden ist!

Kloster Balamand, zeitweise geschlossen

Am Montag darauf fuhren wir in Richtung Tripoli zum Kloster Balamand, einem großen rum-orthodoxen Kloster. Dort befindet sich auch die Universität der Griechisch-Orthodoxen Kirche und deren theologische Ausbildungsstätte. Das ist ein wichtiger Ort im Libanon, denn von hier gehen viele religiöse wie auch gesellschaftlich-politische Impulse aus. Die orthodoxe Jugendbewegung war eine der wichtigsten Reformbewegungen, die einerseits die Kirche reformiert, aber auch linkes politisches Gedankengut in die Gesellschaft getragen hat.

Vor Ort trafen wir Abouna Isaak, den Abt des Klosters. Er spricht sogar Deutsch. Unser Anliegen war, dass wir den Pfingstgottesdienst unserer Gemeinde im Kloster Balamand feiern wollten. Für Pfingsten suchen wir immer einen schönen und sinntragenden Ort, an dem die große einende Kraft des Heiligen Geistes erfahrbar werden kann, und Balamand ist ein solcher Platz. Außerdem haben wir im Nordlibanon einige Gemeindeglieder, die mit rum-orthodoxen Partnern verheiratet sind. Wir dachten uns, dass sie sich bestimmt freuen würden, wenn sie ausnahmsweise einmal gemeinsam Gottesdienst feiern könnten. Mit großer Freundlichkeit öffnete Abouna Isaak die Türen seiner Kirchen. Bisher hatten wir die Kirchenräume nie für unsere Gottesdienste benutzen dürfen, wir hatten immer den Saal für kulturelle Veranstaltungen genutzt. Der ist allerdings auch sehr schön, ein großes Tonnengewölbe aus weißem Kalkstein. Aber es ist eben kein sakraler Raum.

Das ganze Kloster ist schön wie ein Gedicht in der Reinheit und Einheit des Baustils. Es ist ganz aus hellem Kalkstein gebaut und umfasst einen Innenhof und Bogengänge, ein großes schlankes Kirchenschiff und eine runde kleine Kapelle, in der sich früher nur die Klosterangehörigen trafen. Heute sind dort die schönen syrischen Ikonen zu sehen: die arabische Mutter

Gottes mit dem orientalischen Jesuskind, die arabische Jesus-Ikone. Außerdem gibt es ein Bild des heiligen Georg, der den Drachen tötet und hinter sich auf seinem Pferd einen osmanischen Reiter sitzen hat, um die Nähe zu den Osmanen zu demonstrieren; denn von deren Toleranz hing die Existenz einer Klostergemeinschaft ab. Und hier findet sich auch die Ikone vom heiligen Simeon, der auf einer Säule mitten in einer wunderbar grünen Landschaft steht, die aussieht wie auf einem italienischen Renaissancebild. Durch die Landschaft winden sich lange Menschenschlangen aus Kranken und Gebrechlichen, aber auch Bittsteller des Kaisers sind darunter. Sie alle sind auf dem Weg zum Säulenheiligen, der wegen seiner Nähe zum Himmel und seiner besonderen asketischen Leistung weise Antworten geben konnte und Heilungswunder vollbrachte. Dort dürfen wir den Pfingstgottesdienst feiern, sagte Abouna Isaak zu uns. Im Innenhof wachsen Rosen.

Wir verabredeten noch weitere gemeinsame Veranstaltungen mit dem freundlichen Abt und verabschiedeten uns hocherfreut über die neue Offenheit.

Am darauf folgenden Sonntag erfuhren wir vom Ausbruch der Kämpfe im Palästinenserlager von Nahr el Bared mit der Fatah al Islam. Genau in der Gegend um das Kloster Balamand herum hatten Kämpfer der Fatah al Islam eine Bank überfallen, drei schlafende Soldaten geköpft und andere in einem Minibus angegriffen. Damit war die nächste große Runde der Auseinandersetzungen eröffnet, die vielen Menschen das Leben kosten sollte. Manche verloren all ihr Hab und Gut, und die wenigen Menschen, die noch darüber nachgedacht hatten, im Sommer in den Libanon zu reisen, haben schnell von diesem Plan Abstand genommen. Die wirtschaftliche Lage verschlimmerte sich immer weiter, obwohl ich schon damals dachte, dass es eigentlich nicht noch schlimmer werden könnte. Die Universität von Balamand wurde geschlossen, im Kloster blieb man unter sich. Und wir blieben an Pfingsten in Beirut. Vielleicht habe ich nie dringender um den Beistand des Heiligen Geistes gebetet als in diesen Tagen.

Eine Nacht im Palast

Zu meinem 50. Geburtstag hatten mir meine Geschwister einen großen Wunsch erfüllt. Ich hatte immer davon geträumt, einmal eine Nacht im Mir Amin Palace zu verbringen, einem Berghotel, das in einem ehemaligen Palast eines drusischen Fürsten eingerichtet worden ist.

Trotz der gerade ausgebrochenen Kämpfe in Tripoli fuhren wir noch am gleichen Sonntagnachmittag dorthin. Kaum waren wir angekommen, ließ ich mich im Schwimmbecken treiben. Darin war frisches Bergwasser – ich schmeckte kein Chlor –, es floss von zwei Seiten frisch ins Becken und plätscherte ununterbrochen an mein Ohr.

Der höchste Genuss, ich kann es gar nicht beschreiben, beinahe schämte ich mich. Die Nachrichten aus Tripoli waren schrecklich: Kämpfe mit vielen Toten, die Armee schoss in das Lager Nahr el Bared hinein, „shelling" sagt man dazu. Fatah al Islam ist eine radikale sunnitische Terrororganisation, die sich im Palästinenserlager festsetzen konnte. Denn diese Lager sind so etwas wie ein gesetzesfreier Raum, sie gelten als Hoheitsgebiet der Palästinenser. Die libanesische Armee darf die Lager nicht betreten.

Ich wusste nichts über diese neue islamistische Gruppe, außer dass sie sich durch besondere Grausamkeit einen Namen gemacht hatte. Im Januar hatte sie zwei Minibusse gleichzeitig in die Luft gejagt. Passiert war das in einem kleinen Bergstädtchen, in Bikfaya. Studenten und Arbeiter, die morgens früh unterwegs waren, kamen dabei ums Leben. Warum? Ich kann keinen Grund für solche Aktionen sehen, es ist der pure Terror ohne Ziel. Die Errichtung eines islamischen Staates und die Bekämpfung aller westlichen und amerikanischen Einflüsse propagieren sie, aber auch das geschieht aus meiner Perspektive ziellos und eher zufällig; dort, wo sich der Kampf eben gerade anbietet. Wieder waren es die Ärmsten der Armen, die palästinensischen Flüchtlinge in Nahr el Bared, die es am härtesten traf.

Und neben mir plätscherte das Wasser. Der Himmel war so blau, noch nicht das kräftige Sommerblau, sondern noch ein klein wenig Frühlingsblau. Die Rosenbüsche quollen über, die dünnen Ästchen konnten kaum die schweren Blütenköpfe halten. Blüten in allen Rosa- und Rottönen, dazwischen weiße mit roten Punkten und ein wunderbarer zarter Rosenduft lag in der Luft. Wie soll ich die Harmonie eines solchen Gebäudes beschreiben?

Es war ein Palast, errichtet von dem Sohn des bedeutenden Emir Beschir, der wiederum den großen Palast Beit ed-Din erbaut hatte. Mit welcher Lebenseinstellung kann man ein solches Gebäude schaffen? Sicher geht es darum, etwas mit Genuss zu tun, mit Lebensfreude, die Natur als Geschenk anzusehen. Um das dankbare Annehmen dessen, was ist. Hat das etwas mit Glauben zu tun? Der ummauerte Hof, das Wasserbecken, die hohen schlanken Bögen rundum, die Offenheit zum Tal hinunter und der umrahmte Blick in den Himmel, der helle Stein, das dunkle Grün, die lebendige Musterung von rötlich zu gelb in den Bodenfliesen, die alten Zedernholztäfelungen, die Mosaike über den Türen, der Haremshof mit dem großen Brunnen und dem Liwan, unter dessen Bogen gegenüber dem Eingang ein gemütliches Sofakarree eingebaut ist. Bis heute ist alles so schön gepflegt, bis hin zu jedem kleinen Pflanzkästchen. Es gibt keine Müll- und Schrottecken, keine modernen Maschinen stehen herum. Ja, es hat wohl mit einem Glauben zu tun, in dem die Schönheit einen Platz bekommt.

Die Ruhe, die gute Luft, die Frühlingsdüfte, wir nahmen alles mit offenen Sinnen auf. Am Morgen zuvor in Beirut, ganz früh, als wir noch unter der Smogglocke in unseren Betten gelegen hatten und dann auch noch der Giftsprühlaster vorbeigefahren war und sein Mückengift in die Umgebung gesprüht hatte, da war mir im Halbschlaf der Gedanke gekommen: „Wir werden bald alle sterben." Ohne jede Panik. „Wir werden ja zusammen sterben, dann ist es nicht so schlimm." Am Morgen in meinem Bett im Palast erinnerte ich mich daran. „Ja, es kann sein!", dachte ich und war so dankbar, umgeben von der Schönheit wie von einem Schleier.

Als wir abends beim Essen auf der Terrasse über dem Tal saßen und die Nebelschwaden uns sanft einhüllten, da fühlten wir uns wie in einen anderen Raum hinweggehoben. Manchmal ist es keine Kunst zu sein, einfach zu sein.

Erst am nächsten Morgen, nachdem wir wieder zurückgekehrt waren, erfuhren wir, dass in der Nacht auch in Beirut auf dem Parkplatz vor einem der größten Einkaufszentren eine Autobombe explodiert war.

Bombenterror in Beirut

Am nächsten Abend detonierte erneut eine Bombe. Nicht weit weg von uns in der Gegend von Hamra-Verdun, sagte man uns. Wir hatten einen anstrengenden Arbeitstag hinter uns. Ich fing gerade an, mich zu entspannen. Nachdem die Mitglieder der Tanztherapiegruppe nach Hause gegangen waren, hatte ich geduscht und wollte eben die Nachrichten anschauen, da hörten wir die Detonation. Meine Schwester Julie rief mich an, die Verbindung riss ab. Frido, Uwes Bruder, rief aus Deutschland an, die Verbindung war ebenfalls sofort wieder weg. Und Bilal, unser Hausmeister, rief an, weil er die Tore schließen wollte. Wir versuchten zu schlafen, warfen uns aber nur in unseren Betten hin und her. Auf einmal sagte Uwe: „Ich habe die Gefahr unterschätzt." Wie viele Menschen in dieser Stadt haben wohl in dieser Nacht nicht geschlafen?

Morgens hörte ich in den Nachrichten, wo genau die Bombe explodiert war und dass es zehn Verletzte gegeben hat. Eines unserer älteren Gemeindeglieder wohnte in der betroffenen Straße. Sie stammte aus München und hatte einen Libanesen geheiratet. Früher war er Präsident der Richterkammer gewesen, und nun war er ein sehr gebrechlicher alter Herr. Beide waren sie zerbrechliche alte Menschen, die mit großer Mühe versuchten, ihren Alltag in Würde zu bewältigen. In ihrer Wohnung waren alle Fensterscheiben zerbrochen.

Durch den enormen Luftdruck waren einzelne Glassplitter, scharf wie Dolche, durch die Wohnung geschossen. Als ich das Ehepaar besuchte, sah ich die Spuren der Zerstörung in allen Zimmern, sie reichten bis hin zur gegenüberliegenden Wand. Auf den Tischen und Schränken, den Bücherregalen und sogar in den Buchrücken waren neben den Narben aus dem Bürgerkrieg die neuen Kratzer und Einschläge zu sehen. Sogar der geliebte Steinway-Flügel hatte etwas abbekommen, er war zerkratzt, und mehrere Tasten konnten keine Töne mehr hervorbringen. Wie durch ein Wunder waren die beiden alten Menschen unverletzt geblieben. Sie waren noch nicht schlafen gegangen, das war wohl ihr Glück. Denn auch die Bettdecken und Kopfkissen waren mit Glassplittern gespickt. Er hatte sich in seiner Kammer auf der anderen Seite des Hauses aufgehalten, bis dorthin war die Druckwelle nicht gekommen, und sie hatte gerade an ihrem Toilettentischchen in einer Nische gesessen, wo sie geschützt gewesen war.

In diesen Tagen überlegte ich mir zweimal, ob ich das Haus verlassen wollte, ob das wirklich sein musste. Während ich durch die wie immer vollen Straßen fuhr, versuchte ich mir vorzustellen, wie ich mich im Ernstfall verhalten würde, wenn jetzt vor meinem Auto eine Bombe explodieren würde? Was wäre am besten? So schnell wie möglich aus dem Auto zu steigen, wegzurennen und Schutz zu suchen? Oder sollte ich mich im Auto im Fußraum verstecken? Was ist, wenn alles brennt?

Jetzt reicht's!

Am Tag darauf, am Mittwochnachmittag, fand eine Sitzung des Gemeindekirchenrats statt. So schickten wir Simeon mit Rania, seiner Betreuerin, zum Schwimmen in den „Sporting Club". Um 18:00 Uhr sollten sie zurück sein, das machten wir mit ihr aus. Wir zogen die Sitzung zügig durch, weil alle möglichst früh wieder zu Hause sein wollten. Nervosität stand in allen Gesichtern. Plötzlich, wir waren gerade beim vorletzten Tagesordnungspunkt, erschütterte eine starke Detonation unser Haus. Die Fensterscheiben wackelten, brachen aber nicht. Draußen flogen die Vögel erschrocken auf, und alle Hunde fingen an zu bellen. Wir schauten uns alle etwas hilflos an. „Schon wieder", stöhnte jemand. Und jeder überlegte, wer von seinen Angehörigen sich gerade wo aufhielt. Der nächste Griff ging zu den Handys, aber es gab keine Verbindung. Immer wenn wirklich etwas passiert, funktionieren die Handys nicht mehr. Gerade eben hatten wir gemeinsam beschlossen, dass wir aufgrund der angespannten Lage unser traditionelles Sommerfest in diesem Jahr nicht feiern wollten, da kam diese Explosion – wie um all unsere Befürchtungen zu bestätigen. Ich sah, wie Hände anfingen zu zittern, und die Gesichter immer bleicher wurden. Wir standen an den Fenstern und versuchten, uns mit den Nachbarn zu verständigen. Über die Balkone hinweg und von Fenster zu Fenster wurden Informationen ausgetauscht.

Eine Autobombe war explodiert. Das Auto eines Ministers war das Ziel gewesen, er selbst, sein Sohn, zwei Bodyguards und sechs Passanten waren getötet worden, hinzu kamen etliche Verletzte. Das Attentat war in einer um diese Zeit sehr belebten Gegend ausgeführt worden, an der Ausfahrt von den Beachclubs auf die Uferstraße, die Corniche. Abends nach Feierabend gehen die Leute dorthin, um zu schwimmen, auf dem Fußballplatz zu trainieren oder im Cafe Rouda zu sitzen und den Sonnenuntergang zu genießen. Dieser Minister war im „Sporting Club" schwimmen gewesen. Uns fuhr ein eisiger Schreck in die Glieder: Simeon! Um 17:45 Uhr ist die Bombe explodiert. Aber er und Raina waren schon um 17:00 Uhr aufgebrochen und wohlbehalten zu Hause angekommen. Was hat die beiden veranlasst, schon um 17:00 Uhr aufzubrechen? Hatte Simeon einen Schutzengel? Wo waren aber dann die Schutzengel all derer, die diesmal Opfer geworden sind?

An diesem Abend beschloss ich, dass ich mit Simeon nicht länger in der Stadt bleiben würde als unbedingt nötig. Meine Schwester und ihre Tochter schlossen sich mir an. Wir packten unsere Siebensachen und fuhren wieder ins Berghäuschen, raus aus der angespannten Atmosphäre, in der jeder nur auf die nächste Katastrophe wartete. Die Kinder hatten schon Ferien, vielleicht könnten sie dort oben ein wenig unbeschwerte Zeit genießen?

Teil 8

Sommer in den Bergen

In unser Häuschen war eingebrochen worden, ein Fenster war aus den Angeln gehoben worden, es hing nur noch wie an einem Faden da. Aber im ganzen Haus fehlte nichts, das Einzige, was wir nicht finden konnten, war der Korkenzieher, als wir uns am Abend eine Flasche Wein öffnen wollten. Merkwürdige Einbrecher! Später erfuhren wir, dass die libanesische Armee im Zuge der Kämpfe in Nahr el Bared mit der Fatah al Islam leerstehende Häuser aufgebrochen hat, um zu überprüfen, ob sich dort jemand versteckt hielt oder ob dort Waffen gelagert waren. Eine andere Vermutung war, dass jemand einen Schlafplatz gebraucht hatte.

Wir putzten erstmal das Haus und bezogen alle Betten frisch, damit wir uns wieder heimisch fühlen konnten. Am nächsten Morgen ganz früh kam einer der Hirten mit seiner Ziegenherde bei uns vorbei. Wir fragten ihn gleich, ob er irgendetwas mitbekommen oder gesehen hatte. Er wusste von nichts – oder sagte uns nichts, alles war möglich. Denn ich bin mir sicher, dass die Hirten alles mitbekommen, was sich hier in ihrer Umgebung abspielt.

Unsere Nachbarn, die Hirten

Die Hirten gehören zu den Nomadenstämmen, die von Syrien herüberziehen. Sie kommen nach der Getreideernte im Mai / Juni in die Bekaa-Ebene und ziehen mit ihren Herden über die abgeernteten Felder. Dann wandern sie in den heißesten Sommermonaten ins Hochgebirge. Hier wächst immer noch ein wenig Grün, ein paar Kräuterbüschel, unendlich viele Disteln und felderweise, fast wie ausgesät, wilde Gerste. Die Bergquellen liefern genügend frisches Wasser. Ihre Zelte brauchen die Hirten nicht aufzubauen, sie leben in den Ruinen aus dem Bürgerkrieg. Die kleine Gruppe Hirten, es ist nur eine kleine Abordnung eines größeren Stammes, die in unserer Nachbarschaft lebt, kommt jedes Jahr wieder her. Die Männer bewohnen mit ihren Familien das alte Hotel, das während der Kämpfe zwischen den Anhängern von Michel Aoun und Samir Geagea im Jahr 1989 zum Ende des Bürgerkriegs völlig zerschossen worden war.

Manchmal frage ich mich, wie das eigentlich funktioniert. Wer beschließt, dass diese Hirten ausgerechnet an dieser Stelle wohnen können? Macht ihnen das Recht denn niemand streitig, haben sie eine Art Gewohnheitsrecht? Die Besitzer des ehemaligen Hotels scheint es gar nicht mehr zu geben, die Familie sei ausgewandert, heißt es.

Hassan, einer der beiden jungen Hirten, erinnerte sich daran, dass er mir im vergangenen Jahr Kräuter für den Bergkräutertee mitgebracht hatte, und fragte mich, ob ich mich wieder über Kräuter freuen würde. Letztes Jahr hatte er mir ein ganzes Bettlaken voller Kräuter an die Türklinke gehängt, und ich hatte sie zum Trocknen aufs Dach gelegt. Aber dann hatte ich mich wegen des Kriegsausbruchs nicht mehr um sie kümmern können, und so waren all die schönen Kräuter vergammelt. Daher brachte Hassan mir nun kleinere Portionen, die ich gut trocknen konnte. Er kam jeden Morgen vorbei. Von weitem hörten wir schon das Getrappel der kleinen Ziegenhufe auf den Felsen und das Gebimmel ihrer Glöckchen. Ich bot ihm immer etwas Obst oder Saft für seinen langen Tag draußen in der Sonne an, und er kam am Abend mit den würzigen Kräutern zurück.

Oft frage ich mich, wie es sich wohl anfühlt, Hirte zu sein. Hassan schützt sich gut vor der Gluthitze der Sonne hier oben. Nur ein kleiner Teil seines braungebrannten Gesichts guckt unter seiner Keffieh, dem typischen Kopftuch der Beduinen, hervor. Er selbst springt wie die Ziegen von Fels zu Fels. Mit seinen Tieren spricht er eine eigene Sprache, sie verstehen ihn und folgen seinen Befehlen. Einen schönen langen Stock mit Knauf hat er immer dabei, auf den er sich aufstützen kann. Hassan hat nie lesen und schreiben gelernt, war nie in einer Schule. Womit beschäftigt er sich wohl den ganzen langen Tag da draußen? Genießt auch er noch die Landschaft? Die unterschiedlichen Farbschattierungen von Licht auf den kahlen Bergrücken, die aufregenden Wolkenbilder? Nimmt er die Adler noch wahr, die sich über uns in die Höhe schrauben und ihre Schreie ausstoßen? Er liebt seine Tiere, wir sehen es an seinem Umgang mit ihnen, und auch mit den Hunden geht er freundlich um. Sie alle sind alte Freunde.

Abends gingen wir zu den Hirten, wenn die Tiere im Untergeschoss des zerschossenen Hotels gemolken wurden, und holten uns die Ziegenmilch, aus der wir einen leckeren Jogurt zubereiteten. Eine junge Frau winkte uns aus dem Fenster der Ruine zu, dann hielt sie ihr Baby hoch. Es war noch ganz klein. Wir beglückwünschten sie. Sie wusste nicht genau, wie alt das Kleine ist, zwei oder drei Monate. „Wir zählen das nicht", sagte sie. Sie bat uns um Salbe für den wunden Kinderpo und fragte, ob wir nicht noch ein paar Kinderkleider hätten. Die beiden jungen Hirten saßen am Boden und molken die Ziegen. Hassan erkannte ich kaum ohne seinen Hut und sein Kopftuch. Ich war erstaunt, wie jung er aussah, wie schmal. Sie hatten sich auf Steinen niedergelassen, einen Plastikbottich vor sich, die ungemolkenen Ziegen standen wie im Stau hinter ihnen, die gemolkenen entließen sie in den Pferch für die Nacht. Jeder griff sich eine Ziege an den Hinterbeinen, zog sie in Position und ließ dann den Milchstrahl in den Bottich zischen.

Für ihre Arbeit werden die Hirten bezahlt, die Ziegen gehören ihnen nicht. Was werden sie dafür bekommen? Eines Tages zeigte Hassan mir seinen Schuh, mit dem er an einer Felskante hängen geblieben war, die ganze Seite war aufgerissen. Mit einem Stück Draht hatte er ihn geflickt. Ein neues Paar kaufen, kann er nicht.

Das zerschossene Hotel

Eines abends lud uns die junge Frau in die Ruine des Hotels zum Teetrinken ein. Wir stiegen die zerschossenen Treppen hinauf. Der Schutt lag auf den Stufen, die Geländer waren abgerissen, sodass gefährliche Eisenspitzen in die Höhe ragten. Die Wände waren durchlöchert, Teile der Decke fehlten. Nichts war aufgeräumt worden, und nicht einmal ansatzweise war versucht worden, hier irgendetwas zu reparieren. Was mag sich hier nur abgespielt haben? Wie viel Blut ist hier geflossen? Lieber nicht daran denken. Wir gingen in den zweiten Stock, in dem sich die Hirten eingerichtet hatten. Dort lag auch das Baby. Schnüre waren durch die Löcher in der Wand gezogen und daran zwei Holzstäbe befestigt worden. Dazwischen waren Tücher gespannt. Wie eine Hängematte bewegte sich diese Wiege mit dem Kind darin im Wind.

Wir saßen auf den Überresten des Balkons, der wunderbar als Beobachterposten dienen konnte. Alles und jedes, was sich in der Umgebung abspielt, hatte man im Blick. Man sah genau, welche Autos die Straße entlangfuhren. Aber man konnte auch ungehindert in die Tiefe fallen. Was würde sein, wenn der kleine Alaah laufen lernte? Dann würden sie wieder in Syrien sein. Die junge Frau Umm Alaah hatte sogar Blumentöpfe in den zerschossenen Fensterrahmen gestellt.

Während sie uns einen Bergkräutertee kochte, erzähle ich ihr, dass ich als Kind 1973 mit meinen Eltern in diesem Hotel gewohnt hatte. Wir hatten hier oben in den Bergen Ferien gemacht und drei Zimmer gemietet. Eins für meine Eltern, eins für uns drei große Mädchen und eins für die drei kleineren Geschwister. Ich weiß noch, dass ich die Einrichtung scheußlich gefunden hatte, dicke schwarze Kunstledersofas und Sessel, dunkelblauer Teppichboden, dunkle Vorhänge. Aber die Eingangshalle war schön gewesen, mit viel Holz. Es war für uns etwas ganz Besonderes gewesen, in einem Hotel zu übernachten, das war nur selten vorgekommen. Der Anlass war der Geburtstag meiner Mutter gewesen. Sie hatte diese wilde Gegend hier oben in den Bergen geliebt, von hier aus waren wir zu unseren großen Wandertouren aufgebrochen. Im Dunkeln waren wir losgegangen, und wenn die Sonne aufgegangen war, hatten wir den Gipfel des Sannin erreicht. Dort oben hatte damals noch die Cella eines römischen Tempels gestanden, in der wir gut geschützt vor dem Wind hatten frühstücken können.

Umm Alaah hörte mir staunend zu. „Es muss einmal sehr schön gewesen sein, dieses Hotel", sagte sie mehr zu sich selbst. „Und wie war das Leben im Libanon früher, vor dem Bürgerkrieg? War es da besser?"

Und ich fragte mich: Wie sähe es hier heute aus, wenn es keinen Bürgerkrieg gegeben hätte? Dann würde um unser Haus herum eine ganze Siedlung aus kleinen Chalets stehen. Ein paar Professoren von der Amerikanischen Universität Beirut hatten damals die Grundstücke gemeinsam gekauft und geplant, hier oben eine kleine Chalet-Siedlung zu bauen. Als Ausländer waren sie im Lauf des Bürgerkriegs aus dem Libanon weggegangen. Keiner von ihnen hat sich je wieder nach seinem Stückchen Land erkundigt. Auch bei meinem Vater hatte lange eine solche Besitzurkunde im Schreibtisch gelegen, ein arabisches Dokument, das er nicht mehr hatte lesen können. Erst als wir 1999 in den Libanon gekommen waren, hatte er darüber nachgedacht, was denn dieses Schriftstück wohl wirklich besagte. Er hatte es übersetzen lassen und war damit zu einem Notar gegangen. So waren wir wieder Besitzer eines Stückchen Landes im Libanon geworden. Wenn wir uns nicht gekümmert hätten, wäre das Grundstück nach 25 Jahren – und einer Gnadenfrist von zusätzlichen fünf

Jahren wegen des Bürgerkriegs – an die Stadt Biskinta übergegangen. Mein Vater hatte sich dann entschlossen, seinen Plan, ein Häuschen im Libanon zu bauen, nach 26 Jahren doch noch umzusetzen.

Und das Hotel wäre vielleicht auch vergrößert worden, wahrscheinlich hätte der Besitzer ein Schwimmbad angebaut. Auf jeden Fall wäre die Gegend nicht mehr so, wie wir sie jetzt kennen. Vielleicht wären die Ziegen nicht mehr willkommen und die Hirten würden keinen Ort mehr zum Wohnen vorfinden.

An der Quelle

Julie und ich hatten vor, hier oben in den Bergen zu arbeiten. Die Kinder spielten gern zwischen den Felsen im Sand, während wir an unseren Computern saßen. Plötzlich ertönte ein Schrei, eine große Schlange hatte einen Meter vom Haus entfernt im Schotter gelegen und sich gesonnt. Sie hatte sich wohl genauso über Emily erschrocken wie Emily über sie, sodass beide in entgegengesetzte Richtungen geflohen waren.

Am Abend saßen wir Schwestern auf der Betonbalustrade vor dem Haus und schauten in den faszinierenden Farbstreifen am Horizont, der nach dem Sonnenuntergang zurückgeblieben war. Auf einmal lief direkt an meinem Bein ein recht großes Tier vorbei, es war etwa so groß wie eine Eidechse. Ich wunderte mich, was denn in der Dunkelheit noch aktiv war. So holten wir die Taschenlampe und sahen einen prächtigen Skorpion vor uns, der seinen Giftstachelschwanz hoch erhoben hatte. Er hatte einen schwarzen Panzer, der Schwanz und die Greifer waren braun. Wir vertrieben ihn mit einem Besenstil, woraufhin er seinen Giftstachel voller Empörung in das Holz schlug. An den nächsten Tagen waren wir sehr vorsichtig, aber der Skorpion kam nicht wieder und anscheinend gab es auch keine Artgenossen in der Mauer, die ums Haus herum verläuft.

In der Mittagshitze packten wir an fast jedem Tag unsere Sachen, Essen und Getränke für ein Picknick, ein bisschen Spielzeug, und liefen hinüber zur Quelle. Unser Weg führte am Buddha vorbei, den ein amerikanischer Libanese eines Tages hier oben hatte aufstellen lassen: mitten in die Landschaft hinein eine riesige Buddhastatue. Sie ist aus schwarzem Granit gemacht, umzäunt mit einem schmiedeeisernen Gitter – was die aufgebrachten Christen aus der Umgebung nicht davon abhält, auf sie einzuschlagen, Steine auf sie zu werfen oder sie mit Gewehrschüssen zu attackieren. Dennoch behält die Statue ihre Ausstrahlung. Simeon sitzt am liebsten in Buddhas Schoß auf dem warmen Granit. Mich überkommt immer Mitleid, wenn ich an der Statue vorbeilaufe, Mitleid mit den armen Menschen, die sich durch diese friedvolle Figur bedroht fühlen.

In direkter Nachbarschaft befindet sich zudem die St.-Josephs-Kapelle, auch sie steht mitten in der Landschaft. Hier ist der heilige Joseph mit dem Jesuskind im Arm über dem Eingang zu sehen. Wir läuten immer ein wenig die Glocke, wenn wir vorbeilaufen. Dahinter wachsen große alte Nussbäume, unter denen eine kleine Quelle entspringt. Da sprudelt das eiskalte Wasser aus dem Berg heraus und wäscht kleine Becken aus, in denen man spielen kann. An diesem Ort überkommt mich Ehrfurcht, religiöse Ehrfurcht. Ob dies nicht in grauer Vorzeit ein heiliger Ort war?

Wie so oft ruhten sich meine Augen im Grün der sonnendurchschienenen Nussbaumblätter aus, die Gräser wehten im Wind. Wilde Gerste wuchs überall, die wilden Ähren, kleine Lichtwege voller Wärme. Das Wasser war so kalt, dass es an den Füßen schmerzte. Wir saßen auf großen Felsblöcken im Schatten, die kleinen, nackten Kinderfüße tapsten über die nassen Steine. Die Kinder versanken ganz in ihre aufregenden Geschichten mit Pferden und Prinzessinnen und Rittern. Manchmal kam auch Krieg in ihren Spielen vor, dann retteten sie sich mitsamt ihrer Gefährten in die Berge.

Teil 9

Die entführten Kinder

Meine Freundin Barbara hatte angekündigt, dass sie uns gerne in den Bergen besuchen würde. Sie ist eine der Mütter, deren Kinder vom Exmann entführt worden sind. Mühsam habe ich lernen müssen, wie häufig Kindesentziehungen im Libanon vorkommen. In diesen Fällen kommen völlig verzweifelte Mütter zu uns in die Gemeinde. Mütter, die keinen Kontakt mehr zu ihren Kindern haben, die zumeist weder wissen, wo ihre Kinder sind, noch, wie es ihnen geht.

Häufig kommen diese Mütter aus dem deutschsprachigen Kulturkreis, die Väter aus dem Libanon. Unter irgendeinem Vorwand reist die Familie in die Heimat des Mannes, hier verschwindet er mit den Kindern. Vorher drückt er der Frau noch ein Rückflugticket in die Hand und meint, damit sei der Fall erledigt. Diese Männer gehen davon aus, dass sie im Libanon das Recht auf ihrer Seite haben. Dies ist allerdings nur bedingt der Fall. Aber die Frau ist zunächst mal völlig hilflos: Sie befindet sich in einem ihr meist unbekannten Land, in dem sie sich zudem oft nicht verständigen kann. Allein kann sie fast nichts ausrichten gegen eine Großfamilie, die sich immer auf die Seite des zurückgekehrten Sohnes stellen wird. Die Frau wendet sich an die Botschaft, und von dort aus beginnt unsere Zusammenarbeit. Wir übernehmen in solchen Situationen die Rolle der Großfamilie auf der Seite der Frau.

Nicht selten stoßen wir dabei auf kriminelle Strukturen. Warum verlassen die Männer fluchtartig das Land, in dem sie Jahrzehnte gelebt haben? Viele von ihnen haben Schulden gemacht, die sie nicht zurückzahlen können, sie waren Spieler oder Suchtkranke, und sind mit ihren Betrügereien aufgeflogen. Oft haben sie die deutschen Behörden jahrelang an der Nase herumgeführt. Bei solchen Männern handelt es sich jedoch eher um harmlose Kleinkriminelle im Vergleich zu denjenigen, die zu den islamistisch fundamentalistischen Gruppen gehören, die in den letzten Jahren in Deutschland und in der Schweiz entstanden sind. Diese Männer wollen ihre westlich geprägten Ehefrauen nicht mehr tolerieren und meinen, dass sie ihre Kinder vor dem Sündenpfuhl Europa retten müssten. Darüber hinaus werden nicht selten die religiösen Strukturen als Deckmantel für kriminelle Geschäfte benutzt. Es geht dabei um Waffenschmuggel, Drogenhandel und Falschgeld, getarnt als Autohandel. Zufälligerweise hatten wir mit mehreren Frauen zu tun, deren Männer in dieselbe „Mafia" – so möchte ich diese Gruppierung nennen – gehörten. Frauen, die bis heute in größter Angst vor ihren Männern beziehungsweise Exmännern und deren Mittelsmännern leben. Mit skrupellosen Methoden werden alle, die irgendetwas wissen und verraten könnten, so sehr eingeschüchtert und verängstigt, dass niemand der Betroffenen es wagt, sich mitzuteilen.

Auch ich möchte niemanden mit meinem Bericht gefährden. Wir wissen, dass diese Leute auch vor Mord nicht zurückschrecken. Aber ich möchte doch die Öffentlichkeit darauf hinweisen, besonders in der Schweiz, dass Informationen, die von den Opfern stammen, besser genutzt werden müssten, um diesen Gruppen wenigstens ab und zu einen Strich durch die Rechnung zu machen. Wir sind mit Betroffenen bei der Schweizer Botschaft gewesen, aber den Behörden scheinen die Hände gebunden zu sein. Unsere Erfahrung bestätigt leider die bösesten Vorurteile, die sich gegen den Islam in Europa breitgemacht haben. Man muss sich vor Augen führen, dass die besagte Gruppe eine ganz kleine, aber doch mächtige, der Al Quaeda nahe Splittergruppe ist, die die Religion benutzt, um ihre eigenen Machtbedürfnisse zu befriedigen. Die Mitglieder nutzen die Freiräume aus, die der Rechtsstaat zulässt. So leben und propagieren sie ungehindert eine Religiosität, die menschenverachtend und frauenfeindlich ist. Diese Leute beteiligen sich im Libanon an Terroraktionen und feiern mit ihren Kindern, wenn wieder ein Bombenanschlag „geglückt" ist und möglichst viele Menschen dabei ums Leben gekommen sind. Von einer solchen religiös verbrämten Grausamkeit habe ich im Zusammenhang mit den Entführungsgeschichten immer wieder gehört.

Dieser radikalen Gruppe gegenüber fühlen wir uns als Gemeinde sehr machtlos, die betroffenen Kinder sind ihren Vätern und deren Helfershelfern ausgeliefert. Dennoch hat es sich auch hier gelohnt, nicht aufzugeben und den Müttern in ihrem Kampf um die Kinder beizustehen. Kleine Erfolge konnten wir erzielen, auch wenn es in einem Fall nur darauf hinauslief, dass eine Mutter ihre Kinder alle zwei Wochen einmal sehen darf. Das ist im Vergleich dazu, dass diese Kinder ganz verloren schienen, ein großer Fortschritt.

Barbaras Söhne und Töchter

Barbara hatte Anfang Juni ihren fünfjährigen Sohn für zwei Tage bei sich. Eigentlich hat sie drei Kinder mit ihrem ersten Mann, aber sie weiß nie, wann sie welches Kind bei sich haben darf. Sie bekommt sie immer nur dann, wenn er es gerade zulässt, mal eins, mal zwei, nie alle drei auf einmal, und nie läuft das so ab, dass sie planen kann. Er behält sich vor, alles zu bestimmen. Sie kann auf ihn keinen Druck ausüben, denn sie hat Angst, dass er dann eventuell wieder mit den Kindern weggeht. Für eineinhalb Jahre war er mit allen Kindern verschwunden, und sie durfte in der ganzen Zeit keines von ihnen sehen.

Es war im Sommer 2004 gewesen: Barbara war aus Deutschland mit ihrem Mann und den Kindern in den Libanon gekommen, um Urlaub zu machen. Die Familie hatte ein Haus in den Bergen gemietet, so wie sie es schon oft gemacht hatte. Doch diesmal sollte alles anders werden. Ihr Mann hatte anscheinend alles schon lange vorbereitet, ohne dass sie etwas gemerkt hatte. Er hat sie dann einfach fortgeschickt. Hatte die islamische Scheidungsformel ausgesprochen und sich fortan als geschieden betrachtet. Barbara hatte nicht so schnell aufgegeben, aber das ist eine lange Geschichte …

Gemeinsam fuhren wir erst einmal in unser Berghaus. Wir wollten uns ein wenig erholen und die beiden Jungen, ihr Sohn und Simeon, würden schön zusammen spielen können. Inzwischen hat Barbara einen neuen Partner, erst vor drei Monaten ist ihr viertes Kind geboren worden. Anstrengend das alles! Nun saßen wir über den Wolken, wie auf einem Flug breitete sich unter uns das Wolkenmeer aus. Die Feuchtigkeit, die vom Meer hochstieg, bildete die Wolken, aber ganz bis zu uns kamen sie nicht. Die Kinder spielten auf dem großen Sandhaufen und das Baby trank an Barbaras Brust. „Es kann so schön sein im Libanon", seufzte sie. Darin waren wir uns einig. Wir schauten gemeinsam zu, wie die Sonne langsam unterging und dabei die Wolkendecke zum Leuchten brachte.

Meine Gedanken wanderten zurück in die Zeit, als wir uns kennengelernt haben. Als Barbara in unser Büro gestürmt war, die Empörung, die Verzweiflung ungebremst über uns alle, die gerade da waren, ausgeschüttet und dann hemmungslos geweint hatte. „Die Kinder sind fort!" Drei Kinder, das Jüngste war gerade erst zweieinhalb Jahre alt gewesen, das älteste neun Jahre. „Nie hat er sich um die Kinder gekümmert, alles, alles musste ich alleine machen. Und jetzt nimmt er sie mir weg!"

In mir zieht sich noch heute alles zusammen, wenn ich daran denke. Simeon war im gleichen Alter wie der Jüngste und ein anhänglicher, unbeschwerter kleiner Junge. Was für ein Schock wäre es für ihn gewesen, wenn er seine Mama auf einmal nicht mehr gefunden hätte. Und für mich? Der Schmerz muss unerträglich sein, ich kann ihn körperlich spüren.

Es hatte einige Zeit gedauert, bis Barbara realisiert und es auch ausgesprochen hatte: „Er gibt mir die Kinder nicht wieder, das ist kein schlechter Traum. Immer wenn ich wieder aufwachen will, stehe ich mitten drin. Er hat sie mir weggenommen, wie soll mein Leben denn jetzt weitergehen?"

Sie hatte mich darum gebeten, in der Kirche auf meinem Cello spielen zu dürfen. Barbara ist Musikerin, Cellistin. Sie hatte lange gespielt, immer wieder hatte ich Celloklänge aus der Kirche herüberwehen gehört. Sie hatte nicht ihren Schmerz in die Musik gelegt, der wäre sowieso zu groß gewesen, immer noch unfassbar. Sondern sie hatte gespielt, um ihre Fassung zurückzugewinnen, ihre Entschlusskraft. Durch ihre Musik hatte sie zu sich selbst zurückgefunden. Und dann war ihr klar gewesen, wie sie vorgehen würde.

Sie war zurück in ihre Heimat nach Bayern gereist. Dort hatte ein Häuschen mit all ihren Sachen darin gestanden, mit ihrem Cello. Und dort hatten ihre Schüler auf sie gewartet, ihre Arbeit, ihr Verdienst. Sie war jedoch nur zurückgekommen, um dieses Leben hinter sich zu lassen. Sie hatte einen Container gemietet und alle Lieblingsspielsachen der Kinder, die Betten, die Stühle, den Hochstuhl und die Fahrrädchen, die Trecker und die Roller eingeladen. Dann hatte sie ihr Haus verkauft und sich von allen Freunden und Freundinnen verabschiedet. Als sie noch in Beirut gewesen war, hatte sie bereits eine Wohnung angeschaut, in der sie wohnen würde.

Sie hatte die Freunde ihrer Kinder besucht und ihnen zu erklären versucht, dass diese aus ihren Ferien nicht wiederkommen können, aber dass es wichtig wäre, sie in Erinnerung zu behalten. „Meine Kinder werden euch brauchen, wenn sie einmal wieder bei mir sind", hat sie den anderen Kindern gesagt. Sie hatte Briefe und selbstgemalte Bilder mitgenommen, Grüße, die ins Leere gegangen waren. Aber: „Liebe verliert sich nicht", das hatte Barbara zu mir gesagt, als sie mir all das gezeigt hatte.

Sie hatte die Wohnung so eingerichtet, als ob die Kinder jeden Moment zur Tür hereinkommen könnten. Sie würden alles wiedererkennen und sich wieder zu Hause fühlen. Aber es hatte noch 18 lange Monate gedauert, bis eines ihrer Kinder zum ersten Mal bei ihr zu Hause sein konnte.

„Wie überlebt sie das?", hatte ich mich damals oft insgeheim gefragt. „Ich könnte das nicht ertragen." Aber wenn man muss, wenn es keine Möglichkeit gibt, an die Kinder heranzukommen, dann muss man aushalten und auch überleben, allein wegen der Kinder. Barbara hat uns allen eine Lektion erteilt.

Sie war jeden Tag zum Cellospielen in die Kirche gekommen, und schon bald war sie nicht mehr allein. Sie hatte eine Freundin gefunden, die Violine spielte. Stundenlang hatte ich die beiden zusammen üben gehört. Weitere Musiker waren dazugekommen, Sänger und Sängerinnen, auch ein Organist, und bald waren die ersten Konzerte geplant worden. Uwe hatte sich immer gewünscht, das Weihnachtsoratorium aufführen zu können, natürlich an Weihnachten. Mit Feuereifer waren wir alle ans Werk gegangen. Noch nie war so viel in der Gemeinde musiziert worden. Barbara hatte sich einen Traum erfüllt und noch Gesangsstunden genommen. Sie hatte die Altarie singen wollen, ich hatte sie mit dem Cello als Basso Continuo begleiten dürfen.

Zwischendurch hatten wir stundenlang über ihre Situation, ihre Kämpfe mit den Rechtsanwälten, den Gerichten geredet. Wir hatten nach einflussreichen Persönlichkeiten gesucht, die Druck auf den Ehemann und seine Familie ausüben könnten. Der aber hatte Spitzel auf Barbara angesetzt und wir hatten nie gewusst, mit wem wir gerade sprachen, besonders wenn sich jemand als besonders hilfsbereit dargestellt hatte. Monatelang hatte Barbara einen Rechtsanwalt teuer bezahlt, bevor sie herausfand, dass er auch von ihrem Exmann bezahlt wurde. Viele, viele Fehlschläge hat sie erlebt.

Scheich Hassan hatte uns in diesem Fall als schiitischer Scheich nicht helfen können, denn es ging um eine sunnitische Familie. Daher hatten wir uns an einen befreundeten sunnitischen Scheich gewendet. Er war sehr empört gewesen, als er von der Geschichte gehört hatte. Denn nach sunnitischem Familienrecht hätten die beiden kleinen Kinder auf jeden Fall zur Mutter gehört. Wir hatten sogar ein Treffen zwischen ihm und dem ehemaligen Ehemann in unserem Gemeindehaus arrangieren können. Es hatte uns erstaunt, dass dieser eingewilligt und sein Kommen zugesagt hatte. Wir hatten hin und her überlegt, welche Strategie wir in dem Gespräch verfolgen sollten. Er würde ja in unser Territorium kommen, wir müssten ihm daher erstmal ein Gefühl der Sicherheit vermitteln. Nur dann bekämen wir eine Chance, mit ihm zu sprechen. Wir würden versuchen, an sein Herz zu appellieren, über die Kinder sprechen, die ihre Mutter bräuchten ... Wir hatten uns vorgenommen, uns auf keinen Fall in religiöse Argumentationen verwickeln zu lassen und schon gar nicht in einen Streit. Das war unser Vorhaben gewesen.

Barbaras Exmann war nicht allein gekommen, sondern hatte einen Freund mitgebracht. Er selbst in einer weißen Galabiye, einem weißen Männerkleid, und mit einem bunt bestickten Käppi auf dem Kopf; ein kleiner schmaler Mann, dem man hatte ansehen können, dass er zu klein geraten war. Vielleicht ist das eines seiner Probleme – immer ein wenig zu klein zu sein? Der religiöse Fanatismus gibt ihm das Gefühl von Macht. Barbara hatte mir von ihm erzählt: Er sei nie so ganz in Deutschland angekommen. Eigentlich habe er immer irgendwie haltlos auf sie gewirkt, ständig auf der Suche nach Zugehörigkeit. Es sei so etwas wie ein Hunger von ihm ausgegangen, als suche er etwas, das ihn endlich befriedigen könnte. Irgendwann waren auf einmal pakistanische Freunde bei ihnen zu Hause aufgetaucht. Seitdem hatte er eine Kehrtwende zur Religion hin gemacht, und zwar mit einer Radikalität, die ihr unerklärlich gewesen sei. Erst später waren ihr die Zusammenhänge klar geworden, als sie von dem Bau einer neuen Moschee erfahren hatte. Dafür hatte ihr Mann alle seine und ihre Ersparnisse gespendet. Die neuen Freunde waren Missionare gewesen. Sie hatten eine unruhige Seele gefangen, dem Mann klare Aufgaben gestellt und ihm das Gefühl gegeben, endlich zu seinen Wurzeln zurückzukehren.

Gleichzeitig hatten sie ihm ein Machtinstrument an die Hand gegeben: die radikale Interpretation des Koran, mit der man andere Menschen im Namen eines strengen und strafenden Gottes kontrollieren und gängeln kann. Seitdem lebte er in dem Gefühl, besser zu sein als alle anderen, die seinen radikalen Glauben nicht teilen, überlegen zu sein und das Recht zu haben, grausam zu sein.

Als er dann bei uns war, und ich ihn neben seinem Freund sitzen sah, verstand ich, dass er diese Gemeinschaft brauchte. Allein hätte er die Stärke nicht aufgebracht und auch nicht die Radikalität durchgehalten, die für sein Verhalten nötig waren. Sein Freund war mit einer dunkelgrünen Galabiye bekleidet, groß, rund und dick, er redete mit lauter Stimme. Er hatte das Gespräch mit uns übernommen und dabei mit religiösen Plattitüden um sich geworfen, eine nichtssagender als die andere. „Wo sind die Kinder?" Danach hatten wir ein ums andere Mal gefragt. Schließlich hatte er gesagt: „Den Kindern geht's gut, sie spielen zu Hause mit meinen Kindern." Mehr hatten wir nicht herausfinden können.

Unser Freund, der sunnitische Scheich, der sich so echauffiert hatte, dass die Kinder zur Mutter gehörten, hatte sich immer mehr zum Fürsprecher des Vaters gewandelt. Augenscheinlich hatte er Angst vor den beiden Männern bekommen, weil er wohl erkannt hatte, zu welcher der berüchtigten islamistischen Gruppen sie gehörten; einer Gruppe, die sich anmaßt, über allen staatlichen Autoritäten zu stehen, und die sich nach keinen Gesetzen richtet außer denen, die sie als die wirklich islamischen Gesetze anerkennen. Sie behaupten von sich, die einzigen wirklichen Moslems zu sein, alle anderen könne man nicht ernst nehmen. Unser Scheich hatte sich in dem Gespräch so intensiv bemüht, auch zu den wenigen auserwählten wirklichen Moslems zu zählen, dass er uns damit in den Rücken gefallen war.

Das geht Barbara immer wieder so: Die vielen Menschen mit gutem Willen, die ihr beistehen wollen, aber auch die Menschen mit wichtigen Ämtern bei der Polizei, in der Armee und unter den Richtern, sie alle haben Angst vor dieser Gruppe. Niemand will sich mit ihr anlegen. Der Staat weiß, was in solchen Gruppen vor sich geht, er beobachtet sie möglichst genau. Eines Tages hatte ich zufällig Kontakt zu einem Polizisten gehabt, der gerade auf diese eine Gruppe angesetzt gewesen war. Er hatte mir erzählt, sie hätten eine dicke Akte zusammengestellt, aber es sei nicht erlaubt, irgendetwas zu unternehmen. Die staatlichen Machtinstrumente greifen nicht, die Verantwortlichen kapitulieren vor den Drohungen dieser Gruppen, die in der Lage wären, das ganze Land mit Anschlägen zu überziehen. Die Gruppe mit dem Namen „Fatah al Islam", die sich im Palästinenserlager Nahr el Bared festgesetzt und von da aus die libanesische Armee angegriffen hatte, ist ein Beispiel für die Gefährlichkeit dieser sunnitischen Fundamentalisten. In dieser Situation hatte sich die libanesische Armee zum ersten Mal massiv gegen einen solchen Angriff zur Wehr gesetzt und diese Gruppe mühsam in die Knie gezwungen.

Wir als kleine Gemeinde waren kein Gegner für eine solche Gruppierung, wir sind gewaltig an unsere Grenzen gestoßen. Und wir hätten längst die Finger davon gelassen, wenn es nicht um die Kinder ginge. Aber Barbara hat nicht aufgegeben. Sie hatte zwar gewusst, dass sie nicht gegen diese machtvolle Gruppe und die ganze Familie ihres Exmannes ankommen kann, aber sie war sich ihrer Kraft bewusst. Die einzige Gegenmacht, die sie einsetzen konnte, war ihre Mutterliebe. Und so hatte sie sich Schritt für Schritt durch alle sunnitischen gerichtlichen Instanzen gekämpft, schließlich waren ihr die beiden kleinen Kinder vom Gericht zugesprochen worden – nach über einem Jahr. Inzwischen waren sie drei und fünf Jahre alt. Der Exmann war aufgefordert worden, die Kinder der Mutter zu übergeben, doch er war bei keiner Verhandlung und auch nicht zum Urteilsspruch aufgetaucht. Schließlich war ein Haftbefehl gegen ihn ausgestellt worden, und seitdem wurde er endlich auch polizeilich gesucht.

Wäre Barbara da nicht mit ihrer ganzen Energie hinterher gewesen, hätte auch das zu gar nichts geführt. Denn der polizeiliche Suchtrupp stand nicht hinter der richterlichen Entscheidung. Warum soll eine deutsche Mutter ihrem moslemischen Ehemann die Kinder wegnehmen? Wo man doch weiß, wie es in Deutschland zugeht ...?

Wir wissen, dass solche Geschehnisse auch in vielen anderen Ländern mit jungen Demokratien ähnlich vorkommen. Zwar gibt es dort gute Gesetze zum Schutz der Frauen, aber sie sind im gesellschaftlichen Bewusstsein noch nicht verankert und werden nicht angewendet.

Barbaras Weg hat sich als sinnvoll erwiesen. Sie hatte unendlich viele Verbindungen geschaffen, viele Menschen gefunden, die ihr helfen wollten. Viele Augen hatten die Fotos von den Kindern und dem Exmann gesehen, sodass wir immer öfter Informationen über seinen Aufenthalt und den der Kinder bekommen hatten. Aber immer, bevor Barbara mit der Polizei an der genannten Stelle aufgetaucht war, war er wieder verschwunden. Irgendjemand hatte ihn jedes Mal informiert. Dennoch hatte er sich sichtlich in die Enge getrieben gefühlt, es ist ja auch schwierig, jede Woche mit den drei Kindern woanders unterzukommen.

So war er endlich bereit gewesen, sich auf Verhandlungen einzulassen. Barbara hatte eines Tages einen Anruf bekommen, sie könne ihre Kinder treffen. Sie dürfe aber niemanden informieren, müsse sich an einem bestimmten Ort einfinden, würde dort abgeholt werden, dürfe kein Handy mitnehmen ... Uns allen war sehr mulmig zumute gewesen, sollte sich Barbara darauf einlassen? Aber für sie war das keine Frage gewesen. Sie hatte keine Angst um sich selbst gehabt und zum ersten Mal die Aussicht vor Augen, ihre Kinder zu sehen. Sie hatte sich auf alles eingelassen und war kreuz und quer durchs Land gefahren worden. Sie hatte keine Chance gehabt herauszufinden, wo sie war. Schließlich hatte sie im Rahmen der ganzen Familie, Schwager und Schwägerin, deren Kinder und Schwiegermutter ihre so lange entbehrten eigenen Kinder getroffen. Eine schwierige Begegnung!

Die Jüngsten hatten das Deutsch verlernt und nur noch Arabisch gesprochen – mühsam für die Mutter. Sie hatte es so empfunden, als wären die Kinder in eine Decke aus Misstrauen gehüllt gewesen. In ihren Augen hatte sie die Fragen der Verlassenen gesehen. „Warum hast du uns alleingelassen?" Am leichtesten war es für den Jüngsten gewesen, den Kontakt wiederherzustellen, seine Mama muss in ihm noch existiert haben. Er hatte sich an sie geschmiegt und war auf ihren Schoß geklettert. Das hatte es auch den anderen erleichtert, der Mutter näherzukommen. Schließlich hatte Barbara mit allen zusammen auf dem Boden gelegen, sie hatten sich hin und her gewälzt und so versucht, diesen wie unwirklichen Kontakt wahrzunehmen und zuzulassen.

Wie schmerzhaft es für Barbara gewesen war, wieder aufzubrechen mit der Ungewissheit, ob und wann sie ihre Kinder wieder sehen darf. Aber dies war tatsächlich der Anfang gewesen, sie hatten ausgemacht, dass in jeder Woche ein oder zwei Kinder für eine Nacht bei ihr sein sollten. Das war so wenig, viel zu wenig, aber Barbara hatte gewusst, dass sie diese große Chance nicht verspielen durfte, und sich darauf eingelassen. Es hat lange, lange gedauert, bis die Kinder sie wieder angenommen haben, Barbara hatte unendliche Geduld gebraucht. Dazu die ständige Schikane des Exmannes, sich nicht an die Abmachungen zu halten und Barbara weite Wege aufzuzwingen, um die Kinder zu holen und wieder abzugeben.

Barbara hat es für sich geschafft, sie lässt sich darin nicht beirren. Wenn sie die Kinder hat, ist sie ganz für sie da. Sie sagt, sie lebt dann von den Momenten des Glücks, die ihr in der kurzen Zeit geschenkt werden. Ihre Kraft vergeudet sie nicht im Ärger, sie reibt sich nicht auf im Kampf gegen das, was sie nicht ändern kann. Was sie bekommt, nimmt sie an und lebt es, beinahe als sei es normal. Wenn Barbaras Kinder bei ihr sind, dann ist es, wie es sein soll. Sie gibt ihren Kindern zu verstehen: Ich bin eure Mutter, bei mir dürft ihr spielen und singen und malen. Aber die Kinder haben Angst. Nicht nur vor dem Vater, sondern auch dieser Gott scheint sehr streng zu sein, dem sie dienen müssen. Barbara argumentiert darüber nicht, aber sie gibt den Kindern Bilder, die vielleicht in die kleinen Seelen gelangen und irgendwann einmal zum Tragen kommen. Sie erzählt davon, wie Gott die Menschen liebt und auch die Tiere und wie wir Gottes Liebe spüren, wenn wir uns als Menschen lieb haben. Das begleitet sie mit Kinderliedern und Massagen. Barbara will die Kinder nicht zu sehr verunsichern, das Leben beim Vater ist so streng geordnet. Mit seinen Regeln leben die Kinder und das müssen sie tun, sonst werden sie böse bestraft. Sie kann nur vorsichtig einen Gegenpol bilden und den Kindern immer wieder die Erfahrung vermitteln, dass es ganz andere Arten und Stimmungen zu leben gibt.

Viel Kraft kostet es: Immer wieder loslassen, immer wieder den Schmerz ertragen … Inzwischen weinen die Kinder, wenn sie gehen müssen, sie wehren sich. Barbara muss dann positiv bleiben, den Kindern und sich selbst Mut machen. Ab dann lebt sie für das nächste Treffen.

Aber Barbara lebt auch in ihrem Beruf. Sie hat zudem einen großen Freundeskreis, ihr Haus ist immer offen, Menschen umgeben sie. Junge Leute fühlen sich bei ihr wohl. Sie kochen gemeinsam, gehen abends miteinander aus. Immer ist sie erfüllt von künstlerischen Projekten und lässt sich auf junge Künstler ein, die avantgardistische Stücke aufführen wollen. Auch wir beide haben zusammen viel Musik gemacht, mit Tanz und Musik improvisiert. Wir haben gemeinsam Vorstellungen gegeben; und auch Schmerz und Lebensfreude in größter Intensität miteinander durchlebt.

Was werden die Kinder aufnehmen und mitnehmen aus den Stunden bei ihrer Mutter? Werden sie die Stärke aufbringen, die

Extreme in sich zu vereinen? Immer wenn ich eines von ihnen sehe, habe ich die Hoffnung, dass sie alle es schaffen. Aber in ihren Augen sehe ich die große Verunsicherung. Werden sie lernen, damit zu leben?

Amals Abschied von ihrem Sohn

Amal lebt mit vier Kindern allein, und das ist das Beste, was ihr passieren konnte. Der Ehemann hat sie endlich verlassen. Als sie das erste Mal zu uns kam, brachte sie alle Kinder mit. Meistens sind die Kinder dabei, wenn sie zu uns kommt, denn sie hat große Angst um sie. Sie hat unter mysteriösen Umständen einen Sohn verloren, seitdem leidet sie unter nervösen Störungen und ist nicht mehr in der Lage, ihre eigene komplizierte Lebenssituation zu bewältigen. Ich habe sie in Therapie genommen. Es ist das erste Mal, dass ich jemanden behandle, während die Kinder dabeisitzen. Meistens sind es die zwei Mädchen, sie sind drei und fünf Jahre alt. Sie malen nicht, sie kneten nicht, sie sitzen auf dem Boden neben dem Stuhl der Mutter und warten.

Zunächst klärten wir alle körperlichen Leiden der Mutter. „Es ist das Herz", sagte sie immer wieder. „Mein Herz tut mir weh!" Und langsam näherten wir uns dem Tod des Sohnes und dem damit verbundenen Schmerz an.

Dieser Sohn war von seinem Vater in den Libanon entführt worden, während Amal mit der ältesten Tochter in Deutschland geblieben war. Um bei ihrem Sohn sein zu können, war Amal in den Libanon gereist. Sie hatte mit dem Vater verhandeln und dann wieder zurückkehren wollen. Denn in Deutschland hatte sie es gut gehabt, sie war zur Arbeit gegangen, die Kinder in die Schule, sie hatten in einer schönen Wohnung gewohnt.

Nachdem Amal mit ihrer großen Tochter zusammen in den Libanon gekommen war, hatte ihr Mann eine Ausreisesperre verhängt, und sie hatte nicht mehr nach Deutschland zurückkehren können. Sie hatte sich mühsam damit abfinden müssen, sich ein Leben im Libanon aufzubauen. Arbeit war nicht zu finden gewesen, der Ehemann hatte keinen Pfennig Unterhalt für die Kinder gezahlt. Das Geld für Kindergärten und Schulen hatte sie nicht bezahlen können. Ab und zu hatte Amal eine Putzstelle gefunden. Ihr Mann hatte sie mit allen Problemen alleingelassen, war aber immer wieder aufgetaucht, um sie zu verprügeln und zu vergewaltigen. So hatte sie noch drei Kinder bekommen. Amal konnte nur überleben, weil sie gute Freundinnen gefunden hat, die sie unterstützen und begleiteten. Ihre beste Freundin ist Lehrerin, eine hohe Funktionärin in der Hisbollah-Partei. Sie ist schwarz verschleiert von Kopf bis Fuß, eine herzensgute Seele. Die beiden sind zusammen in eine Wohnung gezogen. Amals Freundin ist unverheiratet und hat keine eigenen Kinder. So oft es nötig ist, übernimmt sie die Mutterpflichten.

Hamoudi war Amals zweites Kind gewesen. An jenem Tag war er nach draußen gegangen, um zu spielen, wie an allen anderen Tagen. Er hatte mit anderen Jungen aus der Gasse Ball gespielt. „Es war ein Auto, er wurde von einem Auto überfahren", stammelte Amal, als sie in der Therapie davon erzählte. Es hat geheißen, dass er sofort tot gewesen sei. Jemand hatte ihn dennoch ins Krankenhaus gebracht. „Man hat mir nichts gesagt, ich habe Hamoudi nie wieder gesehen!" Endlich strömten Amals Tränen. Zum Glück waren an diesem Tag die beiden Mädchen nicht bei ihr, sondern bei der Freundin zu Hause. „Bei der Beerdigung bin ich zusammengebrochen, ich wollte den Sarg öffnen, ich konnte nicht glauben, dass er drin liegt. Ich wollte nicht fort von seinem Grab, man hat mich weggetragen. Nachts bin ich zurückgekehrt, ich wollte den Sarg ausgraben …"

Es ist nie geklärt worden, wie es zu diesem Unfall gekommen war. Das Auto war sofort weggefahren. Es ist nie eine Fahndung nach diesem Auto herausgegeben worden. Wer im Libanon einen tödlichen Unfall verursacht oder auch unschuldig in einen solchen hineingerät, muss so schnell wie möglich von der Unfallstelle verschwinden. Ansonsten landet er im Gefängnis und muss horrende Strafen zahlen, ob er schuldig oder unschuldig ist, das spielt keine Rolle. „Warum?", stammelte Amal immer wieder. „Wer hat mein Kind überfahren?" Es kann durchaus sein, dass das mit Absicht passiert war, dass der Mutter ein Denkzettel hatte verpasst werden sollen. Eine Warnung: Wenn du ausplauderst, was du weißt … Es geht hier um jene schon beschriebene Mafia, über die sie in der Zeit mit ihrem ersten Mann zu viel erfahren hatte. Wir wagten es nicht weiterzudenken.

Und so nahmen wir in der Therapie noch einmal Abschied von Hamoudi. Amal beschrieb ihn mir mit all seinen Eigenarten – so lebendig, als wäre er noch unter uns. Es dauerte lange, bis wir in der Lage waren, ihn in Frieden ruhen zu lassen. Wir beide, Amal als Sunnitin und ich als Protestantin, stehen immer wieder Hand in Hand vor diesem Gott, den wir manchmal so gar nicht verstehen können. Wir reden und lassen all unsere Fragen aus uns herausströmen. Uns hilft es, wenn wir uns vorstellen, dass der kleine Hamoudi vielleicht im Schoß des Urahnen Abraham sitzt, der uns alle verbindet. Ich erzählte Amal von dem schönen Bild der drei Patriarchen Abraham, Isaak und Jakob, das auf einem Wandfresko aus dem neunten Jahrhundert zu sehen ist. Die drei halten die Seelen der Verstorbenen in ihren Armen und füttern sie mit süßen, weißen Trauben. Für Amal bedeutet das, dass sie für ihren toten Sohn einen Ort schafft. Es ist ein Bild, an das sie denken, in das sie ihre Trauer geben und über das sie den Kontakt zu ihrem Sohn wieder aufnehmen kann. Doch der Schmerz bleibt und das Herz tut immer wieder weh.

Nachdem Amal in der Therapie ihre Trauer bearbeitet hatte, konnte sie wieder mit all ihrer Kraft darangehen, für sich und ihre Kinder ein Leben in Deutschland zu planen. Dazu musste sie die Staatsangehörigkeit ihrer Kinder regeln und erst einmal allein nach Deutschland reisen. Sie wollte gerne ganz nach Deutschland übersiedeln. Dort würde es ihr finanziell viel besser gehen. Sie bekäme Sozialhilfe und könnte bestimmt eine

Putzstelle finden. Sie wären krankenversichert und die Kinder könnten zur Schule gehen. Doch woher sollte sie das Geld für das Flugticket nehmen? Und wer würde die hohen Strafgebühren beim libanesischen Staat zahlen, die anfielen, weil Amal jahrelang ohne eine Aufenthaltsgenehmigung im Land gelebt hatte? Wir zapften alle zur Verfügung stehenden Quellen an und kratzten zusammen, was sich finden ließ. Zum Schluss tauchten auch noch Amals Geschwister auf, die in der ganzen Welt verstreut leben, und griffen ihr ein wenig unter die Arme. Aber das größte Hindernis waren Amals Ängste. Denn sie musste ihre Kinder im Libanon zurücklassen. Sie schaffte es, indem sie sich auf den Gedanken konzentrierte, das für die Zukunft ihrer Kinder tun zu müssen. Am Abend vor ihrem Abflug haben wir sie alle zu uns auf die Dachterrasse eingeladen, die Kinder, die schiitische Freundin und Käthi. Amal flog am 8. Juli 2006.

Wir hatten die Tische festlich gedeckt, der Oleander blühte in den großen Pflanzkästen, die Sonne malte ihre ganze Farbenpracht an den Horizont, und bald umwehte uns die kühle Nachtluft. Wir fühlten uns ein wenig wie eine große Familie, die Kinder waren mir so vertraut. Die Freundin, die die Kinder versorgen würde, realisierte an diesem Abend, dass sie nicht allein dastand, sondern in unser Netzwerk einbezogen war. Es war zu spüren, wie fremd ihr unsere Umgebung zu sein schien. Aber die Menschlichkeit siegte dann doch über die Ideologie, und so verabschiedeten wir uns mit großer Herzlichkeit.

Vier Tage später brach der Krieg im Libanon aus. Dachieh, der Vorort, in dem Amals Wohnung lag und wo jetzt die Kinder waren, wurde am stärksten von den Bombardierungen getroffen. Die Freundin flüchtete mit den Kindern in die Berge. Zwar hatte Amal ihre Angelegenheiten in Deutschland schnell regeln können, viel schneller als gedacht, aber jetzt konnte sie nicht wieder zurück in den Libanon. Sie schaffte es, all ihre Kräfte zu sammeln, die Panik zu vertreiben und ein Ticket nach Damaskus zu ergattern. Von dort aus ging es dann über die grüne Grenze in den Libanon zurück.

Zu dem Zeitpunkt hatte Amal alles Nötige zusammen, um mit den Kindern ausreisen zu können. Es fehlte nur noch ein Stempel aus dem Heimatort des Vaters, ohne den wären die Papiere ungültig gewesen. Sie schlug sich wieder durch, gemeinsam mit ihren Kindern, und kam allen Bombardierungen zum Trotz im Dorf des Vaters ihrer Kinder an. Sie dachte daran, mit den Kindern außer Landes zu gehen, um dem Krieg zu entkommen. Aber dann saß sie in der Falle, das Dorf war komplett von der Außenwelt abgeschnitten. Die Hisbollah hatte ihre Stellungen dort aufgebaut, daher wurde die Gegend ganz massiv von der israelischen Armee angegriffen. Das Dorf war voller Flüchtlinge, Amal und ihre Kinder kamen, wie 17 andere Familien – in einer Schule unter. Bald gab es nichts mehr zu essen. Wenn die Telefonleitungen funktionierten, suchte Amal den Kontakt zu Käthi. Die sagte ihr, dass die Gemeinde als offizielle Flüchtlingshilfsstelle anerkannt worden war und Lebensmittelpakete zur Verfügung stünden.

Obwohl die Strecke nach Beirut unüberwindlich zu sein schien, schaffte Amal es wieder. Eines Morgens stand sie vor der Tür des Gemeindebüros. Käthi traute ihren Augen nicht, was für eine Kraft hatte diese Frau entwickelt, seitdem sie zum ersten Mal bei uns aufgetaucht war. Die beiden luden so viele Lebensmittelpakete, wie gerade da waren, in ein Auto und Amal machte sich schon bald wieder auf den Rückweg.

Erst nachdem endlich der Waffenstillstand ausgehandelt worden war, kam Amal zurück nach Beirut. Ihre Wohnung war zerstört. Das Wenige, das sie und ihre Kinder besessen hatten, war verloren. All das verkraftete Amal mit einer erstaunlichen Gelassenheit. Doch als sie nun erneut die Übersiedlung nach Deutschland in Angriff nahm, bekam sie einen weiteren Schlag versetzt. Der Bruder ihres Mannes, der in dessen Auftrag das Sorgerecht für die Kinder ausübte, bestimmte auf einmal, Amal könne wohl nach Deutschland ausreisen – aber sie könne leider nicht alle Kinder mitnehmen. Eines müsste sie im Libanon zurücklassen. Am liebsten hätten die Verwandten den Sohn behalten, aber der war erst zwei Jahre alt. Auch sie sahen ein, dass sie das nicht von ihr verlangen konnten. Also sollte die älteste Tochter dableiben, die 13 Jahre alt war. Uns allen stockte der Atem, als wir davon erfuhren; gerade die Älteste, die sich am meisten auf Deutschland freute, weil sie sich noch daran erinnern konnte. Sie war fünf Jahre alt gewesen, als sie mit ihrer Mutter in den Libanon gekommen war. Und sie war diejenige, die am stärksten gefährdet war, von der Hisbollah-Ideologie eingefangen zu werden, diejenige, die Amal immer wieder vor den Heiratsplänen des Onkels schützen musste.

Trotz dieser Härte hielt Amal an ihrem Plan fest, denn ohne Geld hatte sie im Libanon einfach keine Chancen. Sie wollte die Hoffnung aufrechterhalten, dass die Große irgendwann auch nach Deutschland kommen könnte. Der Onkel hatte versprochen, sie gehen zu lassen, sollte sich die Situation im Libanon verschlechtern.

Und so geschah es, Amal und die drei kleineren Kinder reisten ab, die Große blieb zurück. Jeden Freitag zum Kindertreff kam sie in die Gemeinde und wir sprachen über ihre Situation. Die Lage im Libanon wurde immer brenzliger. Pierre Gemayel wurde ermordet, die Hisbollah besetzte die Innenstadt, wir rechneten damit, dass jeden Moment der Bürgerkrieg ausbrechen würde. Wir erinnerten den Onkel an sein Versprechen, das Mädchen ausreisen zu lassen, falls sich die Lage im Libanon verschlechtern würde. Aber er fand, sie sei noch lange nicht schlecht genug. Mutter und Tochter wurden immer verzweifelter. Schließlich wurde sie krank, die große Tochter, und musste in ein Krankenhaus. Da hielt es Amal nicht mehr aus. Sie nahm ihre anderen Kinder und riss sie aus dem gerade begonnenen neuen Leben wieder heraus. Dabei hatte alles so gut angefangen in Schule und Kindergarten. Doch Amal verabschiedete sich von ihrer Arbeitsstelle und den Sozialarbeiterinnen, die ihr viel geholfen hatten, und trat die Rückreise nach Beirut an.

Heute leben Mutter und alle Kinder wieder zusammen in ihrer kleinen neuen Wohnung in Dachieh. So langsam verlernen die Kleinen wieder ihr Deutsch. Amal hat jetzt doch eine Putzstelle im Libanon gefunden, zwar ist der Lohn gering und die Arbeit hart, aber wenigstens sind alle wieder zusammen.

„Das würde sie nie wieder machen", sagte sie zu mir. Sie könnte nie wieder ein Kind zurücklassen. Ich kann sie gut verstehen. Aber warum musste der Onkel, der für den Vater handelte, dieser Frau und ihren Kindern die Chance verbauen, sich eine menschenwürdige Zukunft aufzubauen? Wollte er sie zurück an den Rand der Elendsgesellschaft ziehen, damit sie es nicht besser hätte als er?

Margits Verzicht

Eine junge Frau stieg aus dem Taxi, vorsichtig näherte sie sich dem Gemeindezentrum. „Bin ich hier richtig?", fragte sie mich auf Deutsch. Ich war gerade auf dem Weg zum Einkaufen. „Wo wollen Sie denn hin?", fragte ich erstaunt. „Zur deutschen Gemeinde", sagte sie mit unsicherem Tonfall. Sie sah sehr blass aus, verstört wanderten ihre Augen hin und her wie auf der Suche nach einem Halt. So kam Margit bei uns an, die dann beinahe ein ganzes Jahr in unserem Notfallzimmer lebte. Ich ließ meine Pläne fallen und ging mit ihr ins Therapiezentrum.

Margit hatte nichts bei sich, keine Tasche, kein Geld. Ihr Koffer müsse noch am Flughafen sein, erzählte sie. Sie hätte zurück nach Deutschland fliegen sollen, ihr Mann hatte sie zum Flughafen gebracht, berichtete sie. Sie war mit ihrer zweieinhalbjährigen Tochter und ihrem Mann in den Libanon gereist, um seine Familie zu besuchen. In ihrer Ehe hätte es schon länger gekriselt, aber sie hätte die Hoffnung gehabt, dass es hier bei ihm zu Hause wieder besser werden könnte.

Doch wie sie erzählte, ist das Gegenteil passiert, es war immer schlimmer geworden. Sie hatte das Gefühl gehabt, alles falsch zu machen. Wenn sie am Abend die Schlafdecken ausgebreitet hatte, waren es die falschen Decken gewesen. Wenn sie essen wollte, hatte sie etwas genommen, das nicht für sie bestimmt war. Wenn sie ein bisschen im Dorf spazieren gegangen war, war ihr unterstellt worden, sie hätte mit den Männern aus dem Dorf anbandeln wollen. Einmal war sie hinter dem Haus ein wenig im Olivenhain spazieren gegangen. Sie hatte gedacht, dass sie dort ja keine Männer aus dem Dorf treffen würde. Als die Familie das erfahren hatte, war die Empörung grenzenlos gewesen: Oben hinter den Olivenbäumen sei die syrische Armee stationiert, eine Frau, die da allein herumlief, könne man gleich zu den Prostituierten rechnen. Sie mache der Familie nur Schande und würde die Ehre der ganzen Familie in den Schmutz ziehen – deswegen müsse sie zurück nach Deutschland. Die kleine Tochter aber würde man hier behalten, sie sollte in gesitteten Verhältnissen aufwachsen.

Margit hatte also ihren Koffer packen müssen, ihr Mann hatte sie zum Flugplatz gebracht und gewartet, bis sie eingecheckt hatte. Als er gegangen war, hatte Margit sich auf der Flughafentoilette versteckt. Die ganze Nacht war sie dort geblieben, denn sie hatte Angst gehabt, ihr Mann hätte jemanden beauftragt, um sie zu beobachten. Am Morgen war sie auf einen hilfsbereiten Menschen gestoßen. Nachdem sie ihm ihre Geschichte erzählt hatte, besorgte und bezahlte er ihr ein Taxi, mit dem sie zur Botschaft gefahren war. Und von dort war sie dann zu uns gekommen.

„Ich kann doch meine Tochter nicht hier lassen, ohne sie kann ich nicht leben!" Das wiederholte Margit in allen möglichen Variationen.

Es muss schwer für sie gewesen sein, sich zu widersetzen, etwas anderes zu tun, als man von ihr erwartet hatte. Sie hatte so sehr gehofft, die Liebe ihres Mannes zurückgewinnen zu können. Lange noch hatte sie gegrübelt, was sie tun müsse, damit er sie wieder lieben könne. Aber er hatte sie nicht mehr gewollt. Das war bei meinem ersten Besuch in der Familie deutlich sichtbar geworden. Dennoch war ich zunächst sehr zuversichtlich gewesen, in diesem Fall schnell helfen zu können. Denn das Recht stand eindeutig aufseiten der Mutter: Eine so kleine Tochter gehört auch nach schiitischem Gesetz in die Obhut der Mutter.

Wir sprachen mit Scheich Hassan, der sich sofort für Margit einsetzen wollte, aber nach einem ersten Gespräch mit der Familie kam auch er etwas ratlos zurück. Wir hatten alle gehofft, dass sich Margits Mann auf Verhandlungen einlassen und von religiösen und staatlichen Autoritäten beeindrucken lassen würde. Wir tauchten bei ihm mit einem Botschaftsauto und Sicherheitskräften auf, mit Rechtsanwälten und hochrangigen schiitischen Würdenträgern. Doch nichts konnte den Ehemann dazu bewegen, seine Meinung zu ändern. Er war entschlossen. Seine Auffassung war, dass er jetzt das Recht auf seiner Seite hätte, er wäre schließlich in seiner Heimat, im Libanon könne er bestimmen, was mit seinem Kind geschieht.

Wir ließen ihm dennoch keine Ruhe, jede Woche tauchte einer von uns zusammen mit Margit bei ihm auf. Sie wollte den Kontakt zu ihrer Tochter nicht aufgeben, nicht verlieren. Das geht so schnell bei kleinen Kindern. Sie gewöhnen sich um, die Menschen, die sie aktuell versorgen, bestimmen ihr Leben. Sie sind abhängig von ihnen, und wer nicht da ist, verliert seine Bedeutung. Wird mit den Kindern nur noch Arabisch gesprochen, vergessen sie schnell ihr Deutsch, ihre Muttersprache. Die Mütter können sich dann mit ihren eigenen Kindern nicht mehr verständigen.

Wir fanden eine Rechtsanwältin, die sogar auf ihr Honorar verzichtete, um der jungen Mutter zu ihrem Recht zu verhelfen. Aber es dauerte alles seine Zeit. Allein ein halbes Jahr verging, ehe das Gericht einberufen wurde. Dann tauchte der Ehemann nicht zur Verhandlung auf, beim nächsten Mal hatte der vom

Ehemann beauftragte Rechtsanwalt die nötigen Papiere nicht – und so ging es weiter und weiter. Die Besuche in der Familie gestalteten sich schwieriger und schwieriger. Das arme Kind wurde immer verstörter. Es lief fort, wenn es uns kommen sah, weil es den Streit zwischen Vater und Mutter nicht ertragen konnte, oder es legte sich auf eines der Sofas und schlief ein.

Mein Eindruck war, dass es dem Kind eigentlich gut ging in der Familie, auch wenn ihm sicherlich seine Mutter fehlte. Der ständige Streit zwischen den Eltern, der im Grunde ein Konkurrenzkampf um die Liebe des Kindes war, muss schon vor der Trennung beängstigend gewesen sein. Jetzt lebte das Kind in einem großen libanesischen Familienverband mit vielen anderen Kindern und vielen Tanten und Onkel, mit einer Großmutter und einem Großvater. Sein Zuhause lag in einem Dorfsträßchen, in dem jedes der kleinen Häuser einem Mitglied der Familie gehörte. Alle Häuser hatten einen Garten mit Orangenbäumen und Bananenstauden, Gemüsebeeten und Artischockenstauden. Die Kinder konnten von morgens bis abends draußen sein, außerdem gab es Ziegen und Schafe, Hunde und Katzen. Eigentlich könnte so die ideale Kinderwelt aussehen.

Aber es gibt eben auch strenge Regeln, an die sich alle halten müssen. Vielleicht erschließt sich deren Sinn ja eher, wenn man von klein auf mit ihnen aufwächst: die Trennung der Frauen- und Männerwelt; die unantastbare Autorität der ältesten Frau, der Großmutter; die hohe Wertschätzung der Familienehre und das feine Gefühl für Würde, genaue Verhaltensregeln, wie mit Besuchern umzugehen ist, je nachdem ob es sich um Familienangehörige oder um Fremde handelt; Höflichkeitsrituale, die gar nicht enden wollen, und nicht verletzt werden dürfen. Man kann eigentlich nur in diese Strukturen hineinwachsen. Falls nicht, ist und bleibt man so etwas wie ein Elefant im Porzellanladen, man macht immer alles falsch. Bei Fremden wird darauf eher mit Nachsicht reagiert, aber gehört man zur Familien, dann ist das etwas ganz anderes.

Die Frauen verbringen viel Zeit zusammen, sie bereiten die Mahlzeiten gemeinsam vor oder beraten sich gegenseitig bei der Kosmetik. Auch die Körperpflege wird in der Gemeinschaft vorgenommen, zum Beispiel die großen Enthaarungsaktionen. Dabei werden die Beine und oft auch die Arme mit einer flüssigen Zuckerlösung bestrichen. Wenn man die hart gewordene Zuckerkruste dann von der Haut abzieht, werden die Haare samt Wurzeln herausgerissen und man hat für ein paar Monate Ruhe, ehe sie wieder nachwachsen. Ich finde, das tut höllisch weh. Doch gemeinsam erträgt es sich leichter. Oder die Haare werden mit Henna gefärbt, stundenlang muss man mit einer Packung auf dem Kopf herumsitzen und sie einwirken lassen. Derweil werden alle Themen des täglichen Lebens durchgehechelt. Besonders über die dazugehörigen Männer und ihre Eigenschaften wird in allen Einzelheiten diskutiert. Immer wieder bin ich erstaunt, mit welcher Freizügigkeit sexuelle Themen besprochen werden. Das kannte ich nur aus Frauengruppen in Deutschland.

Kommt eine junge Frau, die in Deutschland aufgewachsen ist, in einen solchen Familienverband, hat sie es sehr schwer. Zumal sich ihr einziger Vertrauter, ihr Ehemann, zurückziehen wird, um endlich wieder in sein gewohntes männliches Umfeld einzutauchen. Noch schwieriger wird es, wenn einem alles Fremde auch noch unheimlich ist. Viele neigen dazu, das, was sie nicht verstehen, abzulehnen. Die Chance, integriert zu werden, ist dann auf jeden Fall gering.

Frauen wie Margit haben oft eine schwere Kindheit hinter sich. Ihre große Sehnsucht nach Liebe macht sie empfänglich für die werbenden Gesten und schmeichelnden Worte eines jungen Libanesen – dessen einzige Chance, in Deutschland bleiben zu dürfen, darin besteht, eine Deutsche zu heiraten. Solche Frauen werden wegen ihrer großen Unerfahrenheit und auch Bedürftigkeit leicht zu Opfern. Eigentlich sind sie Opfer der großen globalen Spannungen, die auf unserer Welt bestehen. Männer, die aus Gegenden wie dem Südlibanon fliehen, weil sie dort keine echte Lebenschance mehr für sich sehen und die nur durch Heirat an die begehrte Staatsangehörigkeit kommen, finden Frauen, die in ihrer Gesellschaft nie das bekommen haben, was sie eigentlich brauchen: verlässliche Beziehungen und ein Stück Geborgenheit. Doch gerade sie drohen zu zerbrechen, wenn ihnen das Einzige genommen wird, das ihnen endlich einmal Halt im Leben gegeben hat, nämlich die Verantwortung für das eigene Kind.

Und wir wurden in Margits Fall Zeugen der seelischen Tragödie einer solchen jungen Frau. Zunächst ging es vorwärts mit den Gerichtsverhandlungen, es kündigte sich endlich ein Ergebnis an. Wir hatten Kontakt zur Richterin aufgenommen, um ihr ausführlich Margits besondere Situation zu schildern. Sie war eine verständnisvolle Frau, die sich redlich bemühte, eine gute Lösung für alle Beteiligten zu finden.

Aber dann brach der Krieg aus. Der Süden wurde bombardiert, der Vater verschwand mit dem Kind, die Mutter konnte keinen Kontakt mehr herstellen. Diese neue Angst zermürbte sie restlos, sie konnte die Bombenangriffe nervlich nicht ertragen und ließ sich schließlich evakuieren. Als ein bleiches, zitterndes Etwas verließ sie den Libanon, und sie kehrte nicht wieder zurück.

Die Familie des Mannes kam nach dem Krieg wieder in ihr Dorf zurück. Die Häuser waren zum Glück unzerstört geblieben, sodass sie ihr gewohntes Leben wieder aufnehmen konnten. Das Kind wächst heran, es wird in seine Rolle als gute kleine Muslima hineinwachsen und hoffentlich vor der Zerrissenheit zwischen den Welten geschützt bleiben.

Meine Sorge gilt Margit. Ich kann nur hoffen, dass sie in Deutschland von den psychosozialen Einrichtungen gut aufgefangen wird. Und dass sie auf Verständnis stößt, denn hinter ihr liegt eine extreme Lebenserfahrung. Instinktiv scheint sie erfasst zu haben, dass ihr Verzicht auf das Kind ein Akt allergrößter Mutterliebe ist.

Marie Noel und die Gebetskette

Sie stellt einen Sonderfall dar – in jeder Beziehung: Marie Noel ist Französin, mit einem libanesischen Maroniten verheiratet und hat zwei Töchter. Sie ist eine schöne Frau mit langen kastanienbraunen Haaren, ihr zarter Körper war einmal ganz durchtrainiert gewesen, sie hatte Tanz studiert. Nach einem schrecklichen Autounfall ist sie querschnittsgelähmt und sitzt im Rollstuhl. Dies war für ihren Mann der Auslöser, die Töchter zu nehmen und mit ihnen in den Libanon zu ziehen. Marie Noel war hinterher gezogen, trotz ihrer Behinderung. In der ersten Zeit hatte sie noch mit ihrem Mann verhandeln können, sie hatte die Töchter ab und zu sehen dürfen und einen guten Kontakt zu ihnen gehabt. Marie Noel ist eine starke Frau, eine sehr ausgeprägte Persönlichkeit. Sie lebt tief verankert im christlichen Glauben und gewinnt ihre große Seelenkraft aus ihrem Verhältnis zu Gott.

Welche unbewussten Ängste ihren Mann getrieben hatten, als er mit den beiden Kindern weggegangen war, wissen wir nicht. Ob es das Gefühl der Unterlegenheit war, der geistigen und seelischen Unterlegenheit gegenüber seiner schwerbehinderten Frau? Er war zum Islam konvertiert und Sunnit geworden, weil er meinte, so die meisten Rechte hinsichtlich seiner Töchter zu haben. Marie Noel hat ihre beiden Kinder nun seit fast zwei Jahren nicht mehr gesehen. Sie leidet entsetzlich darunter. Der Weg über die Gerichte hat sie nicht weitergebracht, sie kommt an diesen Mann nicht mehr heran, und seine ganze Familie mauert. Sie ist völlig machtlos, in ihrem Fall sind wir das alle.

Dennoch lehrt Marie Noel uns immer wieder, wie groß die Kraft der Schwächsten sein kann. Kennengelernt habe ich sie, als sie mit der Bitte auf uns zukam, mit ihr gemeinsam eine Gebetskette, die sogenannte Prayer Chain, zu initiieren. Sie suchte Verbündete, die mit ihr beteten. Ihre Idee dahinter: Sie wollte eine Bewegung gründen, die sich von Gemeinde zu Gemeinde und von Moschee zu Moschee verbreiten würde. In ihr könnten sich moslemische und christliche Frauen in ihrem Anliegen, als Mütter freien Zugang zu ihren Kindern zu haben, vereinigen. Wir hofften, dass wir eine Welle der Solidarität anstoßen könnten, um die Zustände in der Gesellschaft eventuell beeinflussen zu können.

Wir einigten uns darauf, erstmal klein zu beginnen. Das Wichtigste sei das Gebet, unser Gebet, sagte Marie Noel immer wieder. Wir verabredeten uns einmal im Monat, zunächst bei uns in der Kirche, bis wir dann weiterwandern würden. Wir veröffentlichten die Einladung in unserem Gemeindeprogramm, und zu den ersten Malen kamen einige der Frauen aus der Gemeinde. Alle hatten Erfahrungen mit dem zentralen Thema und solche Geschichten in der Nachbarschaft oder auch in den Familien erlebt. Wir hatten eine sehr einfache Liturgie mit einleitenden christlichen und moslemischen Texten entworfen. Marie Noel und ich einigten uns jedes Mal vorher auf eine neue Lesung, immer war das ein Text, der sie besonders bewegte. Im Anschluss daran standen wir im Kreis um eine Schale mit Wasser. Jede von uns nahm eine Schwimmkerze in die Hand, von den Altarkerzen holten wir das Licht und gaben es unter uns weiter. Dann legten wir das Kerzlein mit einem Gebet in die Schale. Oft flossen Tränen in dieser Runde, weil die tiefen Schichten unserer Seelen erreicht wurden. Wir brauchten voreinander nichts zu verstecken, sondern erlaubten uns, unseren Schmerz wahrzunehmen. Ich fühlte mich durchaus einbezogen, denn das Leid dieser Frauen und meine eigene Hilflosigkeit in diesen Fällen ist schwer zu ertragen. Oft blieben wir lange im Dämmerlicht in der Kirche um die Lichter herum stehen, in der Stille und im Gebet versunken.

Wieder aufgerichtet konnten wir danach auseinander gehen. Mir kam es jedes Mal wie ein kleines Wunder vor, die große Wirkung dieses sehr einfachen Gebets zu erfahren. Die Konzentration auf die Energie der Liebe, die göttliche Kraft, in der wir uns verbunden wussten. Und die, wenn sie über alle Grenzen hinweg und in alle Verstecke hineinfließt, die Menschen, denen sie gilt, erreicht. Es war das große Vertrauen in Gottes gute Kraft, die die Kinder umgeben, schützen und stärken sollte. Auch wenn wir selbst nichts Konkretes zum Wohlergehen der Kinder beitragen konnten – wir wollten diese Kräfte aktivieren, sie in uns selbst beleben und darauf hoffen, dass sie die Kinder auf irgendeine uns unverständliche Art erreichen würde.

Leider beschränkte sich die Prayer Chain auf unsere kleine Gruppe, die große Solidaritätswelle blieb aus. Die Menschen um uns herum hatten zu viele andere Probleme. Allerdings kam manchmal der Scheich von der Moschee gegenüber dazu, wenn wir ihn speziell eingeladen hatten. Er setzte sich mit uns in die Kirche, zündete auch eine Kerze an und stand mit uns da in unserer Gebetsrunde. Er blieb jedes Mal im Anschluss noch bei uns und beantwortete alle Fragen, die wir ihm stellten.

Während des Krieges im Sommer 2006 zog Marie Noel sich zu den Clarissinnen, einem Kloster in den Bergen zurück. Wir hatten die Schwestern schon öfters gemeinsam besucht. Dieser Orden lebt sehr zurückgezogen, die Schwestern verlassen eigentlich nie das Kloster und sprechen mit Besuchern nur durch ein Gitter. Dennoch sind sie bestens informiert und haben aus ihrer Distanz heraus oft eine ganz eigene Sicht der Dinge. Ich war mit Marie Noel dorthin gegangen, als wir gerade einen Notfall betreut hatten, der uns allen wegen seiner Grausamkeit und Brutalität einen Schock versetzt hatte.

Wir hatten mit Schwester Marie-Claire darüber gesprochen, um unsere Last ein wenig zu erleichtern, und mit ihr gemeinsam über die anderen Fälle dieser Art, die wir erlebt hatten, nachgedacht. Sie hatte uns darauf hingewiesen, dass wir uns klarmachen müssten, in welcher Zeit diese Männer aufgewachsen waren. Sie hatten in ihrer Kindheit und Jugendzeit nichts anderes als Bürgerkrieg erlebt. Sie waren in die Mentalität der Milizen hineingewachsen, die Gesellschaft war in verschiedene Machtbereiche der Clans, der religiösen Gruppen und ihrer Milizen unterteilt gewesen. Schon als junge Menschen hatten sie unendlich viel Grausamkeit erfahren und waren dazu erzogen worden, selber grausam zu sein, um die eigenen Überlebenschancen zu erhöhen.

Als dann der libanesische Staat sich langsam wieder gefestigt hatte, war der Südlibanon von der Entwicklung ausgeschlossen gewesen. Die jungen Männer waren nach Europa, nach Deutschland geflohen. Sie hatten nichts anderes gelernt, als diese gewisse Schläue, um in dem grausamen Kampf ums Überleben zu bestehen.

Sie können lügen, sich verstellen, sie haben ihr Gesicht unter Kontrolle, niemand kann ahnen, was in ihnen vorgeht. Gefühle wie Mitleid lassen sie nicht zu, denn sie könnten ihnen gefährlich werden. Diese Männer bauen Beziehungen auf, um andere in Sicherheit zu wiegen, doch hinterrücks nutzen sie deren Gutgläubigkeit skrupellos aus. Viele von ihnen werden kriminell, während sie in Deutschland leben. Werden sie erwischt, werden sie ausgewiesen. Und dennoch knüpfen sie Beziehungen, zeugen Kinder, binden Menschen an sich. Vor allem Frauen, die die Hoffnung haben, andere Schichten in ihren Männern beleben zu können. Kurzzeitig gelingt dies oft auch, die liebenswerten, lebensfrohen und heiteren Seiten, die so gewinnend wirken, stehen im Vordergrund. Aber wenn die Vergangenheit diese Männer einholt und dann noch Drogen und Alkohol ins Spiel kommen, dann haben die Frauen verloren. Besonders wenn sie mit ihren Männern in den Libanon kommen, sind sie machtlos und ausgeliefert.

„Es ist eine verlorene Generation", hatte Schwester Marie-Claire gesagt. „Wir müssen für diese Männer beten, niemand hat sich je um sie gekümmert, nur ihre Milizenchefs!", hatte sie hinzugefügt.

„Das kann ich nicht!" Barbara, die bei diesem Gespräch auch dabei gewesen war, brauste auf. „Ich kann nicht für meinen Exmann beten. Das wäre übermenschlich, wenn ich bedenke, was er mir angetan hat!"

Dennoch ist dieser Gedanke immer wieder ein Thema: Sind wir in der Lage, für die Männer zu beten, sie selbst als Opfer anzusehen? Ob unser Gebet vielleicht sogar ihr Herz erreichen könnte …? Es erweichen könnte …? Die steinernen Herzen? Doch es gibt Menschen, die kann nicht mal Gott selbst erreichen. Wie könnten wir diejenigen, die sich der göttlichen Kraft der Liebe nicht öffnen, wohl berühren?

Marie Noel hat sich ganz eigene Wege gesucht, über die sie zumindest ihre Kinder erreichen möchte. Sie hat zum Beispiel Kinderbücher geschrieben und hofft, dass ihre Töchter auf diesem Weg eines Tages eine Botschaft von ihr empfangen werden. Eine andere Aktion bestand darin, dass sie mithilfe der durch die Prayer Chain entstandenen Selbsthilfegruppe und mit den „Kafa"-Frauen eine „Intifada des Perles" organisiert hatte. Dazu hatte sie sich ins Stadtzentrum gesetzt, als es das noch gab und es noch nicht von den Hisbollah-Leuten besetzt war. Dort hatte sie alle Passanten eingeladen, mit ihr zusammen lange Perlenketten aufzufädeln. Natürlich hatte das einen Presserummel gegeben. Wieder in der Hoffnung, dass ihre Kinder sie sehen würden, hatte sie sich von allen Zeitungen und Fernsehsendern fotografieren und filmen lassen. Und sie hatte darauf geachtet, auch die Botschaften der anderen Mütter einzubeziehen, die sich an der Aktion beteiligt hatten. Sie alle hatten große Fotos ihrer vermissten Kinder mitgebracht und sich damit gezeigt.

Der kleine Michael

Ich kenne Michael nur aus den Erzählungen seines Vaters. Er ist drei Jahre alt und liebt seinen Vater wohl sehr. Er hatte deutsch sprechen können, die Sprache seines Vaters, die auch seine Mutter gelernt hatte. Der Vater erzählte uns, dass die Mutter sehr launisch gewesen war, nachts nicht von ihrem Sohn geweckt werden wollte und morgens lieber ausschlief, als das Kind zu versorgen. Er sprach davon, wie er das alles erledigt hatte, er sei ja auch tagsüber in der Arbeit gewesen und habe die Aufteilung ganz richtig gefunden. Er sei für den Jungen der ruhige, verlässliche Pol gewesen, während das Verhalten der Mutter davon abhing, in welcher Stimmung sie gerade war. Sie stammte aus einer christlichen Familie aus den libanesischen Bergen. Seit zwei Jahren lebten sie zusammen im Libanon, er hatte ihr zuliebe einen Posten im Libanon angenommen, denn sie hatte sich in Deutschland nicht mehr wohlgefühlt.

Er weiß ganz sicher, dass auch sie das Kind sehr liebt. Aber er fragt sich immer wieder, warum sie ihm seinen Sohn weggenommen hat. Sie war rabiat geworden, hatte zu zwielichtigen Mitteln gegriffen, um den Vater zu verunglimpfen und einzuschüchtern. Eines Tages hatte eine Abordnung der Familie vor der Tür gestanden, sechs Männer, die gekommen waren, um den Vater zu verprügeln.

Es war das erste Mal, dass wir einen Mann erlebten, der in eine solche Situation geraten war. Er als Fremder, als Ausländer war der Familie seiner Frau nicht gewachsen. Ob Mann oder Frau, ohne eigene familiäre Macht scheinen sie in einer auswegslosen Lage zu stecken. Als Einzelner oder Einzelne hat man keine Chance. Wie stark die Macht der Familien hier ist, ist für uns immer wieder unvorstellbar – im Positiven wie im Negativen.

Als Gemeinde nahmen wir mal wieder unser Netzwerk in Anspruch, besonders unseren maronitischen Partner, Père Hadi. Mit ihm zusammen wurden Beziehungen geknüpft, Verbündete gesucht und Strategien entwickelt. Es sollte sich erst noch zeigen, ob wir nicht auch einen Gegenpol zu dieser Familie bilden könnten. Dank guter Rechtsanwälte und mithilfe einiger Übernachtungen im Notfallzimmer hatten wir gerade noch die Einlieferung des Vaters ins Gefängnis verhindern können. Nach schwierigen Verhandlungen hat er es nun geschafft, er darf seinen Sohn wenigstens zweimal pro Woche sehen. Aber noch hat er keinen Vertrag …

Ein kurzer Ausflug für Walid

Nur zwei Tage, nachdem wir im Berghaus angekommen waren, musste Barbara wieder zurück. Ihr Mann hatte angerufen, dass er seinen Sohn Walid wiederhaben wolle. Wir machten uns also auf den Weg und fuhren durch die Berge zurück. Die Straße war holprig, voller Schlaglöcher, und die Kurven waren eng. Die beiden Jungen purzelten mit größtem Vergnügen auf der Rückbank im Auto herum. Immer wenn die Köpfe der beiden zusammenstießen, riefen sie: „Baticha", „Wassermelone", und lachten sich halbtot.

Das Baby schlief friedlich. In einem kleinen Bergrestaurant hielten wir an, um eine Rast einzulegen. Dort warteten wir auf den nächsten Anruf des Exmannes, wann er wo sein würde, um seinen Sohn in Empfang zu nehmen. Barbara darf nicht mal wissen, wo er wohnt. Wovor hat er solche Angst?

Doch für uns hieß es erst einmal abwarten. Die Mittagshitze breitete sich aus, wir alle waren müde. Das Restaurant lag in einem Tal über einem kleinen Fluss. Wir kletterten hinunter und setzten uns unter eine große Platane, die am Flussufer stand. Der Sand war warm und weich, genau richtig, um darin zu sitzen. Die beiden Jungen schmiegten sich an mich. Walid sah immer wieder mit seinen großen, dunklen Augen zu mir auf. Wer bist du eigentlich?, las ich in seinen Augen. Wie weit darf ich dir vertrauen? Es wäre so schön gewesen, wenn wir hätten beieinander bleiben und selber entscheiden können, wann wir uns verabschieden wollten. Aber wir warteten ja auf den Anruf, der in fünf Minuten, in einer Stunde, in zwei Stunden oder am Abend kommen konnte – alles war möglich.

Ich erzählte Geschichten. Das mache ich immer, wenn ich mir nicht anders zu helfen weiß. Der kleine Walid versteht kaum noch Deutsch, aber er hörte aufmerksam zu. Manchmal fragte er nach und dann übersetzten wir ins Arabische.

„Wovon soll ich erzählen?", fragte ich die beiden.

„Von früher", sagte Simeon und kuschelte sich gemütlich an mich, „als du ein Kind warst."

Ich erzählte von unserem Sommer in den Bergen bei Shahidi, wie wir die Trauben gepflückt hatten, und wie ich die Füchse gesehen hatte.

Plötzlich klingelte Barbaras Handy, der Exmann rief an. Wir sollten in einer halben Stunde an einem bestimmten Ort sein. Also machten wir uns brav auf den Weg. Als wir den Treffpunkt gefunden hatten, war vom Ex noch keine Spur zu sehen. Simeon und Walid sprangen aus dem Auto und rannten über die Bürgersteige, als müssten sie die letzten Minuten noch auskosten. Dann kam ein Auto um die Ecke, die neue Ehefrau saß darin und eine ganze Horde von Kindern. Barbaras Kinder waren nicht dabei. Ihr Exmann stieg aus in seiner weißen Galabiye. Er sah nicht mehr so zu klein geraten aus wie damals, als ich ihn zum ersten Mal gesehen hatte. Er hat sich ein würdiges Bäuchlein zugelegt. Seinen kleinen Sohn packte er und rubbelte mit der Hand über dessen Kopf, sodass der ganze kleine Körper schwankte. Die Wagentür wurde aufgemacht und Walid verschwand, ohne sich von seiner Mutter verabschieden zu können. Es hatte keine Chance bestanden, eine neue Verabredung zu treffen. Wieder hatte Barbara keine Ahnung, wann sie welches Kind sehen darf. Weg waren sie.

„Ich bin so froh, dass ich das Baby habe", sagte sie mir, als wir uns vor ihrem Haus verabschiedeten, „ich kann jetzt die Abschiede besser überstehen." Sie nahm das kleine Mädchen fest in den Arm, es reagierte dankbar auf das Lächeln der Mutter.

Ein wenig traurig fuhren Simeon und ich zurück ins Berghaus. „Erzähl mir noch mehr!", sagte er zu mir.

„Von was soll ich denn erzählen?", fragte ich ihn.

„Als du Kind warst!"

Ich erzählte weiter von dem Esel, auf dem wir auch hatten reiten dürfen, und von den vielen kleinen Ziegen und den Schafen mit denen wir gespielt hatten. Aber die Füchse hatte ich nie wieder gesehen, da hatte ich wirklich Glück gehabt an dem Morgen. „Ja", sagte Simeon und seufzte schwer. „Ich wünschte mir, ich würde auch mal Füchse sehen." Und dann schlief er in seinem Kindersitz ein.

„Mein kleiner Sohn", dachte ich zärtlich mit einem Seitenblick zu ihm. Und gleichzeitig vermisste ich in dem Moment meine großen Kinder. Wir hatten es nicht gewagt, sie in diesem Sommer einzuladen. Die Situation war zu ungewiss, die Bombenanschläge zu häufig. Sie wären so gerne gekommen! Vielleicht würde Nadja doch noch kommen, wenn sie einen günstigen Flug bekäme?

Nachwort

Schwarzer Staub

Ohne dass wir einen Grund dafür erkennen können, hat sich die Lage beruhigt. Seit vier Wochen hat es keinen Bombenanschlag mehr gegeben. Der Anschlag in der Nähe der Strandbäder war der vorerst letzte gewesen. Ob sie die Verantwortlichen doch schnappen konnten? Père Hady erzählte mir neulich, sie hätten jetzt über 200 Gefangene der Fatah al Islam im Gefängnis. In dem Palästinenserlager Nahr el Bared wird jedoch immer noch sehr heftig gekämpft: Ich kann die Explosionen der großen Bomben hier oben ganz leise hören. Inzwischen wirft die libanesische Armee 400-Kilogramm-Bomben auf das Lager, um die letzten unterirdischen Bunker zu zerstören, in denen immer noch Kämpfer der Fatah al Islam ausharren. Sie schaffen es immer wieder, einzelne Soldaten zu töten und Raketen in die Umgebung, in die Dörfer und auf das nahe gelegene E-Werk abzuschießen. Dabei haben wir sowieso schon wieder so wenig Strom, weil Syrien kein Öl mehr an den Libanon abgibt. Syrien wiederum bekommt kein Öl mehr aus dem Irak. Da die Amerikaner dem Land vorwerfen, dass über seine Grenze der Widerstand mit Waffen und Kämpfern unterstützt wird, haben sie die Pipeline nach Syrien unterbrochen. Zudem wurde noch das E-Werk im Norden abgestellt. Wir müssen unseren Kerzenvorrat auffüllen.

In den Bergen während der Ferien ist das alles kein Problem. Aber in der heißen Stadt Beirut brauchen die Menschen ihre Klimaanlagen und stellen dann ihre Generatoren an. In die muss man literweise Dieselöl kippen, damit sie arbeiten, das stinkt und rußt, was die sowieso versmogte Stadtluft noch verschlechtert. Meine Schwester hat mir erzählt, dass immer wieder ein schwarzer Film auf ihren Möbeln, auf allen Oberflächen entsteht, wenn sie die Fenster in ihrer Wohnung auflässt. Aber andererseits muss man die Fenster öffnen, sonst kann man es in der Wohnung gar nicht aushalten.

Doch der Begriff „schwarzer Staub" steht hier nicht nur für diese schmierige Schicht, sondern er steht auch für die Abwässer, die ungesäubert in das Grundwasser sickern. So werden die Quellen verseucht. Der Müll gehört auch dazu, der einfach wild in die wunderschönen Täler geschüttet wird und dort immer leicht vor sich hin brennt. Über mehrere Kilometer hinweg verteilt sich der Gestank. Plastiktüten werden vom Wind herumgewirbelt und bleiben in den Dornenbüschen hängen. Ich habe manchmal die grausige Vorstellung, dass das ganze Land bald mit einer Plastiktütenschicht bedeckt sein wird – wie mit Spinnennetzen überzogen. In Saida hat man die Müllhalde direkt ans Meer gebaut. Mit jedem Sturm holt sich das Wasser einen Teil von dem Unrat, so wird der Berg immer wieder kleiner und man kann weiter Müll draufkippen. Beim Schwimmen spüre ich dann, wie sich leere Plastiktüten um meine Füße wickeln. Überall an den Stränden liegen Plastikflaschen verteilt. Ab und zu sammelt jemand diesen angeschwemmten Müll zusammen und schichtet ihn auf. Alles wird verbrannt in einem Feuer, dessen Rauch Dioxine freisetzt.

Braucht man wirklich einen gewissen Wohlstand, um sich Sorgen um die Umwelt zu machen? Dieses Argument bringen die Libanesen vor, mit denen ich versuche, über das Thema Umweltschutz zu sprechen. Es gibt Umweltinitiativen hier, auch Greenpeace-Aktivisten, doch die bekommen immer wieder das Gleiche zu hören: „Gib erst mal unseren Kindern Brot und Medikamente und eine gute Schulbildung. Gib uns die Zuversicht, dass morgen nicht alles wieder zerbombt wird, und gib uns eine funktionierende Regierung!" Deshalb kommen sie nicht weiter. Und das, obwohl es eigentlich beinahe für alles gute und sinnvolle Gesetze im Libanon gibt. Aber sie werden nicht durchgesetzt. Vor dem Sommerkrieg war das Land auf einem guten Weg. Es gab Pläne für Klär- und Müllverbrennungsanlagen, sogar ein TÜV für Autos war eingerichtet worden.

Und zusätzlich ist die Natur hier durch die Unsitte bedroht, Vögel und andere Tiere zu jagen. Es gibt ein Gesetz, das die Vogeljagd verbietet. Aber da jeder jagt und die Minister voreweg, wird es nicht eingehalten. Ich verzweifle schier, wenn ich die kleinen Jungen mit den großen Gewehren sehe. Sie legen auf alles an, was sich bewegt, ob es die Adler sind, die in der heißen Luft beinahe stehen, ob es Schlangen oder Eidechsen, Mäuse oder Hasen sind, alles wird totgeschossen und voller Stolz herumgezeigt.

Bei den Zedern des Libanon

Ganz oben unter dem Gipfel des Sannin hat jemand mal vor vielen Jahren einen Zedernhain angepflanzt. Die Bäumchen sind immer noch klein, aber wenn man näher hinschaut, sieht man, dass sie mindestens schon zwei oder drei Jahrzehnte dort stehen. Ihre Stämme sind inzwischen recht dick geworden. Die Zedern wachsen wirklich nur sehr, sehr langsam in dem rauen Klima, immerhin stehen sie ja auf fast 3.000 Metern Höhe. Drum herum wächst nichts mehr außer Buschwerk, das den Boden bedeckt. Es ist ein weiter Anstieg dort hinauf. Ich gehe einen alten Weg, der wohl kaum noch benutzt wird, er führt mich durch die bunte Distelwelt. Sie blühen als blaue Kugeln, gelbe Sterne und lila Rosetten.

Heute ist der Geburtstag meiner großen Tochter, ihr zu Ehren, weil dies ein Festtag für mich ist, gönne ich mir eine ausgiebige Wanderung. Oben angekommen, empfängt mich der Duft der Zedern. Es hat sich Erde gebildet, dunkle Erde, die es sonst nicht gibt im fahlen Grau der Felsen. Auf einmal höre ich Vögel zwitschern, eine eigene Welt scheint hier unter dem satten Grün der Zedern entstanden zu sein. Ich lasse mich auf der weichen

Erde nieder und atme tief ein. Es ist schon ein besonderer Duft, Sonne auf Zedernnadeln. Ich spüre die Wärme des Bodens unter mir und schaue in den weiten Himmel, der mir entgegenperlt. Wie Champagner, denke ich. Frische und Hitze vereint, es liegt ein Lachen in der Luft, trotz der Strenge der steilen Bergkanten. Ich könnte zerplatzen vor Glück, mich vermischen mit der Erde, verwachsen mit den kleinen Stämmchen, mit den Vögeln in die Luft steigen und singen.

War es dieses Glück, das mich nach der Geburt meines ersten Kindes durchströmte? Es war ein Glück, wie ich es noch nie in meinem Leben empfunden hatte. Ich hatte vorher nicht gewusst, dass ich so glücklich würde sein können. Inzwischen kenne ich es gut, es ist eine enge Vertraute von mir geworden, dieses große unfassbare Glück. Es passt nicht hinein in einen kleinen Körper, es will sich verteilen, verströmen, es fließt und scheint mich manchmal wie ein Hemd zu umgeben. Es lebt mit mir hier oben in den Bergen, ungehindert verteilt es sich im Überfluss. Wer hierher kommt, der wird eine Ahnung davon bekommen.

Erklären kann ich das nicht, obwohl ich oft darüber nachdenke, ob es nicht einen Grund dafür gibt, dass ich hier oben so glücklich bin. Ist es die Natur, die wilde, trockene, wuchtige Natur? Die grauen Riesenfelsen, ich empfinde sie nicht als abweisend in ihrer Schroffheit, sondern für mich strahlen sie dieselbe Freundlichkeit aus wie die Menschen, die uns hier oben umgeben. Auf unseren Spazierwegen durch die Gärten und über die Obstterrassen werden wir von den Menschen, die im Freien arbeiten, eingeladen, uns ein wenig zu ihnen zu setzen. Sie holen ihre schönsten Früchte hervor, was gerade reif ist, ob es Kirschen sind oder Pfirsiche, Äpfel oder Birnen. Wenn wir uns keine Zeit dafür nehmen, dann rufen die Bauern uns zu: „Nehmt euch doch Früchte mit, lasst die Kinder wenigstens essen!" Immer wird uns etwas mitgegeben, und wir kommen mit einem gefüllten Rucksack wieder zurück, mit Erbsen oder Bohnen, Gurken oder einem riesigen Kohlkopf. Braungebrannte zerfurchte Gesichter, wie die Zedernstämme, das Klima zeichnet auch die Menschen. Seit den Wanderungen in meiner Kindheit mit meinen Eltern sind diese Gesichter für mich der Inbegriff des Wohlwollens. Hände, die so rissig sind wie die rauen Felskanten.

Was haben diese Leute im Krieg gemacht? Wie kommt es, dass hier oben auch alles zerstört war, was vor dem Bürgerkrieg gebaut worden ist? Haben sie ebenfalls zur Waffe gegriffen? „Nein, wir sind Bauern", sagen sie. Etwas Zeitloses umgibt sie, sie leben und arbeiten, wie es schon die Menschen in den Jahrtausenden vor ihnen gemacht haben. Aber ihre Söhne kämpfen, und es gibt natürlich Onkel und Brüder, die wie fast alle hier der Kataeb angehören, der militärischen Organisation der Maroniten. „Das ist unser größter Fehler", sagte neulich einer der Bauern zu mir. Seine Frau hatte einen arabischen Kaffee gekocht, und wir sinnierten über Gott und die Welt. „Wir Christen hätten uns nie bewaffnen dürfen!" „Aber hättest du keine Angst?", fragte ich. „Ich höre sonst immer nur, wir Christen müssen uns verteidigen, wir müssen Stärke zeigen, sonst werden wir nicht mehr lange hier im Land existieren!"

Er lachte mit seinem fast zahnlosen Mund, „Nein, nein", sagte er „wir Christen werden geachtet hier und wir werden gebraucht. Wir gehören hierher, das müssen wir nicht mit Waffen zeigen. Wenn wir mit Waffen aufstehen, werden wir untergehen!"

Ich verneige mich in Hochachtung vor seiner Weisheit. Am liebsten würde ich ihm alle diese Brüder schicken, die mich als Deutsche begeistert auf Hitler ansprechen und sich einen solchen starken Führer wünschen. Wer in der Position des Schwächeren ist, braucht die ganze Weisheit des Christentums, um nicht die eigene Existenz zu gefährden.

Ich schließe die Augen, da oben im Zedernwald. Ob Glück ansteckend ist? Nur sehr begrenzt, glaube ich. Es muss sich wohl jeder selber seinen Weg zum Glück suchen. Wie gerne hätte ich meine Kinder mit Glück überschüttet, aber jetzt müssen sie ihre eigenen Pfade gehen.

Ich weiß, erst jetzt als Erwachsene weiß ich es, dass meine Mutter hier so glücklich war. Ist das vielleicht auch eines der Geheimnisse meines eigenen großen Glücks? Tauche ich ein in ihr Glück, nachdem sie schon lange gestorben ist? Ob meine Kinder einmal auch in diesen selben Brunnen springen werden?